Política e Valores

Caetano Ernesto Pereira de Araújo,
Eurico Gonzalez Cursino dos Santos,
Jessé Souza e Maria Francisca Pinheiro Coelho
(organizadores)

Política e Valores

EDITORA
UnB

Impresso no Brasil

Direitos exclusivos para esta edição:
Editora Universidade de Brasília
SCS Qd. 02 Bloco C Nº 78 Ed. OK 2º andar
70300-500 Brasília – DF
Tel: (0XX61) 226-6874
Fax: (0XX61) 225-5611
editora@unb.br

Equipe editorial: Airton Lugarinho (Supervisão editorial);
Wânia de Aragão-Costa (Preparação de originais);
Terra Brasil – Fábrica de Textos (Revisão);
Fernando Luis (Editoração eletrônica); Maurício Borges (Capa)

Ficha catalográfica elaborada pela
Biblioteca Central da Universidade de Brasília

P769 Política e valores / Caetano Ernesto Pereira de Araújo ... [et.al.] organizadores. – Brasília: Editora Universidade de Brasília, 2000.
324p.

ISBN: 85-230-0597-8

1. Cultura política-Brasil. 2. Sociologia política-Brasil. 3. Ideologia política-Brasil. I. Araújo, Caetano Ernesto Pereira de

CDU 32:301(81)
301.152.3(81)

Sumário

Sobre os Autores

Caetano Ernesto Pereira de Araújo

É Doutor em Sociologia pela Universidade de Brasília. Consultor legislativo do Senado Federal. Co-autor, com Vilma Figueiredo, de *Roberto Freire* (Brasília, Editora Universidade de Brasília, 1997).

Eurico Antônio Gonzalez Cursino dos Santos

É Doutor em Sociologia pela Universidade de Brasília e professor no Departamento de Sociologia da UnB. Coordena o projeto integrado do CNPq e o PROIN/CAPES/UnB cuja associação tornou possível os estudos deste volume.

Jessé J. Freire de Souza

É Doutor em Sociologia pela Universidade de Heidelberg, professor do Departamento de Sociologia da UnB e, no momento, professor visitante da Universidade de Bremen. Autor de *Patologias da modernidade*: *um diálogo entre Habermas e Weber* (São Paulo: Anablume, 1997) e co-autor, com Berthold Oëlze, de *Simmel e a modernidade* (Brasília: Editora Universidade de Brasília, 1998). Organizador de *Multiculturalismo e racismo: uma comparação Brasil–Estados Unidos* (Brasília: Paralelo 15, 1997) e de *O malandro e o protestante: a tese weberiana e a singularidade cultural brasileira* (Brasília: Editora Universidade de Brasília, 1999).

Joaze Bernardino Costa

É Mestre em Sociologia pela Universidade de Brasília e professor do Departamento de Ciências Sociais da Universidade Federal de Goiás.

Lúcio R. Rennó Jr.

É Mestre em Ciência Política pela Universidade de Brasília e doutorando em Ciência Política pela Michigan University.

Marcelo Álvares de Sousa

É Mestre em Sociologia pela Universidade de Brasília e analista de estudos e desenvolvimento do SENAI – CNI.

Maria Francisca Pinheiro Coelho

É Doutora em Sociologia pela Universidade de Brasília e professora do Departamento de Sociologia da UnB. Organizadora, com Bárbara Freitag, de *Marx morreu, viva Marx!* (Campinas: Papirus, 1993) e, com Lourdes Bandeira e Marilde Loiola de Menezes, de *Política, ciência e cultura em Max Weber* (Brasília, Editora Universidade de Brasília e Imprensa Oficial do Estado, 2000).

Maria Stela Grossi Porto

É Doutora em Sociologia pela Universidade de Montreal e professora do Departamento de Sociologia da UnB. Tem diversos trabalhos publicados, no Brasil e no exterior, abordando o tema da violência.

Vilma Figueiredo

É PhD em Sociologia pela George Washington University. Professora Emérita da UnB, membro do Conselho Nacional de Educação, Vice-Presidente da SBPC, e pesquisadora 1 A do CNPQ. Autora de diversos artigos publicados no Brasil e no exterior e de livros, entre os quais se destacam *Desenvolvimento dependente brasileiro* (Rio de Janeiro: Zahar), *Produção social da tecnologia* (São Paulo: EPU), *Autoritarismo e eros – uma viagem à União Soviética* (São Paulo: Perspectiva e, em russo, pela D. Quixote, Moscou) e, juntamente com Caetano E. P. de Araújo, o primeiro volume da coletânea *Contemporâneos do futuro: Roberto Freire* (Brasília: Editora Universidade de Brasília).

Introdução

Os trabalhos reunidos neste livro procuram relacionar **política e valores**. Há mais de uma década difunde-se a percepção de que as abordagens teóricas e metodológicas utilizadas tradicionalmente para a análise da política vêm-se revelando, progressivamente, insuficientes para a sua compreensão. Nos últimos anos, o fenômeno político vem assumindo formas cada vez mais distantes do modelo jurídico-institucional com referência ao qual tem sido, predominantemente, concebido. A política extrapola os limites das instituições – o espaço legalmente definido para seu exercício – e exige instrumentos teóricos adicionais para sua compreensão.

A presente coletânea procura contribuir nessa direção. O ponto de coesão dos estudos publicados localiza-se na interface entre cultura política e orientação dos atores – muitos deles novos no cenário brasileiro – que se apresentam neste campo. Da consideração desse vínculo como objeto de reflexão sociológica, deriva a percepção, consensual entre os autores, de um grupo de questões, como relevantes e problemáticas: a constituição da esfera pública e sua delimitação do espaço privado, as condições sociais da difusão dos valores que fundamentam o ideário democrático, a controvérsia entre os chamados liberais e comunitaristas, a especificidade da cultura brasileira e suas conseqüências na definição e operação da política no País.

Particularmente, os fenômenos ligados ao "reconhecimento das diferenças" culturalmente construídas vêm adquirindo função estruturante no campo das definições políticas, reconhecida pela literatura internacional. A importância de identidades estruturadas em torno de particularidades de gênero, etnia, religião, cultura, idade e orientação sexual, por exemplo, para o campo da política, ganha reconhecimento cada vez mais amplo. Os autores privilegiaram, na análise deste fenômeno, portanto, abordagem culturalista, que permitisse captar o peso específico das diferentes orientações valorativas subjacentes às definições de identidade. Pressupôs-se que os valores sociais e morais, associados às demandas por reconhecimento de identidades particulares, têm, atualmente, significado próprio na orientação da conduta política.

Em síntese, pode-se dizer que o esforço de reflexão aqui desenvolvido visa a esclarecer as novas condições de solidariedade social em que a construção das identidades individuais e coletivas passa a ocorrer – para usarmos uma idéia de Durkheim – em razão das diferenças complementares e, não, das similitudes. Se tais diferenças efetivamente se completam, formando nova rede de solidariedade social, ou se conflitam, criando dificuldades do ponto de vista da integração social, são algumas das questões levantadas nestes estudos.

Outro ponto comum aos trabalhos foi a recusa a pensar a política, no Brasil, de maneira, *a priori*, "negativa". A modernidade acostumou-se a olhar para o mundo tradicional sob o signo da falta. Faltariam à tradição "a ordem e o progresso" característicos da modernidade. Incapaz de compreender o estado "irreflexivo" em que a cultura tradicional apenas "existe", a modernidade tende a apreendê-la a partir de seus próprios parâmetros. O projeto cognitivo da modernidade para com o mundo tradicional é o de revelar-lhe as faltas e ausências perante aquele projeto, ou seja, de conhecê-la pela sua negatividade e, não, por intermédio dos valores e mecanismos concretos que afirma.

A sociedade brasileira contém, em si, ambos os mundos. Talvez por essa razão o olhar da negatividade esteja tão presente na tradição do nosso pensamento político, ensaístico e literário. Preguiçosos, submissos, malandros, maus-caracteres, irresponsáveis, não-confiáveis, farristas, escravos dos prazeres e interesses imediatos, melancólicos por causa da luxúria e ausência de um projeto de nação são alguns dos estereótipos que o brasileiro aplica a si mesmo.

No entanto, nas últimas décadas, a cultura política brasileira parece estar definindo com mais clareza uma vocação democrática.

A organização da sociedade civil, em forma geral, e de suas minorias, em particular, a ampliação das oportunidades educacionais, os movimentos sociais, as organizações não-governamentais, nada disso, da maneira como vem ocorrendo, parece corresponder ao modelo tradicional de pensar a política no Brasil. Nessa linha, a intenção desta coletânea é a de acrescentar uma perspectiva diferente, que chama a atenção, simultaneamente, para outros fatores, que se têm revelado igualmente importantes para o esclarecimento da dinâmica política inaugurada com o Brasil do pós-guerra.

* * * * * * * * * *

O conjunto de textos reunidos na presente coletânea apresenta, sem prejuízo da diferenciação natural que deriva da singularidade intelectual de cada autor, unidade evidente, quanto aos temas e à abordagem. Essa unidade não é casual, ou seja, este volume não é resultado de hipotética seleção que tenha identificado e agrupado, *a posteriori*, textos e autores conforme algum critério, temático ou teórico. Resulta, pelo contrário, de trajetória comum de pesquisa e discussão, construída no decorrer da última década, que terminou por formar, na comunidade acadêmica da Universidade de Brasília (UnB), um espaço partilhado de discussão e pesquisa.

É difícil precisar o ponto zero dessa trajetória, uma vez que a interação entre organizadores e demais autores, bem como a que vincula os organizadores entre si, se inicia em pontos diferenciados do tempo. Marco importante do trabalho coletivo foi, sem dúvida, a constituição, em 1992, de um grupo de estudos que reuniu os organizadores deste volume e outros docentes da UnB, dos Departamentos de Antropologia, Filosofia e Ciência Política, alguns citados nos trabalhos ora publicados.

Um primeiro desdobramento institucional das atividades deste grupo foi o projeto, financiado pela UnB, de promoção de debates relacionados à política, com a participação de alguns dos autores nacionais das diferentes especialidades das ciências humanas. Entre 1993 e 1994, sob a coordenação inicial de Mariza

Peirano, depois substituída por Luís Roberto Cardoso de Oliveira, o projeto trouxe à Brasília, no intervalo de um ano, Moacir Palmeira, Otávio Guilherme Velho, Simon Schwartzman, Elisa Reis, Wanderley Guilherme dos Santos, Francisco Weffort e Fábio Wanderley Reis. A jornada desses pesquisadores dividia-se em uma conferência aberta ao público e um debate, fechado, com os integrantes do grupo de discussão.

Um segundo desdobramento, este restrito ao grupo de organizadores do presente volume, foi o projeto integrado, apresentado ao Conselho Nacional de Desenvolvimento Científico e Tecnológico (CNPq), em 1997, sobre *Identidade e Comportamento Político Eleitoral no Distrito Federal.* O foco do Projeto situava-se na relação entre valores políticos, religiosos e morais, de um lado, e a atitude dos eleitores do Distrito Federal, de outro. Perguntávamo-nos, então, quais as diferenças relevantes em termos de valores presentes nos eleitores de Brasília; que dimensões pareciam dar conta da melhor maneira dessas diferenças; quais os seus desdobramentos para o campo da política, seja em termos da percepção mesma desse campo, seja no que respeita às opções eleitorais e partidárias. Das diferentes pesquisas que este Projeto possibilitou, surgiram os quatro primeiros artigos desta coletânea. Os autores são devedores a todos os alunos, bolsistas e voluntários, graduandos e pós-graduandos, que participaram da coleta, tabulação e análise dos dados. Agradecemos particularmente a Mônica de Castro, Elismara Neiva, Karenina Andrade e Carlos Ribeiro

Sem dúvida, uma das razões do bom desenvolvimento operacional deste Projeto foi a integração da pesquisa desenvolvida pelos docentes com o ensino de graduação, possibilitada pelo Programa de Integração entre Graduação e Pós-Graduação (PROIN), financiado pela Coordenação de Aperfeiçoamento de Pessoal de Nível Superior (CAPES), que, também, tornou possível a presente edição. Na execução do PROIN/CAPES/UnB/Dep. Sociologia, diversas matérias ministradas nos quatro últimos anos promoveram a discussão das diferentes fontes teóricas do Projeto e integraram o corpo discente na dinâmica das pesquisas. Ao implementar a segunda dimensão do Projeto, a integração processou-se também com a pós-graduação. Mestrandos integraram-se à discussão nas matérias a eles oferecidas e participaram, na qualidade de monitores, dos cursos de graduação. Pesquisas, que redundaram em teses, foram efetuadas a partir desses estímulos. Os artigos de Marcelo Álvares de Sousa, Lúcio R. Rennó Jr. e Joaze Bernardino, neste volume, são exemplos dessa vertente do Projeto.

O artigo de Vilma Figueiredo origina-se de pesquisa também financiada pelo CNPQ sobre novos atores sociais no Distrito Federal. A parte ora publicada tem, como centro, a análise do discurso dos empresários da mídia brasiliense.

O texto de Maria Francisca Pinheiro Coelho, *O gosto pela política*, aborda a relação do brasileiro com a política, com base em pesquisa realizada no Distrito Federal, em 1997. Os dados da pesquisa apontam para uma distinção entre a avaliação do brasileiro da política como uma ação do Estado e seu envolvimento com a política na esfera pública. De acordo com a autora, o gostar, ou não, da política varia de acordo com o grau de confiança nos políticos e na legitimidade da causa política em questão.

O texto de Eurico A. G. C. dos Santos adota perspectiva weberiana, fortemente histórica, para indagar-se sobre a medida em que as opções religiosas presentes em nossa cultura mostram afinidades com a constituição de uma auto-representação do indivíduo como mais ou menos **autônomo**. Em seguida, e a partir da base histórica delineada, procura discutir as condições em que a orientação da conduta a partir de crenças e de valores religiosos possui significação para a orientação política do agente.

Caetano Ernesto Pereira de Araújo aborda a distribuição da população eleitora de Brasília em tipos morais definidos conforme a vinculação percebida pelos informantes com diversos tipos de coletivos: nacional, doméstico, social e político. O papel determinante da variável educação é destacado e hipóteses a respeito da conseqüência dos resultados no campo da política são levantadas.

Jessé Souza e Franz Hoellinger procura compreender as causas históricas e culturais, assim como os efeitos e as conseqüências políticas do enorme abismo socioeconômico que separa as classes médias e os setores populares no Brasil. Vinculam a questão do processo específico de "ocidentalização" do Brasil com o atual horizonte valorativo peculiar às classes médias e populares, respectivamente. O que é "ocidente", no sentido valorativo, foi buscado na obra do filósofo canadense Charles Taylor. A forma específica da "ocidentalização do Brasil" foi buscada na obra de juventude de Gilberto Freyre, especialmente em *Sobrados e mucambos*. O mapeamento dos valores é resultado de duas pesquisas empíricas, cujos resultados são discutidos no texto.

Lúcio R. Rennó Jr. debate a relação entre indivíduo e comunidade na perspectiva do debate entre liberais e comunitaristas. Procura, também, fundamentado em pesquisa empírica realizada no Distrito Federal, identificar afinidades e discrepâncias entre a cultura política brasileira e as duas abordagens discutidas no que respeita a essa questão.

Marcelo Álvares de Sousa discute a relevância do elemento solidariedade, ancorado em uma constelação específica de valores, para compreensão mais abrangente de cidadania, que vá além da mera garantia legal da igualdade. Para tanto, reflete sobre os debates havidos na Comissão Especial formada no Congresso Nacional para examinar projeto de lei que instituía a união civil entre pessoas do mesmo sexo.

A análise de Joaze Bernardino tem, como centro, as diferentes propostas de ação afirmativa, no cenário político brasileiro, voltadas para a população negra. A comparação com a dinâmica das políticas de ação afirmativa nos EUA leva, o autor, a antecipar desdobramentos possíveis dessas políticas, contrariando, muitas vezes, as expectativas de seus formuladores e adeptos.

Por fim, Maria Stela Grossi Porto procura debater o tema da violência com o suporte teórico-metodológico da categoria weberiana de monopólio da violência legítima. Em levantamento empírico realizado em Brasília e nas cidades-satélites, são identificadas representações sociais da violência e investigadas as suas relações com problemas de legitimidade do poder estatal.

Nossa expectativa é a de dar continuidade ao trabalho de pesquisa cujos primeiros resultados são aqui apresentados. Esperamos que estes atendam, também, à expectativa dos leitores.

A Liderança no Empresariado da Mídia no DF:

Jornal, Rádio, TV*

Vilma Figueiredo

Apresentando uma Questão

O estudo da liderança empresarial em Brasília, dedicando se à participação sociopolítica do grande empresariado industrial, teve início com os setores de maior destaque na economia: construção civil, hotelaria, agropecuária, alimentos, informática.

Esta etapa da investigação concluiu pela transição da liderança empresarial na direção de maior responsabilidade pública e de maior competitividade, especialmente quando comparada a empresários estudados anteriormente, cuja lógica de curto prazo e horizontes político-profissionais restritos à própria empresa impediam que desempenhassem papel relevante na construção do desenvolvimento e da democracia brasileiros.[1]

O foco da investigação passou, então, para os grupos relevantes da mídia no Distrito Federal, não apenas porque este setor

* O projeto foi realizado com apoio do CNPq e contou com minha bolsa de pesquisador 1 A e com bolsa de iniciação científica para Lucyara Franco Ribeiro.

[1] Detalhes dessa etapa da pesquisa encontram-se em FIGUEIREDO, Vilma, ARAÚJO, Caetano E.P. de. *A liderança no empresariado de Brasília: um ator social em transição*. Brasília: Editora Universidade de Brasília, 1999.

já havia aparecido como dos mais dinâmicos na região, mas também pela especificidade do produto que gera, atuando diretamente no cidadão. A constituição do ser político, na atualidade, e mais ainda em uma capital nacional como Brasília, passa, necessariamente, pela exposição aos meios de comunicação de massa, especialmente jornais, rádio e televisão, cujos produtos (diversão, idéias, educação e notícias) ajudam a moldar a capacidade analítico/crítica dos indivíduos e a neles formar opiniões e preferências.

Por ser tal a característica de maior relevo a distinguir esta atividade empresarial, uma das questões mais centrais na sua análise diz respeito à assunção, por parte das lideranças empresariais em pauta, da "dimensão pedagógica" envolvida em sua atividade profissional. Em outros termos, é importante identificar, nesse empresariado, as ações que buscam desenvolver a dimensão pública do indivíduo comum, isto é, as que visam à constituição ou ao desenvolvimento do cidadão, quaisquer que sejam seu conteúdo ou direção. Seria possível supor que quanto maior o espírito público do empresário, mais comprometido estaria ele com o espírito público dos consumidores dos produtos por ele gerados, dispondo-se, então, a assumir a dimensão pedagógica de sua atividade profissional, ou seja, a exercer a pedagogia do cidadão.

A busca de venda (real ou simbólica) do produto e a educação do cidadão balizam a atividade do empresário da mídia, permitindo ampla variedade de comportamento. A variação ocorre, basicamente, entre apenas responder a uma demanda já estabelecida – comportamento que se associa a um mínimo de exercício da função de educação – por um lado, e a indução/criação de demanda – que supõe modificação de valores e de comportamento nos consumidores de mídia – resultante de processo pedagógico educativo, por outro.

Esta atividade empresarial caracteriza-se, também, por desenvolver-se em ambiente altamente competitivo em que investimentos regulares em novas tecnologias, quer em equipamentos, quer em pessoal, se fazem obrigatórios como condição de sobrevivência no mercado.

As características tradicionais do desenvolvimento econômico-social brasileiro e do empresariado a ele associado não apontam relação íntima entre empresa privada e avanço científico-tecnológico. É como se o exemplo de Mauá[2] tivesse ficado restrito a seus ousados feitos no século XIX e, com muito raras exceções, os empresários no Brasil têm-se limitado a comprar tecnologias, ausentando-se dos complexos processos de avanço de conhecimentos e de inovação tecnológica.

Com os desafios propostos pela atual revolução científico-tecnológica e suas implicações políticas e sociais (Figueiredo e Araújo, 1997), entretanto, é possível esperar mudança no comportamento de empresários quanto à questão tecnológica. Com o avanço da proposta democrática no Brasil das duas últimas décadas, pode-se esperar, também, um empresário mais envolvido com questões macrossociais que transcendem os limites de sua própria empresa.

Dentro de tais parâmetros e com a especificidade de sua atividade empresarial, o empresário da mídia parece não se poder furtar a seu papel de figura pública. Resta saber se assumem a tarefa e como a desempenham na capital política do País.

Antecedentes e Condições: Jornal, Rádio e TV

Inegavelmente, em termos de produção e consumo de mídia, o Brasil tem acompanhado de perto os mais acelerados ritmos mundiais, especialmente no que tange a rádio e televisão. Atualmente, é uma das oito nações que concentram 3/4 da audiência mundial de televisão, a única do hemisfério sul, juntamente com Estados Unidos, Reino Unido, Canadá, Japão, Austrália, Alemanha e França (Hamburguer, 1998). No Brasil, os aparelhos de televisão são o terceiro principal item de posse nas residências, em seguida ao fogão e ao rádio e, nos últimos anos, o crescimento de domicílios com TV cresceu em mais de 40%. Assim é que, quando se avalia o

---

[2] Irineu Evangelista de Sousa, barão e visconde de Mauá, exemplo brasileiro de empresário inovador e homem público. Sobre Mauá, seu tempo e suas realizações, consultar CALDEIRA, Jorge. *Mauá, empresário do império*. São Paulo: Companhia das Letras, 1995.

número de domicílios com TV, as últimas estatísticas mundiais indicam o Brasil em 3º lugar, seguindo EUA e Japão.

As taxas de analfabetismo, ainda acima do desejável, têm funcionado como entrave à generalização do consumo da mídia escrita no País. Entretanto, o jornal foi e continua sendo veículo central na divulgação de notícias e formação de opinião entre diferentes categorias sociais nas diversas regiões do País.

Contextualizando a entrada e a difusão de cada um desses meios – a imprensa escrita, o rádio e a televisão – em nossa sociedade, destaca-se a ação de uma multiplicidade de atores, até mesmo governamentais, sobressaindo aqueles que se podem considerar empresários da mídia.

A **imprensa** é o meio de comunicação de massa constituído pelas publicações periódicas (jornais e revistas) que divulgam informações, comentários e imagens gráficas referentes ao que acontece na cidade, no país e no mundo, de interesse para a vida dos indivíduos e das comunidades. A imprensa tornou-se, em tempos mais recentes, poderosa indústria e o jornalismo converteu-se em atividade complexa que informa, diverte, transmite idéias e educa, abrangendo desde a coleta da notícia até a sua difusão. As empresas-editoras baseiam sua força e prestígio no número de exemplares vendidos e no volume dos anúncios.

Desde a invenção da tipografia por Guttenberg, na Alemanha, no século XV, aos atuais recursos informatizados de composição e impressão, a atividade jornalística gradualmente especializa-se e vai-se tornando mais sofisticada e complexa, diversificando e ampliando seu impacto nas populações.

No Brasil, não havia tipografias antes da vinda de D. João VI, que criou, por decreto de 13 de maio de 1808, a *Imprensa Régia*. Em 10 de setembro do mesmo ano foi impresso o primeiro jornal no País, a *Gazeta do Rio de Janeiro*, semanário dirigido por frei Tibúrcio José da Rocha, que publicava documentos oficiais, cujo texto devia passar pela censura.

Ainda no ano de 1808, Hipólito José da Costa fundou, em Londres, o mensário *Correio Braziliense*. E justificava-se: "Resolvi lançar esta publicação na capital inglesa dada a dificuldade de publicar obras periódicas no Brasil, já pela censura prévia, já pelos perigos a que os redatores se exporiam, falando livremente das ações dos homens poderosos". Este jornal foi publicado regularmente até 1822.

As tipografias foram-se estabelecendo no Rio de Janeiro e em outras cidades em Minas, Pará, Bahia, Pernambuco, ao mesmo tempo que surgia a imprensa política no País, estimulada pelo clima independentista e pós-independência. A liberdade de imprensa, porém, não veio com o reconhecimento de um Brasil politicamente distinto de Portugal. Sendo meta perseguida por muitos – não apenas políticos e jornalistas – responde ao conjunto de valores, instituições e comportamentos constituintes do estado e da sociedade democráticos.

Os jornais e seus jornalistas estão intimamente ligados à história do país independente, à construção do estado nacional, à abolição da escravatura e à lenta e complexa busca da democracia, construindo e veiculando notícias e idéias de diferentes matizes e tendências, à esquerda e à direita, conservadoras ou progressistas.

O *Diário do Rio de Janeiro*, que circulou de 1821 a 1878, foi o primeiro jornal de fato informativo a circular no País. Em 1821, também surgiram dois jornais políticos: o *Revérbero Constitucional Fluminense*, dirigido por Joaquim Gonçalves Ledo e Januário da Cunha Barbosa, de motivação liberal, assim como o *Correio do Rio de Janeiro*, de João Soares Lisboa, que chegou a ser degredado por oito anos, em razão da oposição que fazia aos irmãos Andradas. Estes, em 1826, fizeram o seu próprio periódico: *O Tamoio*. Frei Joaquim do Amor Divino Rabelo (Frei Caneca) lançou, em 1823, em Pernambuco, o *Typhis Pernambucano*, clamando contra a escravidão e pela liberdade de imprensa. Também em Pernambuco, em 1825, fundava-se o *Diário de Pernambuco*.

Alguns nomes e títulos confundem-se com a própria história política do País: Líbero Badaró, nascido na Itália, radica-se em São Paulo, onde funda o *Observador Constitucional*; Alcindo Guanabara, de Magé no Rio de Janeiro, dedica-se à redação da *Gazeta da Tarde* e *Novidades*, no Rio de Janeiro, onde também dirige *O País* e *A Tribuna*. Rodolfo Dantas, nascido na Bahia, funda, no Rio de Janeiro, o *Jornal do Brasil*, em 1891. Edmundo Bittencourt, gaúcho de Santa Maria, dá início, em 1901, também no Rio, ao *Correio da Manhã*. Gustavo Lacerda, catarinense, socialista e reporter de *O País*, toma a iniciativa de criação da Associação Brasileira de Imprensa, fundada em 1908 no Rio de Janeiro e que passou a desempenhar o importante papel que até hoje tem na vida política nacional.

Francisco de Assis Chateaubriand Bandeira de Melo pode ser considerado o primeiro grande empresário da mídia nacional, na acepção moderna do termo. Paraibano, em 1917 passa a colaborar em diferentes jornais no Rio e, em 1924, compra *O Jornal*, que veio a ser o órgão principal dos *Diários Associados*, grande império jornalístico que incluiu, além de diversos jornais, estações de rádio e de televisão, revistas e editora. A empresa ainda existe e dela faz parte o *Correio Braziliense*, jornal de maior tiragem em Brasília. Chateaubriand também ampliou suas atividades econômicas para outros setores além da mídia (laboratórios farmacêuticos e fazendas agropecuárias), foi senador pelo Maranhão e embaixador do Brasil em Londres, designado por Juscelino Kubitschek.

Belarmino Maria Austregésilo Augusto de Athayde, nascido em Pernambuco, formou-se em direito no Rio, em 1922, onde colaborou em diversos jornais. Em 1924, assumiu a direção do *O Jornal*. Tendo feito oposição à Revolução de 30 e apoiado o Movimento Constitucionalista de 32, acabou preso e exilou-se do País por um ano. Voltou assumindo suas funções nos Diários Associados e, em 1951, foi eleito para a Academia Brasileira de Letras; em 59 tornou-se seu presidente, cargo para o qual foi reeleito até sua morte em 1993.

A política nacional fazia-se em grande parte por meio dos jornais; e alguns nomes não podem ser omitidos, como Macedo Soares e o *Diário Carioca*, Leônidas Rezende e *A Esquerda*, Orlando Ribeiro Dantas e o *Diário de Notícias*, bem como *A Manhã* e a *Crítica* de Mário Rodrigues. Mais recentemente, Samuel Weiner e a *Última Hora* (de 1951) e Carlos Lacerda com a *Tribuna da Imprensa* (de 1949).

A liberdade de imprensa, entretanto, sofreu limitações no período estadonovista (1937–45) tendo a Constituição de 1946 voltado a assegurar liberdade de manifestação do pensamento.

Em 1964, com o regime militar, viveu-se o retorno à censura e, a partir de 1985, o seu término, com a retomada do processo de democratização do País.

Atualmente, os principais estados têm seus próprios jornais. Entre os de maior circulação nacional, entretanto, contam-se os editados no Rio (*Jornal do Brasil* e *O Globo*, este fundado em 1925 por Irineu Marinho) e em São Paulo (*O Estado de São Paulo*, de Júlio de Mesquita e a *Folha de São Paulo*, fundada em 1960).

Os maiores jornais do País atingiram, inegavelmente, altos padrões tecnológicos e empresariais. Continua vivo, entretanto, o dilema entre informar e interpretar, os dois pontos cardeais da função jornalística. Em culturas políticas de cidadania generalizada já se formou a ética da primazia da informação sobre a interpretação. Noticia-se primeiro e comenta-se depois.

No Brasil, onde a cidadania plena ainda está por realizar-se, os limites entre informação e interpretação tendem a se diluir e a busca de opinião pronta, por parte do público, sobressai sobre o esforço de formação de opinião própria. Este fenômeno torna-se mais dramático exatamente quando a democracia avança e, com ela, crescem a liberdade e a necessidade de opinião. Na impossibilidade ou na dificuldade de formar opinião própria, carecendo dos instrumentos necessários à crítica responsável, o cidadão comum vai adotar e repetir análises e avaliações divulgadas pela mídia.

Em Brasília, especialmente, ante as características de cidade construída para capital política, o interesse por comentários sobre fatos e figuras da vida nacional, especialmente, anima o cotidiano do cidadão comum e o Mercado de opiniões prevalece sobre o de informações. Ganham expressão as opiniões que mais seduzem sem que sejam, exatamente, aquelas que se baseiam em informações fidedignas.

Estabelece-se, assim, uma espécie de círculo vicioso em que, de um lado, a população espera que a mídia forme e lhe transmita opiniões sobre assuntos diversos, até mesmo e destacadamente sobre os que dizem respeito à condição de cidadão, e, de outro lado, os formadores de opinião que, na mídia, não são pressionados por um público crítico a exigir fidedignidade dos fatos.

E tudo isso no ambiente de Brasília, em que assuntos políticos constituem *faits divers*.

A função pedagógica, então, só deverá ser exercida por aqueles líderes da empresa jornalística que conseguirem quebrar a inércia e assumir a difícil tarefa de, no âmbito de sua atividade, informar e desenvolver o cidadão responsável, evitando a opinião apressada e fácil.

A **radiodifusão** é o termo cunhado nas primeiras décadas do século XX, em diferentes línguas latinas, contemporâneo do inglês *broadcasting*, para expressar a transmissão de sons no espaço, em forma de ondas, mediante variações da corrente elétrica. Este desdobramento da aplicação da radioeletricidade resultou da ação de muitos especialistas, cientistas e técnicos, que, em vários países, por mais de meio século, estudavam o eletromagnetismo.

O francês Édouard Branly abriu caminho às radiocomunicações com seu aparelho que tornou possível assinalar a presença das ondas elétricas de Hertz; entrou para a *Académie des Sciences* em 1911. O russo Alexander Popov construiu um coesor para detectar sinais enviados pelas ondas hertzianas e transmitiu e gravou a primeira mensagem sem fio, em Morse, em março de 1896. Coube ao italiano Guglielmo Marconi, entretanto, registrar em junho de 96, em Londres, a primeira patente de um sistema de radiocomunicação. Dois anos depois o novo invento entrava a serviço da informação jornalística e as regatas de Kingston foram cobertas, pelo código Morse, para o *Daily Express*, de Dublin.

Mais duas invenções deram impulso à radiodifusão: o emissor capaz de produzir onda regular e contínua, com a transmissão de música e voz humana, e a válvula radioelétrica de Lee de Forest. Este realizou, em 1908, do alto da torre Eiffel, uma emissão que chegou a ser ouvida em Marselha. No ano seguinte, Caruso era transmitido do Metropolitan Opera House e, em 1916, Lee de Forest instalou uma estação emissora experimental em Nova Iorque. Em 1919, foi inaugurada uma emissora regular em Rotterdam.

Ao terminar a Primeira Guerra, particularmente a partir dos anos 20, a expansão da radiodifusão faz-se a passos largos nos Estados Unidos, França e outros países europeus.

Em 7 de setembro de 1922, fazendo parte das comemorações do centenário da Independência, foi produzida, no Rio, a primeira emissão radiofônica oficial. A estação montada no Corcovado pela Westinghouse Electric International juntamente com a Companhia Telefônica Brasileira irradiou discurso do presidente Epitácio Pessoa e programa musical.

A efetiva presença do rádio no Brasil ocorreu, no entanto, a partir de abril de 1923: a Rádio Sociedade do Rio de Janeiro foi fundada por Henrique Morize e Edgard Roquete Pinto e instalada na Academia Brasileira de Ciências. Morize nasceu na França e, engenheiro e meteorologista naturalizado brasileiro, foi um dos fundadores da Sociedade Brasileira de Ciências, atual Academia. Roquete Pinto, antropólogo nascido no Rio, foi membro da Academia Brasileira de Letras e do Instituto Histórico e Geográfico Brasileiro.

A partir dos anos 30, o rádio populariza-se e entram em voga os programas de auditório, que consagraram personalidades e marcaram estilo, em inovadora relação emissor/público que migrou, com êxito, para a TV. Forma e conteúdo da nova atividade empresarial consolidavam-se pela ação de pioneiros como Renato Murce, Ademar Casé, Luís Vassalo, Gastão Lamounier. Talentos artísticos eram descobertos e consolidavam-se no rádio, de Carmem Miranda a Francisco Mignone, passando por Pixinguinha e Marlene. No noticiário, marcou época a precursora voz de Heron Domingues, com seu *Repórter Esso*, na Rádio Nacional do Rio de Janeiro.

Tão importante tornou-se o rádio como fator de inclusão na cultura contemporânea que, nos anos 50/60, o acesso a um aparelho de transmissão foi considerado item diferenciador de desenvolvimento nacional em alguns destacados esforços de teorização sobre processos sociopolíticos de modernização. Cabe lembrar Rostow (1962), com as etapas do desenvolvimento econômico e as condições para o "arranco" e David McClelland (1961) com o índice de desempenho (*an achievement*). Em 1969, a missão Rockfeller enviada à América Latina observava que o rádio transistor havia causado verdadeira revolução na divulgação de fatos e que populações inteiras, antes isoladas na distância dos centros urbanos ou no analfabetismo, passavam a ter conhecimento de condições diferentes de vida, deixando de aceitar como inevitáveis seus próprios padrões de existência. Era a constatação do processo então identificado como revolução das expectativas crescentes, tido como fulcro do desenvolvimento socioeconômico.

Mesmo que cientistas sociais de três décadas atrás tenham exagerado no papel do rádio como fator de desenvolvimento, é inegável sua importância na informação, formação e diversão dos cidadãos contemporâneos. A não-linearidade entre emissão e recepção de notícias e a complexidade de interesses na produção e difusão dessas, constatadas em inúmeras pesquisas mais recentes, desautorizam a relação necessária e direta entre informação e mudança social. Em certas condições, a mídia pode funcionar exatamente no sentido inverso de conservação da ordem existente, quando possibilita emulação e realização vicária de valores, desejos e expectativas. Mesmo não havendo linearidade entre mídia e mudança social, sendo esta relação fortemente mediada por inúmeros fatores, entre os quais se destacam os níveis de escolaridade e valores culturais (Merton e Lazarsfeld, 1982), a cidadania contemporânea é altamente condicionada pela mídia.

Legislação reguladora da radiodifusão fez-se necessária desde seus primórdios, em função da proliferação de emissoras nos Estados Unidos e da mistura de ondas no ar. Na Europa, o problema foi mais grave ainda ante o grande número de países e línguas variadas. Tornou-se necessário regulamentar a freqüência das emissoras de rádio e determinar horários de operação. Razões de ordem tecnológica passaram a se somar às de ordem ético-política ligadas à liberdade de imprensa para que diferentes governos legislassem sobre usos da mídia, respeitando normas acordadas internacionalmente. Com o avanço da televisão, a legislação torna-se mais complexa e necessita ser periodicamente atualizada de modo a acompanhar a modernização tecnológica e os novos desafios às sociedades contemporâneas. A mais recente consolidação normativa sobre mídia no Brasil está na Lei Geral de Telecomunicações Brasileiras, Lei nº 9472, de 16 de julho de 1997.

A **televisão** é a mídia mais atuante no chamado mundo globalizado de hoje. Tanto se refere ao aparelho receptor como ao processo de reprodução, transmissão e captação à distância, por raios eletromagnéticos, de uma série de fotografias em rápida seqüência, acompanhadas de som. Também aqui, a inovação depende do esforço combinado e continuado de diferentes cientistas e técnicos.

Jacob Berzelius, químico sueco, descobriu, em 1817, o selênio, elemento que está na origem da TV. Em 1873, o inglês Willoughby Smith comprovou que o selênio era capaz de transformar energia luminosa em elétrica, deixando claro que era possível transmitir imagens por meio de corrente elétrica. Paul Nipkov, alemão que em 1884 conseguiu subdividir e agregar os elementos da imagem, e mais Julius Elster e Hans Geitel, descobrindo a célula fotoelétrica em 1892, completaram essa primeira fase.

Em 1906, na Alemanha, foi patenteado sistema de televisão, ao mesmo tempo que Boris Rosing fazia a mesma coisa em São Petesburgo, Rússia. As primeiras transmissões de imagens, todavia, se fizeram na década de 20, graças aos trabalhos de Logie Baird, na Inglaterra, e Charles Jenkins, nos Estados Unidos. Em 1926, a British Broadcasting Corporation concluiu acordo com Baird para emissões experimentais a partir da estação de Londres. Em março de 1935, ocorreu a primeira emissão oficial de TV na Alemanha e, em novembro, o posto emissor da torre Eiffel começou a funcionar em Paris.

A partir do fim da Segunda Guerra a TV teve veloz desenvolvimento. Em setembro de 1950, inaugurava-se oficialmente a TV Tupi de São Paulo, integrante da rede dos Diários Associados e, no ano seguinte, a TV Tupi do Rio de Janeiro.

Os satélites viriam a servir como estação para a transmissão de sinais telefônicos e de televisão captáveis em qualquer parte do mundo. O primeiro satélite operacional comercial para fins de comunicação, o *Early Bird*, foi lançado em 1965. Em 1964, formava-se o *International Communication Satellite Consortium* (INTELSAT), inicialmente com 50 países participantes, ao qual o Brasil veio-se integrar após a criação da EMBRATEL (Empresa Brasileira de Telecomunicações), já em 1965.

Apesar de em 1904 ter sido registrada patente alemã de TV a cores, apenas em 54 começaram as transmissões regulares nos Estados Unidos, após a superação de inúmeros obstáculos tecnológicos, incluindo a adequação de aparelhos receptores. No Brasil, a inauguração da TV em cores ocorreu em 1972 e teve crescente e acelerada difusão, especialmente a partir de 1975/76. O número de estações de televisão também cresceu vertiginosamente no País, destacando-se a Rede Globo de Televisão, de Roberto Marinho, que se tornou a maior cadeia de comunicações da América do Sul.

Em 1981, a EMBRATEL estabelece acordo com a TV Globo e a TV Bandeirantes, permitindo às emissoras transmitir sinais abertos para todo o território nacional (antenas parabólicas). Em 1985, é lançado o primeiro satélite brasileiro de telecomunicações; em 1986, o segundo.

A TV brasileira destaca-se pelo baixo percentual de programas importados em horário nobre e o Brasil é o 4º país em número de aparelhos televisivos, destacando-se, internacionalmente, pela produção de novelas, especialmente as da Globo, exportadas para diversos países da América Latina, África, Europa. Até em Moscou, em finais dos anos 80 e começo dos 90, a *Escrava Isaura* era vista e revista com muita admiração.

Ao longo dos quase 50 anos de história da TV no País, o estado, em diferentes governos, influiu diretamente e de diferentes maneiras nessa complexa indústria da mídia. Coube, ao poder público, conceder e cancelar concessões de TV, tendo apoiado, sempre, a iniciativa privada, quer por meio de empréstimos, pela garantia da infra-estrutura ou pela divulgação de anúncios publicitários.

Na última década, novas tecnologias resultam de combinações práticas de cruzamentos entre a TV, o satélite e o computador. Aos parâmetros de *broadcasting* dentro dos quais a TV foi fundada, visando à difusão ampla de mensagens para um telespectador genérico, as novas técnicas, incluindo a TV a cabo, permitiram adicionar programações específicas dirigidas para públicos afins. Criava-se o fenômeno da segmentação que, no jargão da indústria, é reconhecido como *narrowcast*, ou difusão estreita, dirigida (Mendes de Almeida, 1988).

Com as mudanças recentes, merecem destaque o surgimento da modalidade TV de serviços e a variedade de novos canais e opções que proporcionam revalorização da informação de caráter local. Esses fenômenos vêm aumentando, no dizer de muitos, a concorrência entre a aldeia global e o quarteirão mais próximo. O consumidor passivo de imagens tenderia a desaparecer nos casos, entre outros, da TV a cabo, do videotexto, do videocassete que permitem, na prática, relação bidirecional entre expectador e veículo. Exemplo recente de êxito nesse processo é a TV Carioca (canal 41 da Net Rio), considerada como tendo estabelecido os alicerces para um modelo de canal comunitário por cabo, pluralista e democrático (Pereira, 1997). Tais avanços tenderão, por outro lado, a repercutir na TV tradicional, que seria pressionada a sofisticar programação e a desenvolver mecanismos alternativos de aproximação com o telespectador.

Indicações do Panorama da Mídia no DF

Em seus quase 40 anos de existência, Brasília tornou-se cidade moderna e complexa, de população diferenciada, apesar do grande número de funcionários públicos, e com renda das mais altas do País, especialmente em alguns setores do Plano-Piloto e Lago Norte e Lago Sul, onde a renda *per capita* é comparável à de bairros de alta renda nos países ricos (Figueiredo e Araújo, 1999). Brasília figurou, em 1997, como o maior mercado latino-americano em poder de compra por domicílio, com US$29,7mil, segundo relatório da Strategy Research Corporation, divulgado pela Gouvea de Souza.

Com seu público exigente e cosmopolita, Brasília atrai diferentes negócios e atividades empresariais. As maiores empresas registradas pela Federação das Indústrias de Brasília (FIBRA) cobrem diversos setores de atividades, da construção civil ao transporte aéreo, da criação, do abate e do preparo de aves aos serviços de radiodifusão.

Brasília, igualmente, por sua localização política de capital e por ocupar, fisicamente, posição central no País, atrai, permanentemente, populações de outras regiões. Ante as desigualdades econômicas e sociais que caracterizam o processo de desenvolvimento brasileiro, grandes massas de populações de baixa renda, expulsas de outros sítios, chegam à Brasília em busca de trabalho e atendimento, especialmente de serviços de saúde. Aqui se estabelecem invadindo áreas urbanas centrais ou periferias das cidades-satélites, que sofrem processo recorrente de favelização. É como se a capacidade empregatícia da cidade e o esforço das autoridades locais não dessem vazão às pressões de uma massa sempre renovada de populações multiplamente carentes.

Mal ou bem, ao longo do tempo, muitos desses migrantes pobres vão sendo absorvidos e passam a integrar as camadas inferiores da estratificação social local. Essa estrutura, hoje bastante consolidada em seus diferentes níveis, é de mobilidade muito mais rígida do que nos primórdios de Brasília nos anos 60, mas ainda suficientemente móvel para animar sonhos, entre os menos privilegiados, de casa própria e outros itens de consumo demonstrativos de ascensão social.

Brasília contém população variada em termos culturais, educacionais e econômicos, sintetizando as diferentes regiões do País, e exposta aos movimentos e pressões dos poderes central e distrital, bem como às representações diplomáticas e organismos internacionais.

Esta variedade sociocultural cosmopolita anima, de diferentes ângulos, uma atividade intensa em diferentes setores econômicos e, também, nos órgãos da mídia que ora interessam particularmente.

São inúmeros os **jornais** que circulam em Brasília, produzidos localmente ou em outros estados, distribuídos gratuitamente ou vendidos. Segundo dados do Instituto de Verificação de Circulação (IVC), a circulação paga (assinaturas e vendas avulsas) cresceu para quase todos os jornais filiados ao IVC, entre janeiro de 94 e julho de 97, destacando-se o *Correio Braziliense*, com o importante crescimento de 86%, no período (Tabela 1). Em fevereiro de 1998, 75% dos 721.000 leitores de jornal em Brasília (circulação paga) liam o *Correio*. Desses leitores, a maior parte é das classes B (32%) e A (28%) e de jovens de 20 a 29 anos (35%).

TABELA 1
Evolução da circulação paga de jornais (94/97) e perfil dos leitores do *Correio Braziliense* (fev.98)

Veículo	Variação (%) jan.94/jul.97	Parâmetros de Leitores (Correio Braziliense)		Perfil (%)
Correio Braziliense	86	Faixa Etária	15/19 anos	14
Gazeta Mercantil	34		20/29 anos	35
Estado de Minas	31		30/39 anos	25
O Estado de São Paulo	24		40/40 anos	16
O Globo	21		50/65 anos	10
O Dia	20	Classe Socioeconômica	A	28
Folha de São Paulo	18		B	32
Zero Hora	13		C	30
Jornal do Brasil	-18		D/E	10

Fontes: IVC, Estudos Marplan, *Correio Braziliense*.

Já o *Jornal de Brasília*, o segundo jornal local mais vendido, tinha 19.381 assinantes em novembro de 1997. A faixa em que mais circula é também a de jovens de 20 a 29 anos (24,3%), e é lido, principalmente, pelas classes A (42,1%) e B (37,4%), com 67,53% de assinaturas no Plano-Piloto e Lago Sul e Lago Norte (Tabela 2).

TABELA 2
Perfil dos leitores do *Jornal de Brasília*

Parâmetro		Perfil (%)
Faixa etária	16/19 anos	5,6
	20/29 anos	24,3
	30/39 anos	19,6
	40/49 anos	13,1
	>50 anos	4,8
sexo	feminino	51,1
	masculino	49,9
Classe socioeconômica	A	42,1
	B	37,4
	C	19,6
	D	0,9

Fonte: *Jornal de Brasília* (informativo, nov. 1997).

Ambos os jornais locais de maior circulação não são empresas isoladas. O *Correio* faz parte do complexo dos *Diários Associados*, empresa pioneira da imprensa no País, como anteriormente mencionado neste capítulo, composto, atualmente, por 34 veículos, sendo 12 jornais, 6 emissoras de televisão, 13 emissoras de rádio, 1 agência de notícias e 2 produtoras de vídeo.

O *Jornal de Brasília* faz parte da Organização Jaime Câmara, com 22 empresas distribuídas em sistemas de televisão, rádio, jornal e parque gráfico, constituindo o maior complexo de comunicação da região Centro-Oeste. O grupo é capitaneado pelo jornal *O Popular*, o mais lido no estado de Goiás e em sua capital Goiânia. A Fundação Jaime Câmara, integrante do grupo, dedica-se a empreendimentos educativos socioculturais.

Os dois jornais locais mais lidos em Brasília atingem, majoritariamente, público jovem de classes A e B; são informativos, inegavelmente, mas capazes de dividir as opiniões dos brasilienses sobre temas políticos nacionais e locais. Outro jornal cujas opiniões animam rodas intelectualizadas em Brasília é a *Folha de São Paulo*, de importante volume de vendas no Plano-Piloto. Este jornal, apesar de ter estado sempre representado em Brasília, aqui se firmou a partir do movimento pelas "Diretas Já", em 1984. O movimento foi assumido como campanha própria pela *Folha* e gerou o *boom* deste jornal, no dizer da diretora-executiva da sucursal, Eliane Catanhede. A partir de então, mudanças profundas ocorreram na sucursal, no projeto editorial e diretrizes básicas do jornal, entre as quais o criticismo tem destaque. As opiniões críticas da *Folha* circulam com facilidade, especialmente entre universitários da capital.

O **rádio** em Brasília é ouvido principalmente nos lares – pois, como no resto do País, o aparelho de rádio é o item de consumo doméstico que só perde para o fogão – e nos carros: observe-se que Brasília é a cidade de maior concentração de automóveis por habitante no país.

As transmissões em AM, de grande penetração no interior, perdem audiência nos centros urbanos e Brasília não foge à regra quando se comparam os números de ouvintes de AM e de FM: em janeiro de 1999, a população ouvinte de AM foi de 14.740 enquanto a de FM chegou a 83.910 (Tabela 3 e Tabela 4).

TABELA 3
Análise de Audiência: Rádio AM em Brasília

Emissora	Posição	Nº de ouvintes
BSB	8	30
Capital	6	420
CBN	5	540
MEC	7	40
Nacional	4	1.580
N. Aliança	2	2.940
Planalto	1	7.450
Redentor	3	1.740

Fonte: Radiobrás (jan. 1999).

TABELA 4
Análise de Audiência: Rádio FM em Brasília

Emissora	Posição	Nº de ouvintes
Antena 1	7	5.440
Antena 9	10	2.900
Atividade	2	13.950
BSB Super	17	810
CBN	11	2.790
Cultura	8	3.230
Jornal Brasília	4	6.900
Jovem Pan	3	7.060
Manchete	15	1.290
Mega	9	3.040
Nacional	13	2.340
OK FM	5	5.950
Senado	14	1.770
Transamérica	6	5.640
92 FM	12	2.360
105 FM	1	18.440

Fonte: Radiobrás (jan. 1999).

Os ouvintes de AM tendem a ser mais idosos e a pertencer a classes mais baixas, pelos indicadores de local de moradia e nível de instrução. Os dados da *Rádio Nacional de Brasília* são eloqüentes a esse respeito, mostrando que 65% de seus ouvintes de FM têm nível universitário, 66% residem em local de alta renda, e 42% estão acima de 40 anos. Já 71% dos ouvintes da *Rádio Nacional AM* têm acima de 40 anos, 49% têm escolaridade abaixo da 4ª série e 63% residem em local de baixa renda. (Tabela 5).

TABELA 5
Análise de Audiência: Rádio Nacional de Brasília - AM/FM

Parâmetro		Perfil (%) AM	Perfil (%) FM
Faixa etária	10/15 anos	3	4
	16/29 anos	9	30
	30/39 anos	18	19
	> 40 anos	71	46
Nível de instrução	< 4ª série	49	9
	1º grau	12	5
	2º grau	34	20
	universitário	5	65
Local de moradia	alta	19	66
	média	19	16
	baixa	63	18

Fonte: Radiobrás (jan. 1999).

Interessante notar que as emissoras com maior audiência são aquelas que estabelecem relação direta com os ouvintes, em emissões dirigidas a públicos afins, quer dando destaque a programas de recados e mensagens diversos, incluindo os facilitadores de encontros entre pessoas (*105 FM*, 1º lugar – empresa do *Sistema Correio Braziliense de Comunicação*) ou divulgando ações assistenciais e ouvindo pessoas carentes e beneficiadas por tais ações (*Atividade*, 2º lugar).

Esse fenômeno de relação bidirecional entre rádio e ouvinte merece destaque não apenas por caracterizar as duas rádios de maior audiência na cidade, mas também por deixar evidente, uma vez mais, o equívoco em que incorriam aqueles que temiam o fantasma da homogeneização de públicos e de culturas como decorrência das novas tecnologias de comunicação. Estas e o chamado "encolhimento do mundo" decorrente das novas possibilidades de comunicação por elas geradas não igualizaram diferenças ou diluíram fronteiras como queriam alguns apressados intérpretes da globalização. As novas possibilidades oferecidas pelos recursos tecnológicos disponíveis, ao mesmo tempo que são capazes de inserir o cidadão no mundo, são igualmente veículos importantes de sua inserção na comunidade e sociedade mais próxima.

Assim como os jornais fazem parte de grupos empresariais complexos e diversificados, as emissoras de rádio também não são empresas isoladas. Na área governamental, a Empresa Brasileira de Notícias (EBN) foi criada em 1972/73 por junção de rádios e TVs, visando especialmente à transmissão para a Amazônia. A EBN é oriunda da Agência Nacional e do Departamento de Informação e Propaganda (DIP) como agência de notícias para jornais do interior. O governo Sarney (1985/90) extingue a EBN e transfere suas funções para a Radiobrás, como agência de notícias e não apenas como gestora de rádio e TV; no período Itamar (1992/94), esta passa a ser, também, comunicadora do governo. A partir de 1995, no governo Fernando Henrique Cardoso, é criada a SECOM (Secretaria de Comunicação), compreendendo a Fundação Roquete Pinto, a Radiobrás e a publicidade estatal. Fazendo parte desse complexo, a rádio *Nacional FM* fica entre o 11º e 13º lugar em audiência em Brasília e a *Nacional AM* em 4º.

A rádio *Atividade* e a *OK FM* (5º lugar em audiência), por sua vez, pertencem a grupos empresariais liderados por dois dos maiores empresários de Brasília, que se destacam, também, por sua atividade pública. Wigberto Tartuce e Luiz Estêvão exercem, atualmente, mandatos eletivos na Câmara dos Deputados e no Senado Federal,** respectivamente. Ambos integraram, também, o grupo de empresários selecionados para a primeira fase deste estudo, dedicado à liderença empresarial em diferentes áreas. Em seus depoimentos, deixam claro que a elevação do nível sociocultural da população, além de valor em si, é condição necessária da própria vitalidade empresarial. Alicerçados nessa constatação, constroem suas personalidades públicas e orientam suas ações empresariais e políticas (Figueiredo e Araújo, 1999).

** O senador Luiz Estêvão teve seu mandato cassado em 28/06/00. (N. do E.)

As condições atuais de produção, com alto investimento em tecnologias, tendem a levar à diversificação de atividades de modo a potencializar o uso das tecnologias em pauta. Apesar de esta regra não se exercer em termos absolutos, a lógica dos grandes investimentos em tecnologias – aqui entendidas em seu significado mais amplo, desde os mais concretos objetos e máquinas aos mais abstratos procedimentos e métodos – leva o empreendedor a buscar o melhor e mais eficaz uso desse investimento, o que significa, muitas vezes, multiplicar e diversificar ações e produtos. As empresas mais dinâmicas em diferentes setores em Brasília não fogem à regra, do mesmo modo que não o fazem as empresas da mídia aqui analisadas.

Interessante notar, igualmente, a existência de outro fenômeno associado a grandes investimentos em tecnologias: a junção, a agregação, a cooperação, a associação de empresas ou atividades empresariais de modo a reduzir ou partilhar custos com investimentos tecnológicos. Especialmente em áreas de tecnologia de ponta, em que a obsolescência é rápida, como nos casos de ilhas de edição ou nos de parques gráficos, tais associações são freqüentes de modo a garantir a permanência da empresa em Mercado altamente competitivo em que a melhor qualidade depende da mais moderna tecnologia.

A **televisão** faz parte do cotidiano do brasileiro como nenhum outro meio de comunicação. Levantamento recente mostra que assistir a programas de TV é a principal atividade de lazer em todas as classes sociais e faixas etárias (Tabela 6).

No Mercado de Brasília, dos mais sofisticados do país, a *TV Globo* é o mais importante veículo de comunicação, 81% de *share* no *Jornal Nacional*. Na audiência das manhãs, a *TV Globo* fica com 61%, seguida do Sistema Brasileiro de Televisão (SBT) (22%) e da *Record* (6%); nas tardes, 68% são da *Globo*, 18% do *SBT* e 5% da *Record*; e a audiência noturna é de 77% da *Globo*, 12% do *SBT*, 5% da *Manchete* e 4% da *Record* (Tabela 7).

As TVs de maior expressão em Brasília são as mesmas TVs que se destacam nacionalmente. A *Globo*, a *Manchete* e o *SBT* têm sucursais importantes em Brasília. A *Globo* mantém seu

TABELA 6
Principais atividades de lazer de 2ª a 6ª feira (%)

Atividade	Geral	Classe Social			Faixa Etária		
		A/B	C	D/E	10/19	20/29	>40
Assistir a programas de TV	55	59	56	50	65	53	47
Ouvir rádio FM	18	16	20	17	28	19	8
Ouvir música (CD, cassete, etc.)	12	15	13	9	16	14	5
Ler livros	8	15	8	5	7	10	7
Brincar com crianças em casa	7	8	7	8	14	7	4
Ler revistas	7	15	6	4	6	9	6
Fazer trabalhos manuais	7	6	6	7	4	5	11
Ler jornais	6	14	7	2	2	9	8
Ouvir rádio AM	6	4	6	7	4	6	8
Praticar esporte/ginástica	6	6	7	5	12	5	2
Jogar videogame	4	7	5	2	11	2	1
Praticar algum *hobby*	2	3	2	2	3	2	2
Assistir a fitas de videocassete	2	3	3	1	1	3	1
Tocar instrumento musical	1	1	1	1	1	1	1

Fonte: Pesquisa *Hábitos Cotidianos*/IBOPE OPP/Rede Globo/março 97.

TABELA 7
Share de audiência no DF: TV

Emissora	Matutino (%) (7:00/12:00)	Vespertino (%) (12:00/18:00)	Noturno (%) (18:00/24:00)
Globo	61	68	77
SBT	22	18	12
Manchete	6	3	5
Record	6	5	4
Band	6	3	2
outras	-	3	2

Fonte: Ibope/AIP – DF (média jan./dez. 97).

domínio, seguida do *SBT* e da *Record*, que crescem. A *Manchete* tem perdido espaço na medida em que o grupo Bloch, do qual faz parte, não supera a grande crise que atravessa. Submerso em sérias questões trabalhistas e financeiras, o império Bloch corre o risco de desmoronar em 1999, especialmente após o malogro da tentativa recente e de curta duração de passar a TV para o controle de um grupo evangélico, a igreja Renascer.[***]

[***] A previsão mostrou-se correta. Hoje a *TV Manchete* é a *Rede TV!*. (N. do E.)

O *SBT*, do grupo Sylvio Santos, colocou suas primeira imagens no ar em 1981, instalando-se em Brasília em 85. O grupo Sylvio Santos é exemplo de êxito empresarial em seus 35 anos de existência, especialmente nos últimos 13 anos, quando patrimônio líquido e faturamento cresceram em progressão geométrica; o grupo tem atividades diversificadas entre comunicações, comércio e serviços, empresas financeiras, seguros, previdência e capitalização e veículos. O *SBT* é a segunda rede televisiva do País, depois da *Globo*, contando com 89 emissoras próprias e afiliadas. O êxito do *SBT* é atribuído por seus dirigentes ao esforço permanente de modernização tecnológica de equipamentos e capacitação de funcionários, bem como à busca de linguagem que estimule identificação e interatividade com o público.

Os jornais televisivos locais, produzidos pelos canais de maior penetração, cobrem o noticiário de caráter mais comunitário e fazem uso de entrevistas e depoimentos diretos de pessoas comuns, na busca nítida de interação com a população e os valores locais. Tudo o mais que é notícia na cidade e é de caráter macrosocietário passa para os jornais nacionais.

Diferentes campanhas de cunho social e natureza pedagógica (hábitos de higiene, limpeza urbana, prevenção de doenças, segurança no trânsito) são veiculadas pelos diversos canais. Estas campanhas educativas, invariavelmente, são patrocinadas pelos governos: nacional, estaduais ou distrital e municipais e divulgados, principalmente, pela *TVE*, cabeça de rede da Radiobrás. Nesse tópico, cabe destaque à *TV Globo* que desenvolve, por conta própria, repetidas ações pedagógicas visando à maior responsabilidade do cidadão no trânsito e contra as drogas, na voz e por iniciativa de seu repórter Alexandre Garcia. Também voltados para a comunidade são os programas Ação Global, visando à população mais carente, e o de aleitamento materno. Além disso, a Fundação Roberto Marinho, do mesmo grupo, empreende ações diversas de natureza sociocultural, destacando-se por obras de preservação do patrimônio histórico e apoio à difusão científica nos encontros anuais da Sociedade Brasileira para o Progresso da Ciência (SBPC), especialmente no que visa ao cientista de amanhã, e premiação de destaques em ciência e tecnologia, entre outros.

Merecem relevo, mesmo não sendo gerados em Brasília, os noticiários vespertinos da TV Record (*Cidade Alerta* e *Jornal da Record*) que, ao denunciarem comportamento inadequado de pessoas e cobrarem ações de autoridades públicas, exercem ação pedagógica para o desenvolvimento da cidadania.

Os canais comunitários implantam-se na cidade, com o uso da TV a cabo, que se amplia, mas que ainda está longe de atingir grandes parcelas da audiência de televisão. As TVs do Senado e da Câmara, em plena operação, buscam, entretanto, definição de perfil próprio que lhes permita cumprir o papel que, em princípio, delas se espera, de formar e informar o cidadão compatível com a sociedade democrática e próspera.

Empresários, Empresas e Sociedade na Perspectiva de Lideranças da Mídia em Brasília

O estudo do empresariado da mídia, que ora se relata, faz parte do conjunto de investigações sobre a liderança empresarial em Brasília. O centro de preocupações não é, portanto, a mídia em si, o conteúdo das mensagens ou sua recepção. Investigam-se as características da ação empresarial e do empresariado, como foi deixado claro na abertura deste texto.

O acesso a lideranças empresariais exige, sempre, utilização de contatos intermediários que abram caminhos e facilitem o percurso. Tanto na identificação dos empresários como na agenda de entrevistas, contei com o apoio amigo do colega Sérgio Dayrell Porto, professor titular da Faculdade de Comunicação da Universidade de Brasília, a quem devo a maioria dos contatos realizados. Apenas um dos empresários procurados recusou-se à entrevista, mandando, entretanto, informações por fax.

Ultrapassado esse primeiro obstáculo, registre-se que, nas empresas de mídia, a divisão do trabalho entre gestores e programadores faz que, algumas vezes, seja necessário conversar com mais de uma pessoa de modo a colher as informações empresariais do estabelecimento.

Finalmente, ainda falta no Brasil, e também em Brasília, registro censitário fidedigno da atividade empresarial, o que torna mais trabalhosa e arriscada, quando não impossível, a tarefa de colocar em perspectiva diferentes regiões, atividades e lideranças empresariais.

Adotando, entretanto, a estratégia assumida pela atual pesquisa, de recuperar origem e filiação histórica de cada mídia específica e identificar um grupo seleto em Brasília, é possível enfrentar, com êxito, as mencionadas dificuldades, ilustrando, com depoimentos de lideranças,[5] as questões suscitadas pelas características, estruturadas no Brasil, da atividade empresarial em pauta.

Em primeiro lugar, então, cabe enfatizar o caráter público da comunicação como o núcleo estruturador das atividades da mídia. Esse será o eixo em torno do qual se vão organizar as visões da liderança da mídia em Brasília, abordando a natureza pública e também privada da empresa de mídia, o papel do governo, o papel dos empresários e o papel dos consumidores (interatividade).

A dimensão pública de uma atividade não quer dizer que ela seja, necessariamente, de responsabilidade governamental. Governos são, sim, reponsáveis pela coisa pública, mas sociedades organizam-se, funcionam e sobrevivem apenas quando diferentes atores assumem responsabilidades que transcendam seus interesses particulares. A esta concepção, vincula-se a idéia de cidadão como aquele indivíduo responsável pela coletividade e referido a parâmetros macro-sociais: o ser essencialmente societário.

Segundo os depoimentos, então, depreende-se que a comunicação pública moderna não é mais a comunicação de governo; nem deve ser: em ambientes sociais complexos e que lutam por ideais democráticos, a comunicação – suas estruturas, sistemas e conteúdo – só pode ser satisfatória em termos de promover o bem-estar

---

5 Foram registrados longos depoimentos entre maio e agosto de 1998. Agradeço a gentileza da acolhida a Airton Maia, da *TV Apoio*, Carlos Chagas, da *Manchete*, Toninho Drummond, da *Globo*, Eliane Catanhede, da *Folha de São Paulo*, Sávio Ximenes, da *Câmara 4* e *ACS 3*, Fernando Câmara, do *Jornal de Brasília*, Carlos Henrique, do *SBT*, Carlos Zahrur, da *Radiobrás* e também a João Augusto Cabral, do *Correio Braziliense*.

social e o desenvolvimento do cidadão deixando de ser exclusividade do governo e passando a ser assumida por agentes governamentais e civis, individuais e coletivos.

Nesses termos, o Brasil tem procurado acompanhar as soluções contemporâneas, também adotadas por outros países e culturas. A governamental *Roquete Pinto*, por exemplo, transforma-se em PBS (*Public Boadcasting System*), organização social com 21 emissoras, em torno de 200 repetidoras e 1200 funcionários, com a *TVE* (televisão educativa) como cabeça de rede.

A *Radiobrás*, por sua vez, está em processo de reestruturação em que parte deverá permanecer empresa do governo e parte deverá ser transformada em organização social liberada. Essas mudanças são vistas como necessárias à ampliação de investimentos em tecnologia e em treinamento de pessoal de maneira adequada à modernidade e ao regime democrático. "Estamos dando uma sacodidela no velho pensamento sobre empresa estatal de comunicação, aquela empresa que era um cabide de emprego e fazia a imagem dos grandes líderes do país".[6]

O novo estatuto jurídico, ainda em discussão, poderia ser o de uma agência executiva com três vertentes: imagens (*TVE* e TV a cabo noticiosa, já experimentalmente no canal13), rádios (nacional FM e AM, com âncoras em diferentes regiões, e internacional) e escrita (atos oficiais do governo). A agência deverá ter, então, produtos diferenciados, incluindo mídia eletrônica, sinopse, fotografia, Internet, vídeo, *pools* e empregar de 900 a mil funcionários. Deverão ser cumpridas as metas de *broadcasting* e *narrowcasting*, no sentido antes mencionado de difusão estreita, implicando comunicação direta com usuários afins. Este último estilo receberá mais atenção, especialmente no rádio e particularmente nas transmissões mais populares em AM, que já produzem vasta correspondência de ouvintes e que passarão a dar mais ênfase aos âncoras locais.

[6] Palavras e frases entre aspas são reproduções literais de trechos das entrevistas, todas gravadas em fitas, transcritas e arquivadas pela equipe da pesquisa; por razões de fluidez do texto e de modo a buscar privacidade dos depoentes, procurei não identificar seus autores.

A atividade jornalística propriamente dita já passou para uma rede privada que presta serviço público. E este é um dos pólos da concepção que vem orientando as mudanças recentes na *Radiobrás*: mobilizar a empresa privada na prestação de serviço público visando à mais eficiente utilização de recursos e à melhor qualidade dos produtos. O outro pólo vincula-se ao desenvolvimento do cidadão que, além dos conteúdos informativos e formativos, implica, também, estreitamento de relações com os usuários. O maior apoio em âncoras é exemplo desse esforço, mas, sem dúvida alguma, a utilização das novas tecnologias de comunicação como fax, e-mail e outras aproximações possibilitadas pela Internet tem sido de amplo impacto nas relações com a audiência, especialmente as de classe A e B.

As razões que levam às mudanças na rede governamental são de natureza bastante semelhante àquelas que orientam as atividades na iniciativa privada: alto investimento em tecnologia de ponta, profissionais competentes, interatividade com usuários e gestão enxuta.

> Nessa área, a tecnologia anda muito rapidamente porque é muito aliada ao computador e a informática tem mudado com muita velocidade; eu diria que a cada seis meses a tecnologia é renovada; mas nós não mudamos sempre, pois o mercado de Brasília não justifica um investimento a cada seis meses; na realidade, fazemos investimentos a cada dois anos, quando trocamos equipamentos; é óbvio que no meio do caminho uma coisa ou outra tem que ser substituída (...) estamos, sempre, acompanhando as inovações tecnológicas. (...) É claro que boa parte dos recursos da *Globo* são reinvestidos na própria *Globo*. Exemplo atual é o Projac (Projeto Jacarepaguá), com estúdios totalmente equipados com recursos de última geração.

A empresa privada de mídia tem seu caráter público evidenciado em primeiro plano, diferentemente de outros setores produtivos em que a busca do lucro se apresenta com mais transparência.

> Eu tenho tudo do que preciso, mas nada além disso; os jornais são empresas e cada vez mais eles funcionam com a cabeça de empresa quando falam em tecnologia, em enxugar pessoal; minha sala é o exemplo de empresa moderna: franciscana, com

> todos os equipamentos necessários, mas nenhum charminho, nenhuma estante de estilo, nem três secretárias; mesmo sendo empresa, os interesses empresariais não passam por cima dos interesses do jornal em si.

São esses "interesses do jornal em si" que evocam a natureza pública da empresa privada: nem todos os empresários têm a mesma visão do ambiente de sua atividade ou de seu próprio papel na sociedade.

> Nosso empresariado, de uma forma geral, é conservador. Na verdade, não conhece a força dos meios de comunicação. Os grandes já têm uma visão mais moderna; do médio para baixo não: são vendedores de mercearia, mercearia eletrônica. Estão voltados só para os destinos da própria empresa; os grandes já são diferentes, normalmente têm uma assessoria de comunicação e *marketing* e não vêem a empresa como referência do mundo e, sim, como algo dentro de um grande processo.

Alguma mudança houve no empresariado, mas são mudanças discretas, apesar de relevantes, e não atingem igualmente todo o empresariado: os mais jovens e mais exitosos

> vão-se abrindo para o mundo, se preocupando com questões sociais (...) mas não dá para saber o peso disso; vemos empresários participando da vida política nacional e cresce o número de empresários candidatos; antigamente o empresário apenas financiava campanhas, agora quer participar; saber até que ponto essa participação é uma mudança ou se tudo é para o benefício da empresa, só o futuro poderá dizer.
>
> Eu acho que o jovem empresariado brasileiro está-se saindo melhor que a encomenda; ele tem mais espírito público, mas também isso é natural, pois o mundo é outro (...) e é possível notar que os empresários que se dedicam aos novos tempos estão nas empresas que mais crescem, que mais se desenvolvem. Isso porque o êxito tem a ver, também, com o tipo de administração que esses empresários aplicam em suas empresas, uma administração mais atualizada, mais saudável, com uma política interessante em relação aos empregados (...) eu acho que há um empresariado jovem em Brasília e em todo o país bem diferente daquele com que estávamos acostumados.

Por outro lado, particularismos como preconceito racial ou discriminação contra a mulher não são identificados como questões relevantes na cultura dos empresários e brasileiros em geral.

> O jornalismo virou profissão de mulheres; agora, função de direção ainda é novidade, ainda é um pouco difícil; mas há jornais que são recantos femininos, clubes da Luluzinha (...) a cúpula do *JB* é de mulheres. (...) Há até um crescimento do número de mulheres candidatas; isso porque a credibilidade e a confiança nelas é bem maior se comparada à dos homens. (...) O Brasil não tem muito o que lamentar em relação a isso (...) eu não identifico preconceito aqui.

A complexidade da cultura política democrática foi largamente sublinhada como possibilidade de – e, também, desafio para o – exercício das funções educativo-pedagógicas em prol do cidadão. Houve até um entrevistado que confessou ser "mais fácil no tempo da ditadura, quando havia bandido e mocinho" e os limites entre bem e mal, certo e errado eram mais definidos. Atualmente, como ocorre em qualquer ambiente democrático, o exercício da crítica implica reconhecimento de acertos para que se corrijam os erros; supõe, portanto, a superação de atitudes e critérios maniqueístas. Qualquer postura de um veículo de mídia que fosse rigidamente estruturada e ideologicamente fechada (a "favor" ou "contra") em ambiente que se faz democrático não estaria contribuindo para a formação do cidadão informado e responsável, pois estaria simplificando uma realidade que é, necessariamente, de natureza complexa.

Esse desafio é particularmente intenso para os empresários da mídia, em todas as dimensões dessa atividade. Das informações noticiosas aos vídeos educativos, ou das campanhas políticas à publicidade, os diferentes empresários de mídia ora estudados vêem-se desafiados a encontrar o bom termo entre despertar interesse e ser verdadeiro, esclarecer sem violentar, lucrar e educar. Os níveis de audiência e de aceitação de seus produtos são um indicador geral e intensamente usado por esses empresários como balizador de rumos.

Entretanto, nem sempre o que é mais aceito indica o melhor caminho quando se trata da pedagogia do cidadão. O que está em jogo é o caráter público da mídia e a responsabilidade cívica de empresários e profissionais com ela envolvidos: busca-se êxito no Mercado e fidelidade a valores de interesse coletivo. Essas duas metas não são necessariamente conflitantes, mas por obedecerem a lógicas distintas (uma obedece ao Mercado e a outra à ordem pública), não serão, obrigatoriamente, complementares. Por pretenderem enfrentar adequadamente o desafio, as diversas empresas de mídia, imbuídas de sua função pública com mais ou menos intensidade, procuram publicar e cumprir códigos de ética que, por mais que variem em detalhes, assemelham-se nos grandes princípios. Entre os direitos, a base ética generalizada é a liberdade de expressão e como dever tem destaque a defesa dos interesses coletivos e da ordem democrática.

A dupla natureza – pública e privada – das empresas de mídia está sempre presente nos diversos processos e produtos por elas gerados. O êxito é variável de empresa para outra e entre atividades, mas sempre buscado em ambiente competitivo em que a renovação tecnológica é imprescindível. A reportagem jornalística, o jornal televisivo, as campanhas educativas, políticas, comerciais, os vídeos educativos ou publicitários, as entrevistas e outros mais são resultados de processos complexos, em geral de ação coletiva, que envolvem profissionais distintos e tecnologias cada vez mais sofisticadas.

> Aqui tudo fica obsoleto muito rápido e quando se vai comprar o equipamento novo, paga-se caro porque ainda é novidade; com o tempo vai barateando, mas não podemos esperar isso. É a história da pedra: você sobe a ladeira empurrando a pedra e quando pensa que vai descansar a pedra passa por cima de você se não voltar a empurrá-la para cima; é o tempo todo assim (...) e temos programas permanentes de treinamento para que os funcionários aprendam a lidar com as novas máquinas.
>
> Produtoras, por exemplo, aqui em Brasília são muitas, umas 20 ou 30; dessas, umas 8 ou 10 com com capacidade de produção com equipamento próprio e toda a infra-estrutura e, apenas, umas 5 preocupando-se em investir em tecnologias. Em geral são produtoras ligadas à publicidade e só umas duas fazem campanha política.

Uma das produtoras mais dinâmicas da cidade, que põe em prática a gestão enxuta em suas duas empresas, dedica-se "às duas pontas da comunicação: formulação, estratégia de comunicação, consultoria e a área final que é a produção de televisão". O empresário por elas responsável investe fortemente em tecnologias, procura manter-se a par da ponta tecnológica nas áreas de sua competência e é capaz de estabelecer interessante distinção entre a capacidade tecnológica autóctone e a tecnologia vinda de fora.

> Todo ano vamos à maior feira do mundo na área de televisão, rádio e multimídia em Las Vegas e sempre encontramos uma novidade em equipamentos; o investimento em equipamento é muito alto e tudo é muito caro; aqui não se fala em nada a menos de 10 mil dólares; no Brasil temos, basicamente, é talento; temos artistas gráficos que trabalham com *homepages*, mudamos os *softwares*, os programas.

O reconhecimento do talento, da capacidade de uso criativo das novas tecnologias aponta na interessante direção em que o empresário percebe a inserção do Brasil no processo atual de revolução tecnológica. Cabe, então, um comentário a respeito. É sabido que o País não consegue garantir a regularidade dos altos investimentos necessários à produção de equipamentos na ponta tecnológica. Esse processo, reconhecidamente, supõe articulação eficiente de forças entre interesses múltiplos e, por vezes conflitantes, da universidade e da empresa, do governo e da iniciativa privada (Figueiredo, 1999). Entretanto, o depoimento aqui registrado corrobora a conviccção de que o País participa das mudanças mundiais atuais não apenas como consumidor de novas tecnologias, mas com competência para usá-las criativamente, o que, no caso das novas tecnologias da mídia, vai significar, também, inovação; pois inovação tecnológica refere-se a novos produtos e/ou processos de produção e aperfeiçoamentos ou melhoramentos de produto e/ou processo (Maciel, 1999).

Entre as atividades dessa empresa, contam-se as campanhas políticas. Nas últimas eleições, apesar das candidaturas de Brasília, a empresa só desenvolveu campanhas para outros estados. Foram em torno de 14, incluindo campanhas para governador, senador e deputados federais, o que só evidencia o padrão de competitividade de algumas das empresas locais.

De perfil semelhante, mas incluindo também televisão, outro grupo empresarial exitoso na área é totalmente gerado em Brasília. Composto, então, de assessoria, agência de publicidade, televisão e editora, caracterizando-se por gerência enxuta e alto investimento em tecnologia, o grupo tem origem em 1978 com um conjunto de amigos formando empresa para assessoria de imprensa, organização de eventos e projetos de relações públicas. Dos seis sócios iniciais, hoje restam dois irmãos; os outros foram-se desligando nos dois primeiros anos.

Ultrapassados os primeiros tempos difíceis ("A gente emitiu a primeira nota fiscal oito meses depois de instalada a empresa."), o grupo tem, hoje, cerca de 4.000 clientes de um produto criado na empresa original, as Listas de Autoridades Governamentais. Após a primeira, de âmbito federal, foram feitas Listas de Autoridades do Governo do Distrito Federal, de São Paulo, do Mercosul. Criaram a empresa de vídeo, dedicaram-se a campanhas políticas, entraram na publicidade comercial, no vídeo educativo em convênios com a *TVE*, e na televisão, onde são transmitidos programas da *TVE*, da *TV Cultura* e da *Rede Minas*, com quem também firmaram convênios, além da produção própria. O grupo conta, atualmente, com 128 empregados.

A empresa de TV procura estabelecer interação com a comunidade, que se torna bastante atuante na programação localmente produzida.

> Nós temos um conselho de programação, que é composto por pessoas da comunidade e se reúne duas vezes por semestre; é nele que se discute a programação. (...) Somos nós que escolhemos os membros, procurando pessoas representativas da comunidade: uma liderança de Taguatinga, que tenha conhecimento da cidade, que more lá há muitos anos, outra pessoa do Plano-Piloto (...) vários tipos de gente (...) tem senhora do lar, professor, empresário, político (...) buscamos uma boa representação.

A programação local, então,

> é coisa comunitária mesmo. Nós temos um noticiário local onde se levanta por telefone o que está acontecendo na cidade e um

> apresentador relata os acontecimentos, um programa diário de entrevistas, um de humor feito por pessoas daqui, com atores de Brasília (...) a idéia é essa de botar realmente a cara do povo na TV (...) os pretos, os brancos, os ricos, os pobres, sem teto, com teto (...) são essas pessoas que fazem a comunidade.

A *TV Apoio* entrou no ar em 1990 no canal 43 UHF. As emissoras tradicionais operam em VHF, de canais 02 a 12.

> O UHF era completamente desconhecido no Brasil, não só em Brasília. Os televisores domésticos só iam até o canal 13 e eu tinha um canal 43. Pouquíssimas pessoas chegavam até nós. Compramos decodificadores e saímos distribuindo pela cidade. Investimos bastante no início, mas não tivemos o retorno de audiência, dado esse problema técnico. Hoje qualquer televisor já é UHF e várias outras emissoras também são UHF: a *MTV* canal 25, a *TV Senado* canal 14, a *Rede Vida* canal 35 e isso nos ajudou muito. Há dois anos fizemos acordo operacional com a *Net* e passamos a colocar também nela a nossa imagem. Recentemente digitalizamos o sinal da *TV Apoio* e temos o áudio com qualidade de cd e o vídeo sem o ruído tradicional de uma emissora aberta.

Já se pode constatar, pelas informações obtidas pela pesquisa, que Brasília justifica e tem atraído importantes investimentos industriais, até mesmo na área de mídia. O *SBT* inaugurou emissora em Brasília em julho de 1985 e

> para nossa surpresa, seis meses depois nós tínhamos uma receita que era o dobro da despesa; hoje, o faturamento local, gerado pela atividade econômica aqui do Distrito Federal, é suficiente para cobrir nossas despesas operacionais: folha de pessoal, aluguéis, luz, satélite.

Além disso, a centralidade de Brasília como capital torna praticamente obrigatória a instalação, na cidade, das empresas de mídia assentadas no jornalismo e que tenham projeto nacional. "Na época, cerca de 60% do noticiário de interesse nacional, político, econômico ou administrativo, tinham origem aqui em Brasília; sem emissora aqui não teria como cobrir." O *Correio Braziliense* instalou-se em Brasília com a inauguração da cidade, passando a circular a partir do dia 21 de abril de 1960. Em 1973, a Globo era uma emissora iniciante em Brasília, "num espaço de menos de 9 metros quadrados embaixo da Torre de Televisão" tentando melhorar a cobertura jornalística, pois "a participação de Brasília no noticiário era quase nula". As coisas mudaram!

Para finalizar, é comum entre as mais exitosas empresas de mídia, a existência de fundações socioculturais. Quaisquer que sejam as razões para que sejam criadas, o importante para os propósitos do atual estudo é que elas põem em prática ações de caráter público. Se motivadas pelas razões particularistas como aliviar o imposto de renda e, como no dizer de um empresário, "para fugir da guerra civil não-declarada, com assaltos, seqüestros, invasão de armazéns" ou se pelas razões altruístas, ou pelo fato de os empresários de alguns setores, como a mídia, terem, hoje, nível educacional mais alto, com experiência de viagens internacionais e estágios no Exterior, as fundações exercem atividades que vão ao encontro do interesse público.

Conhecida nacionalmente, em especial por seus feitos na área de preservação de monumentos históricos, a Fundação Roberto Marinho, do grupo *Globo*, desenvolve múltiplas ações nas áreas de cultura e educação e, também, na assistência social em diferentes regiões do País. Alguns dos grupos locais de mídia têm, igualmente, suas fundações.

> Nós temos uma fundação, há oito anos, voltada para a área educativa e cultural, ajudando os movimentos sociais da cidade, independentemente de raça e credo. (...) Temos um conselho de pessoas da comunidade que analisa as propostas e ajudamos no que for possível (...) peça de teatro, espetáculo de bumba-meu-boi, musical de candomblé. (...) Nossa fundação é voltada para atividades culturais; investe em novos talentos na área das artes, da cultura, da literatura.

A atividade da fundação pode-se refletir sobre a programação regular da mídia:

> Está em fase de produção um novo programa diário com duração de 15 minutos a ser transmitido às 8 horas; será um *mix* de

programa de auto-ajuda e construção do cidadão, transmitindo os valores mais importantes, como o trabalho, para se tornar um cidadão.

Por pragmatismo ou generosidade, então, líderes da mídia no DF desenvolvem atividades extra-empresariais sistemáticas por intermédio de fundações. Há indícios, a serem melhor explorados, de que a religiosidade da liderança interfere na natureza dessas atividades extra-empresariais. Líderes leigos tenderiam a privilegiar ações concretas em projetos específicos enquanto líderes militantes de religiões ou seitas seriam menos capazes de estabelecer limites claros entre as atividades intra-empresariais e extra-empresariais, entre o caráter público de sua atividade empresarial e o proselitismo religioso. Estes últimos tenderiam a ações difusas de cunho humanitário-religioso na fundação e na empresa, sendo balizados, apenas, pelas variações nos índices de audiência.

Essa constatação, caso seja fidedigna, tem implicações interessantes na afirmação generalizada e automaticamente repetida de que, com o desenvolvimento do Mercado nas sociedades modernas, a notícia teria virado mercadoria, sem compromisso forte com a verdade ou com a ética e o bem público. "Não há mais preocupação com a notícia de interesse público e sim com a notícia que vende mais; a notícia virou um produto." No caso das mídias de marcado compromisso religioso, seria o Mercado, a maior ou menor aceitação dos produtos a ele oferecidos, a instância capaz de pressionar, por exemplo, por uma notícia (de interesse público) que fosse menos valorativa e mais próxima da verdade.

Entretanto, nenhuma inferência mais apressada pode resistir à complexidade desse campo de articulação de interesses e visões de mundo que é a mídia. É preciso lembrar, pois, que, em Brasília, ter opiniões vale como certificado de cidadania. Elaborar a própria opinião sobre temas diversos e de múltiplas implicações é tarefa exaustiva e que exige certo nível de escolaridade e de manipulação de conceitos abstratos. O mais cômodo, rápido e acessível é "receber pronto" o ponto de vista: informação e avaliação. Em assim sendo, a mídia mais opinativa, preferencialmente a que se apresenta como crítica, tenderia à maior audiência...

Evidentemente todas as empresas de mídia sabem disso, mas as de vocação religiosa, com seus valores estabelecidos e firmados, estão, certamente, melhor aparelhadas para oferecer julgamentos, absolvições e condenações.

E a repulsa ao Mercado, cultivada no Brasil por setores de uma esquerda que pretende se opor ao capitalismo frio, materialista e desumano, passa, obrigatoriamente, a ter de ser revista em nome de uma defesa mais equilibrada, informada e menos apaixonada dos direitos iguais para cidadãos responsáveis.

Empresários de Mídia por Eles Próprios

Começando com resumido panorama dos perfis fornecidos pelos representantes da liderança da mídia em Brasília, pode-se observar que:

- A maioria dos empresários que fizeram parte da pesquisa está acima dos 40 anos: o mais jovem tem 41 e os mais idosos passam pouco dos 60.
- Apenas um declara não ter curso universitário; a maioria fez Comunicação, com habilitação em Jornalismo, mas um tem graduação em Direito e outro, em Economia; apenas dois declaram ter pós-graduação, sendo que um cursou Mestrado no Exterior.
- São originários de diversos estados e regiões (Maranhão, Rio Grande do Norte, Ceará, Bahia, Goiás, Minas Gerais e Rio de Janeiro), mas muitos vieram para Brasília em idade de aqui ter completado formação acadêmica e iniciado a vida profissional.
- Todos, exceto um, dedicaram-se ao Jornalismo e um chegou a combinar esta atividade com a de desenhista em jornais e no serviço público e arte finalista em empresa de publicidade; aliás, este é o único que passou pelo funcionalismo público, além do diretor da *Radiobrás*.
- Todos, igualmente, são de origem de classe média para cima, excetuando um, que é filho de sapateiro.

Interessante notar, também como característica geral do grupo, que, dos nove entrevistados, seis passaram pela *Globo*, incluindo o atual diretor, que nela permanece. Será essa uma indicação de que a *Globo*, além de constituir o complexo empresarial dominante no setor, se faz, também, uma escola de lideranças?

Sobre a formação profissional, há reconhecimento da importância da formação universitária e valorização do treinamento prático desde cedo. A maioria parece valorizar muito positivamente a própria experiência, o que é bem ilustrado pelas citações a seguir.

> Estou no Jornalismo há 25 anos; em Brasília, sou dos poucos jornalistas que passaram por todos os jornais nacionais, com passagem também pelo *Correio* e pela *Veja*; formei-me na UnB, em 1974. Naquela época, existiam duas coisas positivas: o estágio – que é a forma mais honesta e decente de selecionar profissionais – e a indicação – os jornais chegavam e pediam 'indiquem três alunos'; recebi a indicação de um professor para estagiar no *JB*; acho que foi um erro da categoria acabar com o estágio.
>
> Eu comecei na *Globo*, quando não se exigia diploma; entrei como repórter, o primeiro em Brasília. Na UnB, entrei em 1970. Em 1972, saí da *Globo* para fundar o *Jornal de Brasília*; era uma equipe jovem com a idéia inicial de fazer um tablóide. Depois fui para a Espanha fazer Mestrado em rádio e televisão.
>
> Minha formação é em Direito, na UnB; terminei em 72, mas desde o primeiro ano do curso já trabalhava em jornal.
>
> Fiz Comunicação Social na Universidade do Rio Grande do Norte. Em Natal, eu trabalhei em jornal, rádio, televisão (...) era, em Natal, como um correspondente da *TV Globo Nordeste*, que é em Recife; nessa época, Natal não tinha canal de televisão, só tinha TV universitária, não tinha nenhum canal privado, só sinais que vinham do Recife e de Fortaleza; fui eu que montei a *Globo* no Rio Grande do Norte, nesse sentido de ter sido a primeira pessoa a ser uma espécie de correspondente lá.

Na formação profissional, ao destacarem a experiência prática, vão sublinhando o aprendizado político que dela também decorre e revelando o trânsito entre empresas, característico de quase todas as trajetórias.

> Meus ciclos são de sete anos: sete anos no *Estadão*, sete anos na *Veja*, sete anos na *Globo*; no *SBT*, desde 85.

Sempre trabalhei no Rio, na imprensa escrita. Entre maio e setembro de 1969, vim para Brasília, para ser o porta-voz do presidente Costa e Silva. Depois voltei para o Rio e continuei até 71. O *Estado de São Paulo* me convidou, em 72, para dirigir a sucursal de Brasília por dois anos, que viraram dezesseis; em 88, houve uma desavença qualquer, pedi demissão e fui imediatamente convidado para ser diretor da *Manchete*.

Naquela época, a UnB vivia um momento especialmente difícil. Eu vim a conhecer melhor a universidade já como jornalista, quando fui cobrir, com muito orgulho, o primeiro movimento estudantil pós 68, que ninguém registra, mas foi em Brasília. Todo mundo lá fora fica dizendo que Brasília é a ilha da fantasia, mas o primeiro movimento estudantil que enfrentou o regime nas barbas do regime, depois de 64, foi em Brasília. Eu cobri o movimento, mas tinha muita censura; minhas matérias eram todas censuradas, as reportagens saíam cheias de cortes. Eu tinha uma pilha enorme desse material, pois pretendia escrever um livro sobre isso, mas saí de férias e jogaram todos os meus arquivos fora.

Sempre fui envolvido com política estudantil, liderança sindical, fundei a Cooperativa dos Jornalistas em Natal. Fui presidente da cooperativa, do sindicato, participei da reorganização da UNE (União nacional dos Estudantes), organizei o primeiro ENECOM (Encontro Nacional de Estudantes de Comunicação). Eu era uma referência na universidade, no campo profissional; então, em época de eleições, eu era requisitado para trabalhar em campanhas políticas.

Trabalho em campanhas políticas desde 1972. Já fiz campanha de vereador a presidente da república. Procurei desviar minha vida para trabalhar com *marketing* político-eleitoral.

Eu comecei a trabalhar muito cedo; aprendi a valorizar o trabalho e, ao mesmo tempo, crescer como cidadão, como homem; sempre trabalhei e estudei. Aos 11 anos, já trabalhava com carteira assinada: era balconista numa farmácia, onde trabalhava de 8 da manhã às 6 da tarde e estudava à noite. Eu ficava o tempo inteiro no balcão da farmácia desenhando, fazendo rabiscos; tinha uns vidros de tinta dentro do balcão e, quando não tinha movimento, eu pintava. Enfiei na minha cabeça que gostaria de ser artista, de desenhar, de pintar. Em 69, se não me engano, resolvi arriscar e larguei a farmácia: fui procurar agências de publicidade levando meus desenhos. Consegui emprego numa agência, das únicas em Brasília, chamada *Nova Dimensão*, que era de propriedade de Ivo Borges e Gilberto

> Amaral; trabalhei lá por um tempo, como arte finalista. Entrei para a UnB em 73 e fui trabalhar como desenhista no *Diário de Brasília*; em 75 passei para o *Correio Braziliense*, também como desenhista, e em 76 para o *Jornal de Brasília*. Nesse período, de 73 a 77, quando cursei jornalismo na UnB, eu também era desenhista no Ministério do Interior. Estudava até as 10 horas, ia para o Ministério até ao meio-dia, fazia um *free-lancer* numa agência de publicidade até às três da tarde, voltava para o Ministério até às 18:30 e ia para o jornal até 1 da manhã.

O trânsito entre empresas implica, algumas vezes, mudanças que exigem desses profissionais, grande flexibilidade, possivelmente advinda de dotes pessoais burilados pela formação humanístico-universalista dos cursos de comunicação e estimulados pela atividade prática na competição profissional.

> O maior problema dessa transição é que eu tinha trabalhado durante trinta e poucos anos na imprensa escrita, fazendo artigos e reportagens (...) de repente caí de paraquedas para dirigir a televisão, a imprensa eletrônica, uma parafernália impossível de ser entendida, mas, para sobreviver, a gente faz qualquer coisa; felizmente aprendi alguma coisinha e estou aqui há dez anos.
>
> Hoje estou na condição de aprendiz: aos 50 anos, fazendo um aprendizado diferente. Enquanto você é chefe de redação, reivindica recursos, briga para melhorar salários, equipamentos (...) quando passa a gerenciar todo o esquema de uma emissora, tendo sido formado na redação do jornal, vai continuar interessado em dar condições de trabalho para o pessoal, mas ao mesmo tempo tem mais responsabilidade com o resultado final, com o equilíbrio dessas coisas.
>
> Em 1985, vim para Brasília ser assessor de imprensa do Ministro da Administração; fiquei com ele até 86 e, em 87, comecei a montar essa produtora.

Apenas um depoimento foge à regra do trânsito entre empresas, mas confirma a flexibilidade de atuação dentro da empresa familiar da qual o entrevistado é diretor.

> Eu comecei na empresa; praticamente nasci na empresa. Em Goiânia, comecei como *office-boy*, depois trabalhei na gráfica, atendendo à gráfica; depois fui tesoureiro e, então, vim para Brasília em 1972, com a fundação do jornal.

O orgulho da carreira e do êxito profissional transparece em todos os depoimentos colhidos, mesmo nos mais discretos. Esses líderes da mídia parecem sentir que foram capazes de aproveitar as oportunidades oferecidas pela vida, convencidos, também, de que souberam criar muitas delas.

> Sempre fui assim irrequieto e queria ter um negócio, fazer alguma coisa diferente. Em 1978, eu e meu irmão, também formado em Jornalismo na UnB, formamos um grupo de seis amigos, colegas do jornal e do Ministério, e resolvemos montar uma empresa na área de Comunicação. Cada um tinha uma atividade diferente: dois eram de relações públicas, outro de administração e outros três eram jornalistas. Montamos a empresa numa sala pequena, com uma mesinha de ferro com quatro cadeiras; quando os sócios se reuniam, não havia lugar para todos se sentarem. Resolvemos que a empresa seria para fazer assessoria de imprensa, organizar eventos, projetos de relações públicas. Já no primeiro ano saíram dois sócios e, a partir de 80, ficamos só eu e meu irmão.
>
> Nosso principal trabalho sempre foi assessoria de imprensa, porque sou jornalista. Eu me lembro de quando o governador Alvaro Dias, do Paraná, para quem fazíamos assessoria de imprensa, veio a Brasília e solicitou que gravássemos sua visita em vídeo. Alugamos equipamento da *TV Nacional* e fizemos o trabalho. Todas as vezes que vinha, pedia a gravação em vídeo. Então, passou pela minha cabeça que poderia comprar uma câmara para atendê-lo e oferecer para os demais clientes. Tempos depois, o mesmo Alvaro Dias solicitou que tirássemos cópias daquele material, pois no Paraná havia três emissoras de televisão e ele precisava de três cópias. Resolvi comprar uma ilha de edição e copiar as matérias, inclusive as dos outros nossos clientes. Como já estava com uma câmara e uma ilha, contratei um cinegrafista, um auxiliar e um editor.
>
> Transformamo-nos em uma produtora especializada em fazer assessoria de imprensa. Em 86, fomos nós que fizemos as eleições em Brasília, junto com mais uma produtora, a *Pró-Vídeo* do Ronaldo Duque. Nesse ano, tive que comprar mais duas câmaras e outra ilha, para poder gravar 200, 300 candidatos. Acabou a eleição e eu, com esse monte de equipamento, entrei na área publicitária. Tive, então, que contratar pessoas especializadas, adequar equipamentos, comprar outros; foi um grande investimento no final de 86, início de 87. Em 1989, descobrimos que o governo Sarney ia abrir uma licita-

ção nacional para concessão de TVs educativas. Entramos com pedido de um canal educativo para Brasília junto ao Ministério das Comunicações e a concessão saiu ainda em 89. Em janeiro de 1990, a gente colocou no ar a TV Apoio.

São esses alguns traços e características que os líderes da mídia quiseram revelar sobre seus perfis e trajetórias profissionais. Deles, depreendem-se, para além das variações individuais, elementos partilhados, como a maneira positiva como vêem sua experiência profissional, a mobilidade institucional e a flexibilidade no desempenho de atividades. Seus êxitos pessoais e profissionais são reconhecidos nas posições prestigiosas que ocupam atualmente. Todos estão radicados em Brasília, a maioria há muito tempo, e parecem-se orgulhar de estarem no centro dos acontecimentos da política nacional.

Nas direções de suas empresas, mostram que conduzem suas atividades com amplo conhecimento do *métier*, alertas para a intensa competição existente em seu campo de atividades e também para a responsabilidade que têm na formação de opiniões. Dessa posição, sentem-se capazes de criticar governos e atores sociopolíticos de natureza distinta e consideram a liberdade de opinião valor fundamental para eles próprios, para a sociedade democrática, para o desenvolvimento do cidadão.

Todos eles concordam que ainda haja longo percurso a ser coberto na direção de maior democracia e justiça social no País e um deles não alivia as responsabilidades da elite econômica nesse processo.

> A cultura empresarial da elite econômica brasileira se formou a partir da visão extrativista e predatória do português que chegava aqui para ganhar dinheiro e voltar rico para a Europa. Esse é o berço que gerou nossa elite econômica. Diferentemente do colono que chegava nos Estados Unidos e não voltava, os daqui chegavam para tirar tudo o que pudessem e voltar para a Europa; esse era o propósito. Essa é a gênese da cultura política brasileira que, em certos momentos, gerou pesados processos de autoritarismo, de falta de debates, falta de discussão de um projeto nacional. Isso vai junto com um individualismo feroz, um atroz carreirismo, um descompromisso com o público, com o coletivo, que só faz agravar essa tendência perversa à má distribuição de

renda no Brasil. Alguns empresários estão se vendo obrigados a revisar propostas no sentido de humanizar suas atividades, de criar algum tipo de compromisso. Alguns estão vendo que a sobrevivência de seus interesses está passando pela superação da perspectiva profundamente egoista que os caracteriza; há setores que se esclareceram mais; a geração de hoje estudou mais, viajou para fora e viu outro tipo de testemunho.

Concluindo

Os empresários de mídia de maior destaque no Distrito Federal reconhecem, em sua grande maioria, mudança na cultura política do empresariado. Admitem que o êxito empresarial passa a estar, cada vez mais, associado ao espírito público do empresário.

No atual estágio de desenvolvimento tecnológico, a capilaridade entre atividades produtivas obriga o empresário a perspectivas mais amplas como condição de êxito na própria empresa.

No caso do Brasil, o avanço da democracia e o desenvolvimento do cidadão igualmente pressionam na direção de um empresariado mais universalista, mais comprometido com a sociedade.

Em se tratando da mídia, o papel da liderança empresarial é especialmente relevante como informadora e formadora de opinião. E os empresários aqui estudados sabem disso.

A herança histórico-política aliada aos ainda baixos níveis de escolaridade e às demandas de participação democrática levam o cidadão comum a buscar, avidamente, uma opinião, mesmo antes de ter as informações e o discernimento para formulá-la.

Brasília, como capital política do País, especialmente construída para tal fim, é particularmente sensível a essa questão: de todos é esperado que tenham opinião sobre tudo, da inflação à corrupção, da balança comercial ao aumento do salário mínimo.

O risco de se generalizarem opiniões mais pelo charme ou pela veemência com que são expressas do que pela veracidade daquilo em que se baseiam é grande. Como tal fenômeno é um entrave ao desenvolvimento do cidadão e se opõe frontalmente ao sólido estabelecimento de instituições e procedimentos democráticos, o papel da liderança da mídia neste mister é crucial.

Informar primeiro e criticar depois, cultuar a fidedignidade da notícia, evitar a crítica pela crítica e disputar a preferência do Mercado parecem ser as diretrizes básicas de profissionais que fizeram parte desse estudo e se destacam como as lideranças mais atuantes.

E é bom que assim seja, pois o efeito pedagógico dessa atitude sobre o avanço da cidadania será, com toda certeza, percebido de modo relevante no desenvolvimento do cidadão. A liderança da mídia em Brasília parece não se furtar a seu papel de figura pública.

Enfrentando os desafios da revolução tecnológica no setor, que exige investimentos importantes em equipamentos e pessoal capacitado, ao mesmo tempo que procuram atender as demandas de um consumidor cada vez mais exigente, os líderes da mídia no DF destacam-se em ambiente altamente competitivo.

Não apenas as sucursais de grandes empresas com sede em outros estados, mas as empresas aqui sediadas evidenciam capacidade de gerência enxuta e de excelência em seu meio.

A complexidade do público de Brasília, com setores cosmopolitas e sofisticados, mas também incluindo camadas de baixo nível socioeducacional e econômico, constitui especial desafio para as empresas de mídia que almejam abranger níveis cada vez maiores de consumidores, contemplando esses extremos e os demais estratos intermediários.

Atingir setores diferenciados com um produto de qualidade – informação fiel à realidade e análise gabaritada – nas áreas de informação, educação, diversão, cultura e campanhas diversas é a tarefa que as diferentes lideranças da mídia em Brasília têm procurado cumprir.

Das empresas examinadas, apenas uma parece presa no labirinto dos dilemas postos pela administração adequada de tecnologias sofisticadas e profissionais competentes, por um lado, e, por outro, a clareza do papel a desempenhar no fortalecimento das instituições públicas, incluindo o cidadão. Não por acaso, ouviu-se, exatamente nessa empresa, a declaração orgulhosa de ser ela a única a desenvolver, sistemática e coerentemente, crítica negativa ao governo. Tal papel caberia, em ambientes democráticos, a partidos políticos de oposição e seus órgãos de divulgação, mas não a uma empresa de âmbito nacional, acima de particularismos político-ideológicos, de cujo produto se espera isenção.

Confundir níveis e personagens não ajuda, em nada, a consolidação da sociedade mais justa e igualitária. Cada um desempenhando bem o papel que lhe cabe e para o qual tem competência só pode beneficiar o conjunto. Quando a racionalidade deixa de apontar rumos e conduzir ações, especialmente de lideranças sociais, o risco é grande de que ódios e paixões passem a obrigar a soluções violentas de conflitos.

A pretensão da democracia é, em seu fundamento, a solução pacífica de conflitos, não sua eliminação. Nos tempos atuais, a mídia é agente dos mais centrais nesse processo.

Bibliografia

AGUIAR, Wilson. *Introdução à TV*. Petrópolis: Vozes, 1970.

CALDEIRA, Jorge. *Mauá, empresário do império*. São Paulo: Companhia das Letras, 1995.

FIGUEIREDO, Vilma, ARAÚJO, Caetano E. P. de. *Contemporâneos do futuro: Roberto Freire*. Brasília: Editora Universidade de Brasília,1997.

________. *A liderança empresarial no DF: um ator social em transição*. Brasília: Editora Universidade de Brasília,1999.

________. "Universidade e setor tecnológico-industrial". *Relação universidade empresa. Humanidades*, n. 45, 1. semestre de 1999, Editora Universidade de Brasília.

HAMBURGUER, Esther. "Diluindo fronteiras: a televisão e as novelas no cotidiano". *História da vida privada no Brasil*. v. 4. São Paulo: Companhia das Letras, 1998.

LOPES, Saint-Clair da Cunha. *Radiodifusão hoje*. Rio de Janeiro: Zahar, 1970.

MACIEL, Maria Lúcia. "Pensando a inovação no Brasil". *Relação universidade empresa. Humanidades*, n. 45, 1. semestre de 1999, Editora Universidade de Brasília.

MENDES DE ALMEIDA, Cândido José. *Uma nova ordem mundial: novas tecnologias de comunicação*. São Paulo: Summus, 1988.

MERTON, Robert, LAZARSFELD, Paul. "Comunicação de massa, gosto popular e a organização da ação social". *In* LIMA, Luiz Costa (org.). *Teoria da cultura de massa*. Rio de Janeiro: Paz e Terra, 1982.

MIRANDA, Paulo, MACIEL, Evelin. *Rede nacional de canais comunitários a cabo*. Brasília: Fenaj, 1997.

MCCLELLAND, David. *The achieving society*. Princeton: Van Nostrand, 1961.

PEREIRA, César Mendes. "A TV Carioca como modelo de ocupação do canal comunitário no serviço de TV a cabo". *In* MONTORO, Tânia (org.). *Comunicação, cultura, cidadania e mobilização social*. v.II. Brasília/Salvador: Editora Universidade de Brasília, 1997. Série Mobilizacão Social.

ROSTOW, W.W. *The stages of economic growth, a non communist manifesto*. Cambridge: Cambridge University Press, 1962.

SODRÉ, Nelson Werneck. *A história da imprensa no Brasil*. Rio de Janeiro: Civilização Brasileira, 1966.

O Gosto pela Política

Maria Francisca Pinheiro Coelho

Quando se indaga sobre o espaço da **política** na sociedade brasileira, as respostas esperadas são, em geral, as seguintes: o País é apolítico porque há predominância do espaço privado sobre o público; a política é atribuição do Estado, e a sociedade aguarda dele proteção; a política é a esfera de solução dos problemas da sociedade, de preferência os **sociais**; a política não é esfera confiável; as pessoas são melhores do que as leis.

Embora expressem faceta da realidade, pois existem outros ângulos e nuanças, essas representações sociais são reproduzidas como se fossem únicas, imutáveis e, sobretudo, negativas. Elas perpassam, não sem razão histórica, a cultura política, mas há entre elas um complexo de outras representações, que às vezes as reforçam, outras as negam ou mesmo expressam outras formas de a sociedade se ver. A mediação entre o que é projetado em termos de valores gerais – a ideologia – e outros aspectos particulares da sociedade é fundamental para compreensão do comportamento político do brasileiro.

O resultado de pesquisa sobre valores e comportamento político no Distrito Federal, realizada em 1997, chamou atenção sobre ponto que aqui vamos defender como inspiração condutora deste texto. A idéia é a seguinte: o brasileiro gosta de política, do que ele não gosta é dos políticos. O seu gosto pela política é manifesto quando desfocamos o conceito de política da ação produzida pelo Estado e a situamos no mundo da vida, na interação entre sujeito, cultura e sociedade. O brasileiro é pessoa interativa, possui apreço pela fala (o discurso), é propício a acordos.

Trata-se aqui de interpretação que amplia o conceito de política para além do campo político institucional.

Para definir o lugar da política na sociedade brasileira, procurar-se-á, inicialmente, cotejar o significado original de **política** como tudo aquilo que se refere à *polis* com o conceito primordial na sociedade moderna de **política** como a ciência ou teoria do Estado, explorando o primeiro significado. Mudanças semânticas ocorreram no termo e hoje se identifica política quase que exclusivamente com a ação do Estado. Autores como Hannah Arendt e Jürgen Habermas procuram recuperar a noção de política e o *locus* de sua constituição, a esfera pública.

Hannah Arendt relaciona os conceitos de política, esfera pública e liberdade. Ela define a **política** como a ação plural entre os homens. Ressalta a identidade da política com que é publico, com o mundo comum, compartilhado. O ponto central da política é a preocupação com o mundo e neste aspecto distingue-se a esfera pública da esfera privada. A ação e o discurso são as atividades políticas por excelência porque só podem ser exercidas diretamente entre os homens: "A pluralidade é a condição da ação humana pelo fato de sermos todos os mesmos, isto é, humanos, sem que ninguém seja exatamente igual a qualquer pessoa que tenha existido, exista ou venha a existir".[1] Daí a **natalidade**, um novo começo, constituir categoria central do pensamento político.

Para a autora, a igualdade na pluralidade é a base de constituição da esfera pública. A igualdade na **esfera pública**, que pressupõe as desigualdades individuais, só existe na condição de **liberdade**, que significa o ser humano estar isento da desigualdade presente no ato de comandar ou ser comandado e mover-se em esfera destituída de relação de poder. A esfera pública é instância independente do Estado e essencial para o exercício da democracia. Em outros termos, a política é o livre agir em público: "Para a pergunta sobre o sentido da política existe uma resposta tão

[1] *A condição humana*. Rio de Janeiro: Forense Universitária, 1987, p. 16.

simples e tão concludente em si que se poderia achar outras respostas dispensáveis por completo. Tal resposta seria: o sentido da política é a liberdade.".[2]

Na teoria da ação comunicativa, Habermas distingue as ações sociais de acordo com sua orientação, em ações orientadas ao êxito (ação instrumental e estratégica) e ação orientada ao entendimento (ação comunicativa). Na atividade política, a ação visando ao entendimento nem sempre é possível em função da competição estratégica pelo poder. Neste aspecto, há discordância de Habermas com Arendt que distingue o poder das relações de dominação e o define como persuasão e acordo. De acordo com Habermas, a ação estratégica visa ao êxito, mas, diferentemente da ação intrumental, avalia os meios de acordo com a reação e o grau de aceitação do oponente.

Por intermédio de agir comunicativo, desenvolve-se o processo de formação da opinião e da vontade.

> *En la acción comunicativa los participantes no se orientan primariamente al propio éxito; antes persiguen sus fines individuales bajo la condición de que sus respectivos planes de acción puedan armonizarse entre sí sobre la base de una definición compartida de la situación. De ahí que la negociación de definiciones de la situación sea un componente esencial de la tarea interpretativa que la acción comunicativa requiere.*[3]

De acordo com a suposição em foco no presente texto, o **gostar de política** do brasileiro estaria relacionado ao agir comunicativo nos espaços públicos informais e autônomos. Enquanto o **não-gostar dos políticos** resultaria de avaliação do tipo de ação predominante nas instituições políticas que raramente visam ao entendimento, nos termos habermasianos, e quase sempre, o êxito buscado não é estrategicamente, mas instrumentalmente, sem avaliação social dos meios empregados.

---

2 *O que é a política?* Rio de Janeiro: Bertrand Brasil, 1998, p. 38.

3 *Teoría de la acción comunicativa – racionalidad de la acción y racionalización social.* Tomo I. Madrid: Taurus, 1988, p. 367.

Na teoria do discurso, Habermas analisa a relação entre sociedade e política evitando polarizações entre Estado e sociedade. A idéia de democracia, apoiada no conceito de discurso, parte da imagem de sociedade **descentrada** a qual constitui arena para a percepção, a identificação e o tratamento de problemas de toda sociedade: "A opinião pública, transformada em poder comunicativo segundo processos democráticos, não pode 'dominar' por si mesma o uso do poder administrativo; mas pode, de certa forma, direcioná-lo.".[4]

O sistema político é um sistema como outro, não o centro nem o ápice. A política é, portanto, um dos assuntos da esfera pública, instância autônoma e formadora da opinião e da vontade dos indivíduos: "A formação democrática da opinião e da vontade depende de opiniões públicas informais, formadas em esferas públicas autônomas que idealmente se formam em estruturas de uma esfera pública política não desvirtuada pelo poder.".[5]

A esfera pública é a esfera de pessoas privadas reunidas e formando um público. Segundo o autor,

> A esfera pública pode ser descrita como uma rede adequada para a comunicação de conteúdos, tomadas de posições e **opiniões**; nela os fluxos comunicacionais são filtrados e sintetizados, a ponto de se condensarem em opiniões **públicas** enfeixadas em temas específicos.[6]

A esfera pública não se especializa em tema particular algum. Quando abrange questões politicamente relevantes, deixa, ao cargo do sistema político, a elaboração especializada:

> A esfera pública constitui principalmente uma **estrutura comunicacional** do agir orientado pelo entendimento, a qual tem a ver com o **espaço social** gerado no agir comunicativo, não com as **funções** nem com os **conteúdos** da comunicação cotidiana.[7]

---

[4] *Direito e democracia: entre facticidade e validade*. v. II. Rio de Janeiro: Tempo Brasileiro, 1997, p. 22.

[5] *Direito e democracia: entre facticidade e validade*, p. 33.

[6] *Ibid.*, p. 92.

[7] *Ibid.*, p. 92.

Habermas refere-se à esfera pública geral e também a múltiplas esferas públicas que atuam no espaço do mundo da vida. A esfera pública geral é constituída de processos informais que levam à formação democrática da opinião pública e da vontade. As esferas públicas subculturais são constituídas por públicos singulares:

> A formação da opinião, desatrelada das decisões, realiza-se numa rede pública e inclusiva de esferas públicas subculturais que se sobrepõem umas às outras, cujas fronteiras reais, sociais e temporais são fluidas. E através das esferas públicas que se organizam no interior de associações movimentam-se os fluxos comunicacionais, em princípio ilimitados, formando os componentes informais da esfera pública geral.[8]

Existem esferas públicas especializadas – literárias, eclesiásticas, artísticas, feministas –, esferas públicas episódicas – bares, cafés, encontros de rua –, esferas públicas de presença organizada – encontros de pais, público de um teatro, concertos de rock, reuniões de categorias.

A esfera pública política constitui-se como uma subesfera como tantas outras. O seu público é o público de pessoas privadas que discutem política ou se reúnem para exercer o direito político como cidadãos. Não há uma constituição clara de seus limites; o que a constitui é o interesse compartilhado no momento:

> Para preencher sua função, que consiste em captar e tematizar os problemas da sociedade como um todo, a esfera pública política tem que se formar a partir de contextos comunicacionais das pessoas **virtualmente atingidas**. O público que lhe serve de suporte é recrutado entre a totalidade das pessoas privadas. E, em suas vozes díspares e variadas, ecoam experiências biográficas causadas pelos custos externalizados (e pelas disfunções internas) dos sistemas de ação funcionalmente especializados – causadas também pelo aparelho do Estado, de cuja regulação dependem os sistemas de funções sociais, que são complexos e insuficientemente coordenados.[9]

---

[8] *Ibid.*, p. 33.
[9] *Ibid.*, p. 97.

Há uma união pessoal entre os cidadãos do Estado, como titulares da esfera pública política, e os membros da sociedade. Os canais de comunicação da esfera pública engatam-se nas esferas privadas – densas redes de interação da família, do círculo de amigos, e contatos mais superficiais com vizinhos, colegas de trabalho, conhecidos – de tal modo que as estruturas espaciais de interações simples podem ser ampliadas, mas não destruídas. A orientação da ação para o entendimento, que prevalece na prática cotidiana, continua valendo para a comunicação na esfera pública.

> O limiar entre a esfera pública e privada não é definido através de temas ou relações fixas, porém através de **condições de comunicação modificadas.** Estas modificam certamente o acesso, assegurando, de um lado, a intimidade e, de outro, a publicidade, porém, elas não isolam simplesmente a esfera privada da esfera pública, pois canalizam o fluxo de temas de um esfera para outra. A esfera pública retira seus impulsos da assimilação privada de problemas sociais que repercutem nas biografias particulares.[10]

Em uma perspectiva mais descritiva e menos normativa, Jon Elster critica a ética do discurso de Habermas. Considerando as relações entre economia e política, entre Mercado e esfera pública, ele critica tanto a teoria da escolha social, a democracia de interesses, como a teoria do discurso habermasiana, a democracia do entendimento. Ambas, segundo ele, são extremadas.[11] O ponto de vista que o autor considera mais atrativo consiste em

---

[10] *Ibid.*, p. 98.

[11] *"One extreme is 'the economic theory of democracy,' most outrageously stated by Schumpeter, but in essence also underlying social choice theory. It is a market theory of politics, in the sense that the act of voting is a private act similar to that of buying and selling."* (...) *"At the other extreme there is the view that the forum should be completely divorced from the market, in purpose as well as in the institutional arrangement. (...) The political process is an end in itself, a good or even the supreme good for those who participate in it."*. "The market and the forum". *In* BOHMAN, James, REHG, William (ed.). *Deliberative democracy – essays on reason and politics*. Cambridge, Massachusetts: The MIT Press, 1997, p. 25–26.

um meio termo entre as duas teorias. Para ele, as leis e o processo de mudança das leis estão diretamente relacionadas com a estabilidade da sociedade e as mudanças na economia.[12]

Pensar a autonomia da política em uma sociedade de Mercado, em que o próprio Estado e a esfera pública sofrem influências de seus interesses é uma tarefa complexa, mas desafiadora. Neste texto, o que se está procurando sugerir é que, embora haja uma tendência natural de identificar a política com a ação do Estado, há uma enorme diferença entre a **política** como uma atividade profissional e a **política** como aquilo que se refere à *polis*, isto é, a política como uma atividade que envolve o processo de formação de opinião sobre o que é comum a todos na sociedade.

Da política como ação do Governo e do Parlamento, o brasileiro não gosta e tem até boas razões para isso porque ele mesmo "não-se-acostumou" e "não-foi-acostumado" a ter uma relação de compromisso com os seus representantes. Por um traço da formação histórica da sociedade, ele não se sente representado na política. Não se identifica com o Estado, daí sua atitude ambígua de cobrança e de pouco compromisso com as instituições públicas e com os serviços mantidos pelo Estado.

O gosto do brasileiro pela política é de outra natureza. Como foi dito, advém do seu lado interativo, do engajamento no todo, do gostar de conversar sobre política e de participar como cidadão do espaço público político. O brasileiro gosta tanto de política que até está disposto a participar da política institucional para melhorar a perfil dos políticos. Ele julga mal os políticos, mas gosta de votar.

A definição do espaço da política na sociedade brasileira implica a compreensão desses dois significados da política: no

[12] "*The ever-present constraint of* time *creates a need for focus and concentration that cannot be assimilated to the leisurely style of philosophical argument in which it may be better to travel hopefully than to arrive. Yet within these constraints arguments form the core of the political process. If thus defined as public in nature and instrumental in purpose, politics assumes what I believe to its proper place in society.*". "The market and the forum", p. 26.

envolvimento da sociedade com a política e com a política desenvolvida pelo Estado, como espaços distintos, mas inter-relacionados. Algumas vezes, o gostar da política identifica-se com a política institucional. É o que explica momentos de grande mobilização popular, que intrigam opiniões baseadas em interpretações de uma sociedade passiva e alienada.

É verdade que as instituições políticas – o Estado, os governos, os partidos – contribuem para reproduzir a representação acima mencionada de uma sociedade acomodada e a visão da política como proteção e assistência, retirando-lhe o seu conteúdo de persuasão e de convencimento. Com a produção e a reprodução dessa imagem, quando o Estado não é protetor, gera frustração e descrença. O significado da política foi substituído pelo de assistencialismo. A política como ação plural está na sociedade, mas, não, no Estado. Nele a noção de política foi identificada com a **questão social**, que envolve a satisfação de necessidades básicas.

Criou-se um círculo vicioso: a sociedade espera um Estado protetor e os governantes assumem esse papel para manter um estilo de dominação. De um lado, o necessitado e, de outro, o provedor, nada mais distante da idéia de política que a sociedade vivencia no espaço público da palavra e da ação. O campo de atuação da política é de iguais, não de desiguais, e não se resume à questão social.[13] Faz parte de um estágio pré-político a identificação da política com as necessidades sociais. Essa identificação – freqüente em situações de profundas desigualdades sociais – propicia a escolha de soluções autoritárias. Para que as questões políticas sejam discutidas entre cidadãos livres, as necessidades sociais precisam de estar resolvidas.

O comportamento político brasileiro é informado por meio dessas duas visões da política. Quer-se chamar atenção neste texto para o resultado dessas duas atitudes do brasileiro em relação à política: o gosto pela política e o desgosto com os políticos. E com isso questionar a noção de que o brasileiro não gosta de política. Contudo, o

[13] Sobre a questão social e a questão política, ver ARENDT, Hannah. *Da revolução*. São Paulo/Brasília: Ática/Editora Universidade de Brasília, 1988.

comportamento político não é homogêneo. Quando se procura compreender a atitude política a partir de diferentes indicadores, percebe-se que há variações importantes no modo de ver a política e que não dá para uniformizá-la em uma única representação. O que, por exemplo, para os mais instruídos, significa a política e o que dela se espera não é o mesmo para os menos instruídos. Da mesma forma, variam a confiança nas leis, a compreensão do que é justo e o entendimento da democracia.

Este texto baseia-se em uma pesquisa realizada no âmbito do Distrito Federal, em 1997. Seus resultados, embora restritos ao universo de um Estado, são bastante elucidativos para o assunto aqui introduzido. Trata-se de um *survey* com uma amostra de 488 questionários.[14] Comparou-se o seu resultado com um *survey* nacional, sobre o perfil do brasileiro, aplicado em 1998, em 108 cidades e 23 estados e em Brasília, que utilizou 1.628 questionários.[15]

A análise dos dados baseia-se nas tendências gerais e no nível de escolaridade. Foram estudadas outras variáveis, mas a escolaridade foi considerada como a mais representativa para o estudo do comportamento político.[16] Indicadores como cor, profissão, estado de origem, mostraram-se pouco expressivos para as questões em pauta. O nível de instrução apresentou-se preponderante

---

[14] É uma amostra representativa para o Distrito Federal. A pesquisa foi realizada durante um curso de Sociologia Política ministrado pela autora e pelo professor Jessé Souza e concluída com alunos bolsistas do CNPq, que fizeram a classificação dos dados. A disciplina fez parte do PROIN/CAPES. As tabelas usadas na análise deste texto foram construídas por Franz Höllinger, professor de sociologia da Universidade de Graz, Áustria, e visitante do Departamento de Sociologia da UnB. Pelos seus comentários e observações sobre os indicadores utilizados, nossos agradecimentos.

[15] A pesquisa, intitulada *Nós, brasileiros,* foi realizada pela *Vox Populi* para a revista *Época*. *Época*, Edição Especial, comemorativa do 500 anos, 24 de maio, 1999, p. 1–30.

[16] Nas faixas de primeiro, segundo e terceiro grau, considerou-se a escolaridade completa e a incompleta. Assim, das 488 pessoas que responderam ao questionário, 246 tinham o primeiro grau (182 incompleto e 64 completo), 152 tinham o segundo grau (57 incompleto e 95 completo) e 90 o terceiro grau (27 incompleto e 63 completo).

na definição de valores e de atitudes em relação à política. Os dados mencionados a seguir são da pesquisa do Distrito Federal. As referências à pesquisa nacional serão utilizadas como subsídios à hipótese geral aqui formulada.

Apreço pela Política

O comportamento do brasileiro tem sido objeto de muitas controvérsias. Há uma tendência a representá-lo como uma pessoa com mais defeitos do que virtudes. Escrito com humor e sabedoria, considerado um épico sobre o mito do índio e do povo, *Macunaíma o herói sem nenhum caráter* elegeu o defeito como virtude do brasileiro. Mário de Andrade não está sozinho na construção desse estereótipo. Outros traços do brasileiro como o do **homem cordial**, que age pelo coração, em contraposição à razão, atraído pela aventura e avesso à ética do trabalho, descrito no célebre ensaio *Raízes do Brasil*, de Sérgio Buarque de Holanda, também contribuíram para a construção de um tipo incomum.

Esse tipo de comportamento costuma ser exagerado quando interpretações adotam como paradigma um tipo ideal de cultura e de homem, o anglo-saxão. Arquétipos à parte, pesquisas empíricas têm demonstrado um comportamento diferente, senão oposto, do tipo cultural descrito. O auto-retrato do brasileiro é de uma pessoa ativa, séria, trabalhadora, que contraria o estilo preguiçoso e malandro que tantas vezes lhe foi atribuído. O brasileiro tem assumido uma atitude crítica em relação à política e até se sente responsável por ela. Possui um espírito associativo e manifesta preferência pelo regime democrático.[17]

Embora espere do Estado uma política assistencialista, porque foi socializado para isso e porque as necessidades sociais no País são muitas, ele compreende o sentido da política como espaço do bem comum. Na pesquisa do Distrito Federal, quando

[17] Cf. MOISÉS, José Álvaro. *Os brasileiros e a democracia – bases sócio-políticas da legitimidade democrática*. São Paulo: Ática, 1995.

perguntado qual era a definição de política, 85% responderam que a compreendem como bem comum e a garantia das liberdades e 15% como ação e proteção aos mais pobres. Há variações nessas definições de acordo com nível de instrução. Cresce o percentual entre os menos instruídos dos que acham que a política se define como a proteção aos pobres para 24%, diminui para os de escolaridade média para 9% e para os de maior escolaridade cai para 1%.[18] Há uma identificação de **política** com **necessidade** entre os de menor instrução, mas que não chega a embotar o conceito de política.

O espaço que a política representa na vida das pessoas é significativo, mas é ainda no momento das eleições que elas mais pensam em política. À pergunta "o que a política representa em sua vida?", responderam que gostam de política porque é um espaço de discussão e resolução das questões sociais, 41%, e que só pensam em política na hora das eleições, 59%. O gosto pela política aumenta de acordo com o nível de instrução, crescendo para 68% entre os que têm o terceiro grau. No segundo grau, 38% gostam e, no primeiro, 33%.

Em uma outra questão que procura medir o grau de interesse pela política, 69% responderam que têm algum interesse na política, sendo esta tendência majoritária em todos os graus de ensino. Os que mais manifestam algum tipo de interesse são os de terceiro grau, 86%, seguidos dos de segundo, 69%, e de primeiro, 64%. Apenas 14% das pessoas responderam que não são nada interessados na política.

O espaço que a política ocupa nas conversas varia muito de acordo com o nível de escolaridade, mas é significativo. Os que mais falam de política são os de terceiro grau: 54% falam sempre, 41% raramente, enquanto apenas 3% nunca falam. Os que menos falam são os de primeiro grau: 12% falam sempre, 46% raramente e 42% nunca falam. Já os de escolaridade média, 20% falam sempre, 57% raramente e 21% nunca. Em termos de tendência geral, falam de política sempre 22,6%, raramente 48,5%, e nunca 28,3%.

18 As referências a seguir são todas da pesquisa do Distrito Federal. As menções à pesquisa da *Vox Populi* serão destacadas.

Quando o assunto é o voto, o gosto pela política manifesta-se no interesse de participar das eleições, embora esse interesse seja bem mais expressivo nas faixas de maior escolaridade. Mesmo sendo um percentual significativo, a maioria não votaria se o voto fosse liberado da obrigatoriedade. A questão "se o voto não fosse obrigatório, você votaria?" obteve o Sim de 42% das pessoas. O índice de votação aumentaria conforme o grau de instrução de 32% do primeiro grau para 44% do segundo grau e 69% do terceiro grau. A percentagem dos que votariam, do primeiro grau, se o voto fosse livre é a mesma dos que deixariam de votar no terceiro grau, 32%. Isso mostra que o nível de consciência política e de participação aumenta sensivelmente de acordo com o nível de instrução, chegando, as tendências, a se inverterem. Nesta e em outras questões que medem o grau de participação do indivíduo, mesmo quando a questão não diz respeito diretamente às necessidades básicas, tanto a escolaridade média quanto a escolaridade alta tendem a participar e gostar da política. O nível de instrução inverte a tendência de participação em relação ao voto livre ou obrigatório, como também na questão do que significa a política.

O interesse pelo voto não se traduz em um vínculo de responsabilidade com a política institucional nem em um reconhecimento dos políticos. A maioria, 67%, não se sente responsável pela ação dos políticos e não se reconhece em seu comportamento. Mas o grau de responsabilidade pela ação dos políticos cresce de acordo com o grau de instrução chegando a ser majoritária entre os mais instruídos, 53,5%.

O fato de o brasileiro não reconhecer suas próprias virtudes no representante político leva a deduções de que ele não gosta de política. Na pesquisa nacional *Nós, brasileiros*, aplicada pela *Vox Populi*, foi sugerido que se fizesse um retrato do povo contrapondo suas características com as dos políticos. O Auto-retrato construído foi de que o brasileiro é: trabalhador, honesto, criativo, competente, pacífico, justo, afetivo, de confiança, otimista, responsável, generoso, democrata, tolerante e solidário. O político, conforme o brasileiro o vê, seria o contrário disso: preguiçoso, esperto, desonesto, incompetente, alegre, injusto, frio, não merece confiança, irresponsável, egoísta, autoritário, intolerante e insensível.

Por que não eleger figuras de perfil mais atraente? Segundo a interpretação dessa pesquisa, a razão de se elegerem políticos com perfil contrário ao Auto-retrato do povo ocorre porque "o brasileiro não gosta de política nem dos políticos"; a política seria um assunto descartável para ele. A melhor idéia, penso, não é bem essa que reduz a visão da política ao aspecto institucional e que mostra um povo alienado, embora livre da peste da política. Tudo que é bom não faz parte da política, segundo essa leitura. O povo é bom e a política não presta. Essa compreensão desconsidera aspectos importantes da cultura. Não explica os níveis de participação da população nas manifestações da vida pública no País, o acolhimento que faz da noção de público ao se interessar pelas questões coletivas. É uma leitura que procura anular a existência de uma esfera pública política e não explica porque a disposição do povo de participar da política, mesmo não acreditando nos políticos.

Desgosto com os Políticos

O não-gostar dos políticos está relacionado à falta de confiança nos políticos. Roberto DaMatta atribui o distanciamento do político com o eleitor ao deslocamento do eixo da pessoa para a coletividade e no deslumbramento dos políticos com os cargos que ocupam. Segundo ele, na disputa eleitoral, focalizamos pessoas, e depois da "posse", vemos presidentes e governadores:

> Vemos representantes de coletividades. E aí começa a tragédia porque, devidamente engessados nas etiquetas palacianas, ortodoxas e reacionárias dos cargos que ocupam, os eleitos tendem a se imobilizar. Perdem o jogo de cintura, perdem a capacidade de visão, perdem até o carisma. Viram reis, e o seu lado profético que os levou ao cargo se dissipa nostalgicamente entre os rapapés dos cerimoniais, entre os cuidados dos seguranças, entre os brindes com os embaixadores, nas sirenes dos carros oficiais – negros como a morte e solenes como o *Diário Oficial*. O cargo amarra, o cargo asfixia.[19]

[19] O Brasil tem duas éticas. *Época*, ano II, n. 53, 24 de maio, 1999, p. 29. (Entrevista concedida a Jorge Pontual).

Essa análise mostra que a relação do brasileiro com a pessoa se transforma quando esta investe o cargo do político e que isso tem uma relação com a instituição. A instituição política foi criada no Brasil não como extensão das necessidades da sociedade, mas para coroar pessoas e atender aos interesses patrimoniais, como analisa Faoro em *Os donos do poder*. Primeiro, tem-se a pessoa, que precisa de ser agraciada com uma função, e, depois, cria-se a instituição, o cargo, o município. Esse movimento criou o Estado no Brasil que se foi consolidando como extensão dos interesses privados e honrarias e, não, como resultado de uma construção coletiva da nação e de suas necessidades. Mas isso não retira o gosto do brasileiro pela política. Produz, sim, um fosso entre ele e a política institucional. O espaço público institucional no Brasil foi criado como extensão do privado e, não, como uma dimensão coletiva.

Essa ida do político para o poder com a concessão de um título desobriga-o com a coletividade. Quando se perguntou se "os políticos brasileiros, em primeiro lugar, cuidam dos interesses dos eleitores ou de seus próprios interesses?", 91% responderam que eles cuidam de seus próprios interesses. Interessante que o gráfico de escolaridade mostra uma só tendência nesse sentido, com pequena variação ascendente, em termos dos que têm maior nível escolaridade, em considerar que os políticos defendem seus próprios interesses, 94%. A mesma tendência aparece quando se pergunta o que os partidos políticos representam, se os interesses dos eleitores ou os próprios políticos.

O povo, certamente, tem suas razões para questionar tão insistentemente os políticos, mas isso, em vez de alienação, denota um grau de consciência crítica ante a ação dos políticos. Revela um aguçamento do lado crítico dos brasileiros. O que não houve foi um redimensionamento da noção de público do Estado com a noção de público que a sociedade incorpora. Enquanto esse *link* não acontecer, a maior insatisfação dos brasileiros continuará sendo com os seus representantes no poder.

Percepção das Instituições Políticas

O brasileiro transfere o fato de não gostar dos políticos para os partidos e para as instituições, em geral vistos, por ele, como se fossem a mesma coisa. Ao todo, 62% não têm preferência por partido político. E, de longe, as instituições sociais em que menos confiam são as políticas. Não apreciar o político significa, também, não confiar nas instituições. Toma-se uma coisa pela outra. Político, partido e instituição fazem parte de uma geléia geral. Caberia perguntar, também, aos políticos, se eles se sentem orgulhosos de prestar conta aos seus eleitores e se sentem responsáveis pelas suas ações.

Quando se cita as instituições políticas e se pergunta em qual delas se confia mais, não é o governo em quem menos se confia, mas no Congresso Nacional. Apesar de não se confiar no cumprimento da lei, a instituição governamental mais respeitada é o judiciário; confiam na justiça 46%, no presidente 16% e, por último, no legislativo, 7%. A tendência é a mesma em todos os níveis de escolaridade. Cresce a confiança no judiciário entre os que têm o segundo grau para 51%, e cresce também o grau de confiança no Presidente entre os que têm o primeiro grau, 20%. A menor confiança no Congresso registra-se nos que têm terceiro grau, 5%.

Quando se cita a instituição em separado e se pergunta se se confia, ou não, a tendência também é a de considerar o legislativo como a instituição que mantém o menor grau de confiança. Confiam no Congresso Nacional, senadores e deputados, 23%. A confiança é decrescente conforme mais alto o nível de instrução, chegando apenas 16% entre os que têm o terceiro grau.

A confiança no Governo Federal, no Presidente da República e nos seus ministros, também é baixa, mas é maior do que no Congresso, 35%. Têm mais confiança os menos instruídos, 43%. Os de terceiro grau têm mais confiança, 33%, do que os de segundo grau, 23%.

A maioria deposita confiança nos tribunais de justiça, 56%. Os que confiam mais são os menos instruídos, 59%, seguidos dos de segundo grau, 55%, e de terceiro grau, 50%.

Por outro lado, as instituições mais confiáveis da sociedade são: a família, 87%, e a igreja, 87%, sendo que a família é mais importante para os ricos e a igreja para os pobres. Na família, aumenta a confiança quanto maior o grau de instrução; na igreja aumenta a confiança quanto menor o nível de instrução. Marx não morreu nem Freud!

Essas tendências vão estar em sintonia com a pesquisa nacional da *Vox Populi*. De acordo com ela, os grupos e instituições em que os brasileiros mais confiam são: professores (85%), médicos (81%), Igreja Católica (76%), comerciantes (59%), imprensa (58%), juízes (55%), associações de moradores (51%), sindicatos de trabalhadores (49%).

Os grupos e instituições em que não confiam são: políticos (94%), partidos políticos (85%), Câmara dos Deputados (82%), Senado (75%), Governo Federal (75%), Presidente da República (69%), polícia (65%), militares (60%), Supremo Tribunal Federal (58%), Movimento dos Sem-Terra (55%) associações de proprietários rurais (45%), pastores evangélicos (53%) e industriais (49%).

As cinco instituições em que mais confiam são da sociedade civil e as cinco em que menos confiam são da sociedade política. Pedido para citar as instituições muito necessárias e as pouco necessárias, chegam a citar, entre as pouco necessárias, os partidos políticos e a Câmara dos Deputados. São essas duas instituições, também, as citadas como as menos importantes para o bem-estar do País.

Espaço das Leis

A relação com as leis talvez seja a das mais complicadas e controvertidas na cultura brasileira. Em primeiro lugar, deposita-se um grau de confiança enorme das leis, apesar de se considerar que elas são injustas e que só protegem os mais favorecidos. Há esperança de solução dos problemas por meio delas. É, por intermédio das leis, que os brasileiros pensam que o problema da justiça social será resolvido: com leis iguais para todos e com tratamento igual para todos. Talvez por causa dessa esperança de que a reforma social virá por meio das leis se cultive tanto, no País, a cultura das leis, que não tem uma relação com o mundo real. Criou-se o fetiche das leis e não se sabe raciocinar e viver sem elas, apesar de se saber, pela experiência, que as trocar por outras pouco altera a realidade. Não se confia nas leis, mas se precisa delas. É uma relação que faz parte da tradição e da burocracia do papel – que não resolve, atrapalha, mas não se vive sem ela. Trata-se do espírito bacharelesco de que fala Sérgio Buarque de Holanda.

O significado da burocracia aqui utilizado não tem nada em comum com o conceito weberiano da burocracia moderna que usa a racionalidade, a eficiência e a impessoalidade. O sentido é exatamente o contrário, da não-eficiência e parasitismo, e da predominância, na cultura, das relações pessoais, não da competência. A maioria considera que não há respeito às leis, mas defende os direitos iguais como o melhor critério para medir o que é justo.

Ao se perguntar "o que mais é importante em um país?", a resposta "as leis valham para todos" é a mais escolhida, 59%, correspondendo, a mesma tendência, em todos os graus e aumentando para 70% entre os de segundo grau. Observa-se que, nas pessoas de escolaridade média, os aspectos legais são mais fortes. Como segunda resposta mais escolhida registrou-se, o "ser tratado como igual" e, nessa categoria, quem mais gostaria que isso acontecesse são os menos instruídos.

A maioria, 70%, concorda que não vale a pena recorrer à justiça porque os ricos são sempre os mais favorecidos. Entre os menos instruídos, esse percentual cresce para 76%.

Também a maioria, 56,4%, responde que "os direitos iguais não funcionam, todos são tratados diferentemente", invertendo-se essa tendência em relação aos mais instruídos. Enquanto 60% dos menos instruídos concordam com essa afirmação, 59% dos de terceiro grau discordam. Entre os de escolaridade média, 60% concordam e 40% discordam.

A afirmação de que "no Brasil não adianta mudar as leis, porque elas não são obedecidas" tem a concordância também da maioria, 65%. De acordo com o nível de instrução, há uma tendência de inversão de opiniões. Enquanto 73% dos que têm o primeiro grau concordam com essa afirmação, 52% dos que têm o terceiro grau discordam. O que confirma a consciência política e a compreensão da importância da ação entre os mais instruídos, bem como a disposição de mudança.

Ao contrário do que se propaga como imagem da sociedade, o brasileiro tende a ter um comportamento de obediência às leis. O comportamento ante as leis injustas é de procurar cumprir e só depois agir no sentido de mudá-la. Ao todo, 82% escolheram essa opção e 18% responderam que burlam a lei e impõem sua vontade. O mais revelador é que essa tendência praticamente se mantém independentemente do grau de instrução, o que demonstra que é um grupo específico que rompe com as leis em todos os níveis de escolaridade. As causas que levam à desobediência à lei independem do nível de escolaridade.

Visão do Regime Político

O melhor regime para o Brasil é a democracia, responderam 59%, contra 6% que preferem a ditadura e 4%, a monarquia. Responderam "tanto faz" 30%. Entre os de terceiro grau, a preferência para a democracia cresce par 89%, entre os de segundo grau para 66% e entre os menos instruídos cai para 44%. O que comprova que quanto maior o nível de instrução maior a preferência pela democracia.

A existência de "direitos iguais para todos" é a característica principal da democracia, tanto para os menos instruídos, quanto para os mais instruídos, seguida de justiça social e, depois, de liberdade, o que demonstra que a lei também é a referência mais importante para medir a democracia.

Os três maiores obstáculos à democracia são, por ordem: a pobreza e a desigualdade; os políticos; e o baixo nível educacional. A ordem dos problemas sofre uma variação de acordo com o nível de escolaridade. Os de primeiro grau citam, por ordem, a pobreza e a desigualdade, a falta de liberdade e os políticos; os de segundo e terceiro grau, a pobreza e a desigualdade, o baixo nível educacional e, por último, os políticos; os de terceiro grau citam baixo nível educacional e pobreza e desigualdade no mesmo nível e depois os políticos.

Há consciência de que a desigualdade social atrapalha a democracia. Em todos os níveis de ensino, considera-se que não há democracia no Brasil porque os ricos são quem manda, 41%, e porque é um País injusto, 13%. Reconhece-se, também, a liberdade como um componente importante da democracia, 26%, e o fato de se terem eleições, 20%. A negação da democracia é pelo aspecto social, não pelo político.

A avaliação de que "no Brasil a democracia está-se tornando uma realidade" é compartilhada por todos os graus de ensino. O otimismo maior é entre os de terceiro grau, 61%. O conceito de democracia está relacionado com igualdade e liberdade, 73%, e com respeito aos superiores, 26%. A tendência mantém-se em todos os graus de ensino, mas é bem mais expressiva entre os mais instruídos, 90%.

A pergunta "com qual das três afirmações concorda mais": se "a democracia é sempre melhor do que qualquer outra forma de governo"; "em certas circunstâncias, é melhor uma ditadura que um regime democrático"; "tanto faz"; a democracia foi a que teve maior percentual, 60%, a ditadura 16% e tanto faz, 24%. Os que mais preferem a democracia são os de maior instrução, 78%; são eles também que demonstram ter mais opinião, pois somente 5% responderam "tanto faz". Os de primeiro grau foram os que mais responderam "tanto faz", 36%. A democracia é um valor maior para os mais instruídos.

Na pesquisa da *Vox Populi*, a tendência à escolha da democracia como o melhor regime também se configura. De acordo com essa pesquisa, o brasileiro está ficando democrata, 55%, e menos autoritário, 40%. Em *Os brasileiros e a democracia – bases sócio-políticas da legitimidade democrática*, José Álvares Moisés também registra a tendência dos brasileiros pela opção democrática e, ao mesmo tempo, sua insatisfação com as instituições políticas, o que pode, segundo o autor, comprometer o processo de consolidação pela democracia. De acordo com sua pesquisa, a maioria das críticas à democracia localiza-se nas instituições políticas. A resposta do autor à questão se é possível confiar no processo democrático é "Sim e Não, ao mesmo tempo".

Sim, porque após o processo de transição se estabeleceu uma espécie de "lua-de-mel" entre os cidadãos e o regime democrático nascente, em função do cansaço com o autoritarismo e, ao mesmo tempo, do reconhecimento das vantagens da democracia. Não, porque as crises políticas são contínuas, o que gera insatisfações e frustrações crescentes com os governos e a política. A reserva preliminar de legitimidade pode não ser suficiente para assegurar a estabilidade do regime democrático.

Segundo Moisés, o problema da legitimidade democrática no Brasil consiste em que traços remanescentes de uma política tradicional, como a falta de controle público da política, persistem fortemente no presente, ameaçando virtudes novas como a tendência a valorizar a democracia. Esse círculo vicioso pode ser quebrado porque as mudanças recentes na cultura política criaram as bases sociopolíticas da legitimidade democrática. Mas seu rompimento não é automático nem uma decorrência natural dessas mudanças:

> Na realidade, o paradoxo da legitimidade democrática no Brasil é este: se as elites políticas persistirem em conviver com os vícios políticos herdados do passado, negando-se a realizar as reformas políticas que o País requer para modernizar a política e o Estado e, assim, dar um sentido novo à experiência democrática, a conseqüência poderá ser a morte da democracia.[20]

Na pesquisa que realizou, cerca de um terço de brasileiros ainda manifestou expectativa positiva quanto à volta de um regime autoritário.

Os brasileiros preferem a democracia a qualquer outro tipo de Governo, mas aceitam o recurso a um líder autoritário se o Brasil precisar. A afirmação "do que o Brasil precisaria, no momento atual, seria uma figura de autoridade e mão forte" é respondida com o acordo da ampla maioria, 77%. Esse percentual sobe entre os menos instruídos para 83%, o que mostra aceitação de um regime forte como alternativa em momentos de crise; entre os de escolaridade média, sobe para 79%, enquanto desce, no

[20] MOISÉS, José Álvaro, *op. cit.*, p. 207.

terceiro grau, para 56%. A liberdade, embora seja um valor, não tem muita identificação clara com a liberdade política. A relação entre liberdade política e regime político não foi consolidada na cultura. No plano político, o principal valor é ter direitos iguais. O problema político aparece como uma questão **social**, uma inversão de significado de política para o social. A **necessidade** passa a ocupar o espaço da política e da liberdade política. Se os problemas sociais forem resolvidos, não interessa o tipo de regime político.

Esperança no Futuro

Com todos os problemas da democracia brasileira – uma democracia mais política do que social – o brasileiro sente-se mais confortável agora com o regime e acredita no futuro. Na indagação sobre "se o Brasil está melhorando, piorando ou estagnado", mais da metade considerou que está melhorando, 55%. A opinião é constatada em todos os níveis de ensino. E quanto maior a escolaridade, maior o percentual dos que acham que o País está melhorando, passando para 61%.

Na pesquisa da *Vox Populi*, as duas coisas que dão mais esperança no Brasil de hoje são investimento em educação e implantação de novos empregos. O futuro passa assim pela escola e pela produção, uma prova de que o povo sabe onde investir e quais deveriam ser as políticas prioritárias do Governo para promover elevação no padrão de vida e no nível educacional da população.

Essa pesquisa também constatou mudanças no perfil do brasileiro para melhor e para pior. O brasileiro está ficando mais: criativo, competente, responsável, solidário, trabalhador, justo, afetivo, generoso e alegre. E está ficando menos: honesto, otimista, confiante e pacífico.

Medos e Soluções

Os três coisas que dão mais medo ao brasileiro na atualidade são a violência urbana, o desemprego e a fome. Os problemas mais importantes que o País está enfrentando são desemprego, saúde, corrupção e baixo nível educacional. Mesmo que a política brasileira não se resuma ao protecionismo, uma das principais responsabilidades atribuídas ao Governo é a de cuidar dos pobres.

Os que esperam do Estado uma política mais protecionista são os grupos de menor escolaridade. Tendencialmente, os menos instruídos são também os mais passivos, mais religiosos, mais preconceituosos e esperam mais do Governo. Os que têm maior nível de escolaridade são mais ativos, menos religiosos, menos preconceituosos, acreditam mais na democracia e se sentem responsáveis pela política.

A partir da compreensão da política institucional e da democracia, o brasileiro pensa as soluções para os problemas no Brasil, que, para a maioria, estão localizados na área social. Como foi mencionado, há uma tendência geral a identificar a **política** com o que é **social,** em termos das necessidades a serem satisfeitas, e o que é justo com **direitos iguais**.

Os brasileiros percebem que não são tratados igualmente e que não existe igualdade de oportunidades. Por isso, eles identificam o que é **justo** com existência de direitos iguais. Ao todo, 77% consideram que o que é justo é ter direitos iguais. Essa percepção varia de acordo com nível de escolaridade. No primeiro grau, 96% identificam o que é justo com direitos sociais, no segundo grau, 74% e, no terceiro grau, 44%. A maioria dos que têm terceiro grau, 56%, considera **justo** a igualdade de oportunidades, invertendo a tendência.

Por receberem tratamento diferenciado, a maioria, 82%, considera que o Brasil é um País injusto, contra 18% que acham que é justo. A tendência a considerar o Brasil um País injusto aumenta quanto mais aumenta o nível de instrução; entre os que têm o segundo grau, 92% consideram-no injusto e, no terceiro grau, 94% consideram-no injusto. Por outro lado, 28% dos que são menos instruídos consideram-no justo.

A maioria responde Sim à questão "para promover a verdadeira igualdade é justo privilegiar grupos que sempre foram desfavorecidos", 60%, mas a tendência entre os mais instruídos é de discordância, 55%. Já entre os menos instruídos o percentual de concordância é de 70% e é mínima a diferença nos de escolaridade média, 53% respondem Sim e 47%, Não.

Que política deve ser aplicada em relação aos pobres? A maioria, 61%, respondeu que todos devem ajudar, 32,% que o governo deve cuidar deles, e 6% que eles devem se virar. A tendência é a mesma por nível de escolaridade, aumentando um pouco, para 9%, os de terceiro grau que acham que eles devem se virar, contra 5% dos de primeiro grau. Entre os que consideram que o Governo deve cuidar, há uma concentração maior dos menos instruídos, 37%, seguidos dos de escolaridade média, 32%, e depois dos que têm terceiro grau, 24%. Essa resposta mostra que se atribui, ao outro, a responsabilidade pela pobreza e se espera ajuda.

Para DaMatta, a alocação de responsabilidade no outro é um dado social típico das sociedades hierárquicas. Em uma ideologia centrada no individualismo, na igualdade, ao contrário de uma ideologia em que a pessoa é um elemento de distinção, a culpa é individual. Segundo o autor, o Brasil não concentra somente renda. A concentração de renda é índice de uma concentração de todos os símbolos e valores nas mãos de algumas pessoas. Até hoje, temos dificuldade em pensar horizontalmente, de modo mais igualitário, admitindo que possa haver mais um igual.

Mas em todo sistema existe sempre uma dialética entre o coletivo e o pessoal, entre o público e o privado, entre o carismático e o institucional.[21] No caso do Brasil, uma sociedade relacional, os interesses particulares orientam mais o comportamento dos brasileiros, 58%, do que os coletivos, 40%. Mas essa é apenas uma representação do todo porque, dependendo do grau de instrução, há uma mudança de comportamento e aumenta a orientação do comportamento para os interesses coletivos, chegando a se inverter nos que têm maior nível de escolaridade. Neste grau de ensino, os interesses coletivos representam 53%, no nível de escolaridade média, 44% e, no primeiro grau, 33%.

[21] Cf. ANDRADE, Nestor. *A ordem privada e a organização política nacional*. São Paulo: Companhia Editora Nacional, 1939.

Pesa sobre a formulação do candidato ideal à moralidade. Considera-se, como mais importante, que seja uma pessoa honesta e isso também vale para todos os níveis de escolaridade. A honestidade é seguida da escolha de que seja competente, para todos os graus de ensino. Só depois vem como critério ter "boas propostas". Os menos instruídos até mesmo igualam o ter "boas propostas" em "ser uma pessoa religiosa".

Identifica-se o bom político com aquele que tem princípios morais e, entre os menos escolarizados, esses princípios são aliados ao desejo de que seja uma pessoa religiosa. A religião, no Brasil, tem uma posição importante no mundo da política. Para 60% dos brasileiros, "a ausência de religião indica fraqueza de espírito". Essa opinião é compartilhada por 64% dos que têm o primeiro grau, 59% dos que têm o segundo grau e 47% dos que têm o terceiro.

A relação do brasileiro com a política é, de certa forma, semelhante à relação que mantém com a religião: embora não demonstre grande envolvimento político ou religioso, tanto a política como a religião ocupam um lugar importante na sua vida. De acordo com a pesquisa da *Vox Populi*, todos os brasileiros têm alguma tipo de envolvimento com a religião, mas poucos são bastante envolvidos.

> Apenas um terço dos brasileiros se declara bastante ou muito religioso. Com sinceridade, 61% se dizem um pouco religiosos e 7% se confessam nada religiosos. O catolicismo continua com ampla maioria – 74% dos pesquisados – num universo em que os evangélicos de variadas tendências, apesar da forte presença na mídia em tempos recentes, limitam-se a 10%.[22]

Na pesquisa de Brasília, a noção de que "a melhor sociedade é aquela em que todos sabem o seu lugar", embora encontre concordância na maioria dos entrevistados, 63%, tem a tendência invertida quando se considera o nível de escolaridade. Enquanto 76% dos menos instruídos concordam, e 59% dos de escolaridade média

[22] *Época*, Nós, brasileiros, *op. cit.*, p. 8.

concordam, 68% dos mais instruídos discordam. Nesse sentido, o valor hierárquico de "cada um em seu lugar" vale mais para os de menor nível de instrução. Seria a hierarquia um valor inculcado culturalmente, um rito de reprodução das elites dominantes, do tipo "conheça o seu lugar"? Estaria o princípio da igualdade, base da cidadania, ganhando espaço na sociedade brasileira a partir dos mais instruídos? O "você sabe com que está falando?" estaria perdendo o seu uso? O certo é que, ao encontrarmos respostas variadas quando se considera o fator educacional, é possível pensarmos em termos de éticas e de valores distintos, em que a igualdade seria um valor maior para os de nível educacional mais elevado.

A troca do voto por bem material encontra discordância da maioria, 80%. Observa-se que tendência à discordância é a mesma independentemente do nível de escolaridade, embora os que mais discordam são os mais instruídos, 85%. Nesse sentido, ao se trocar o voto por bem material, sabe-se que não se está agindo da melhor forma, o que significa que não se está sendo ludibriado. Aceita-se o bem material como ajuda e, não, como engano ou manipulação. Esse é um dado importante que mostra que não existe a tão propagada ingenuidade do povo ante as eleições. Nada garante que, ao aceitar a barganha, o eleitor votou em que quem disse que ia votar.

A maioria considera que a razão para a corrupção no meio político deve-se à não-punição, 85%, e não porque o político é mau-caráter, 3%, ou porque é ladrão, 12%. A frouxidão das leis e o tratamento desigual em relação aos crimes seriam os principais responsáveis pela prática da corrupção.

A maioria discorda de que "para acabar com o crime, a polícia tem é de matar bandido", 62%. Em todos os graus de ensino, a tendência é de discordância, mas a diferença menor entre discordância e concordância é entre os de primeiro grau, 53% concordam e 47% discordam.

O que o brasileiro mais deseja é que haja justiça na aplicação das leis. Ser tratado como cidadão é o maior sonho dos brasileiros, por isso o critério que escolhe para medir o que é justo é a existência de "direitos iguais". O apelo aos "direitos iguais" é relevante para a igualdade do ponto de vista jurídico. A igualdade jurídica é fundamental, mas a pesquisa ensinou que a liberdade é mais do que uma conquista no campo jurídico e que está relacionada à liberdade política. O valor da liberdade política cresce com a educação. Na formação da opinião e da vontade política, a educação não é tudo, mas é quase tudo, por ser um dos principais indicadores para medir o comportamento político.

A idéia defendida neste texto do gosto do brasileiro pela política, a partir das respostas às questões referentes ao interesse pela matéria, como o tempo que se conversa sobre o assunto, merece ser retomada em novos estudos, porque pode contribuir para mudar o estereótipo de um povo apolítico. A imagem permanece como uma tradição, apesar de a sociedade estar cada vez mais participativa e politizada. Um olhar sobre a vida pública no Brasil, nos últimos 21 anos, para falar apenas do período pró-abertura, mostra um crescente processo de formação independentemente da opinião pública e da vontade política e significativa atividade da esfera pública política. Movimentos como o da anistia, em 1979, ainda durante o governo militar, a campanha pelas diretas, em 1984, as campanhas presidenciais, que mobilizam milhares de participantes, são referenciais que indicam que a política ocupa um lugar importante na vida do brasileiro. De dois em dois anos, a sociedade toda se movimenta em processos eleitorais. Os entrevistados reprovaram a forma oficial de fazer política, mas, não, a política.

Política e Magia (na Cultura Brasileira e) no Distrito Federal

Eurico A. G. C. dos Santos

A interpretação do comportamento político, ou seja, o estabelecimento de relações teóricas e empíricas entre o comportamento político e a orientação do agente segundo padrões "culturais" mais ou menos difundidos em uma dada sociedade tem sido objeto de constantes e sólidas críticas. Marxistas, por um lado, e teóricos "das instituições" (como foram os "teóricos da dependência"), por outro, têm procurado negar valor metodológico a essa orientação, apostando em ser a "cultura" algo estritamente subordinado a ordens mais fortes, como a economia ou as instituições políticas e sociais. Entretanto, também é igualmente rica a tradição contrária, a que poderíamos chamar "culturalista" e que encontra expoentes nos estudos de Max Weber sobre a dominação legítima, nos estudos sobre a autoridade e sobre a personalidade autoritária feitos pela Escola de Frankfurt e, posteriormente, por Jürgen Habermas na Teoria da Ação Comunicativa, na obra de Almond e Verba sobre *The civic culture*, e, entre nós, na linha de Sérgio Buarque de Holanda, Gilberto Freyre e, mais recentemente, Roberto DaMatta.

Essas tradições opostas podem ser aproveitadas para a constituição de uma hipótese que as sintetize (cf., por exemplo, Inglehart, 1997): na Modernidade, iniciada no Ocidente há cerca de cinco séculos e, posteriormente, difundida para outras regiões do Globo, as mudanças econômicas, políticas e culturais dão-se em correlação umas com as outras, com efeitos de retorno e sobredeterminações acontecendo todo o tempo – o que torna sem sentido a disputa metodológica sobre a "primazia" de uma das três dimensões sobre as outras duas. Apenas a verificação empírica permitiria uma percepção mais acurada das relações causais entre as três esferas, ficando, entretanto, implícitas a afirmação de certo caráter autônomo da dinâmica cultural e a validade da estratégia metodológica que busca estabelecer hipóteses relacionando a adesão a valores e outras normas culturais a padrões de orientação da conduta política (e econômica) recorrentes em uma dada sociedade ou em um segmento de uma.

Neste texto, procura-se trabalhar com um sentido mais amplo do conceito de política, se comparado com o sentido mais tradicional, jurídico-formal, dele. Tal postura é motivada pela presença constante, na literatura sociológica recente (cf., por exemplo, Beck, 1986, Giddens, 1986 e 1997, Inglehart, 1997 e Bauman, 1998), da reflexão acerca dos limites encontrados pela acepção jurídico-formal da política para a adequada descrição da dinâmica política contemporânea. Conforme Inglehart (*op. cit.*), se a passagem do mundo tradicional para o moderno implica o enfraquecimento das modalidades tradicionais de legitimação da autoridade em prol da moderna forma racional-legal de sua legitimação. Em um momento posterior (lógico e, não necessariamente, cronológico), os avanços do pós-guerra em direção a uma experiência de segurança material sem precedentes históricos desencadeiam nova época de mudanças, dessa vez marcada pelo esvaziamento da própria legitimação racional-legal da autoridade em favor da autonomia e da expressividade individuais. Esse último processo leva a considerar a necessidade de "descobrir" as novas modalidades de manifestação da política. A hipótese metodológica sobre a qual nos apoiamos é a que vem sendo sugerida pelos autores citados: a saber, a de que a orientação política, ao menos em condições socioculturais específicas (conforme veremos), deve ser procurada não mais precipuamente por meio do exame das relações de "interesse" (na acepção "utilitarista" do termo) entre os atores políticos, **mas, antes, em concepções de mundo e valores culturais**, os quais, em proporções crescentes, estariam ganhando condições de influenciarem, efetivamente, a conduta dos agentes, implicando a tomada em consideração, no comportamento político-eleitoral, de orientações de conduta não diretamente interpretáveis, seja em sentido tradicional, seja em sentido "racional-instrumental". Bem entendido, não advogamos aqui a existência consolidada de tal dinâmica e sentido de política entre nós; tencionamos, isso sim, avaliar a extensão e a profundidade de sua presença entre nós pelo ângulo de suas relações com os interesses religiosos (a "religiosidade") presentes na sociedade.

Para tanto, por "política" entenderemos aqui aquela dimensão da vida social em que são travadas as discussões e as disputas em torno de **decisões capazes** de afetar o "bem viver" de uma sociedade e dos indivíduos membros dessa sociedade. Trata-se da "preocupação com o mundo" como sentido último da política, conforme pretende Hannah Arendt (1980). Sociologicamente falando, isso engloba instituições, leis, fatores históricos e econômicos, bem como valores, crenças das mais variadas naturezas, costumes irrefletidos e hábitos arraigados. A questão a que nos propomos ficaria limitada, no interior dessa definição ampla, à seguinte: **quais seriam as relações entre o tipo de religiosidade encontradiço no Distrito Federal e a dinâmica das crenças, hábitos, costumes, valores e idéias pertencentes à dimensão política da vida social entre nós**? Mais ainda: a natureza da religiosidade aqui presente (e que postulo não apresentar diferenças significativas ante a média brasileira) teria alguma relação com a maneira como são sociologicamente "absorvidas" as injunções propriamente institucionais (de "cultura material": econômicas, político-jurídicas e sociais) presentes na sociedade do Distrito Federal e, por extensão, na brasileira? Minha tese é a de que, sim, há tais relações e que elas precisam de ser compreendidas em suas diversas nuanças, sob pena de não se captar sua exata extensão.

Limitando ainda mais o objeto da investigação, é necessário esclarecer, aqui, que a ênfase recairá sobre aqueles padrões culturais que, creio, podem ajudar a entender mais bem algumas mudanças hoje em curso, e que versam, teoricamente falando, sobre as relações entre a ação política e os padrões de constituição e reprodução de "identidades", tanto coletivas quanto individuais. Refiro-me ao fato, bem tematizado na filosofia política contemporânea (ver o debate entre liberais e comunitaristas ou as questões de solidariedade social colocadas por A. Giddens (1996 e 1997), da emergência das "identidades por diferença", ou das demandas por "reconhecimento" de especificidades culturais de grupos ou indivíduos (C. Taylor, 1994). Como é sabido, tais fenômenos incidem sobre a teia de solidariedade social das sociedades modernas, teia sobre a qual incidem, também, e já há bem mais tempo, fatores erosivos como egoísmo,[1] anomia, burocracia e outros. A questão que imediatamente se coloca é: a geração de identidades (individuais e grupais) por "diferença" – em vez das grandes "barcaças" identitárias como a pátria, a nação ou a raça, ou ainda a religião católica – poderia ter que conseqüências para a solidariedade social? Como é a dinâmica das relações entre tais mudanças nos padrões de geração de identidades culturais e a solidariedade social? As hipótese sobre a religiosidade e sobre as relações entre esta e a "cultura política" devem, portanto, ser compreendidas no interior dessa problemática teórica mais ampla; ou seja, trata-se de investigar em que medida a religiosidade empiricamente encontrada revela afinidades, positivas ou negativas, com a reprodução da solidariedade social já marcada pela nova lógica de constituição de identidades culturais por "diferença". A religiosidade ajuda a difundir orientações de conduta que viabilizem uma sociedade de "diferentes" mas "solidários", tais como a tolerância e a autonomia da consciência individual? Ou, ao contrário, difunde orientações que propenderiam à intolerância e à heteronomia da consciência, afins aos preconceitos sociais (relativos a raça, sexo, idade, crença, ou seja, exatamente aqueles critérios sobre os quais se erguem as novas identidades por diferença) e a formas tradicionais de legitimação da autoridade social e política (autoritarismo)?

Na pesquisa,[2] eu pretendia investigar a influência da religiosidade de tipo mágico sobre as capacidades e as disposições das

[1] Para E. Durkheim, o individualismo "egoísta", ou o "anômico", caracterizaria o agente que, na orientação de sua ação, pode lançar mão de poucos padrões que tenham teor "moral", isto é, que expressem a internalização eficaz de regras que tenham, por fim, a manutenção equilibrada da sociedade e, não apenas, do organismo individual.

[2] Em julho de 1998, aplicamos 400 questionários em todo o Distrito Federal, à exceção da cidade-satélite do Gama. A amostragem utilizada foi a aleatória domiciliar, e as tabelas que iremos apresentar neste texto são aquelas que enunciaram correlações estatísticas seguras, que encorajam pesquisas posteriores, com qi2 menor do que 1,0.

pessoas para aderirem a determinadas linhas de orientação da conduta, que expressam, por sua vez, tipos de culturas políticas – por um lado, o binômio autonomia-tolerância para com a diferença e, por outro, o binômio heteronomia-intolerância.

As crenças mágicas fundam-se sobre pressupostos que operam cognitivamente, e o grau de abstração dos pressupostos é suficiente para transbordar os limites da ação mágico-religiosa em sentido estrito, terminando, inevitavelmente, aqueles pressupostos, por influenciarem a leitura que o sujeito individual fará, tanto das condições externas e objetivas de sua ação, quanto da natureza de sua própria experiência subjetiva, ao agir em ordens outras que não a da ação mágico-religiosa em sentido estrito. A presença da religiosidade mágica indica que a experiência de vida do agente que porta tais crenças tende a ser reiteradamente interpretada como alheia à volição do sujeito-indivíduo. Para a constituição deste, no sentido weberiano do sujeito que decide, ele próprio, sobre seus valores últimos, a religiosidade mágica representaria, portanto, solo árido; dito de outra forma, em termos de teoria da ação, a religiosidade mágica implicaria certa tendência à auto-representação do sujeito não como "indivíduo" destacado de seu meio ambiente físico e social, mas, antes, como "peça" de algum mecanismo causal maior que exclui a sua "vontade individual". Basicamente, para o que nos interessa, os pressupostos das crenças mágicas levam a uma percepção das condições objetivas que pode ser descrita sob a rubrica da idéia de "inexorabilidade", do movimento sócio-histórico mecanicamente repetido e inevitável; por seu turno, a percepção das condições subjetivas desenhará um sujeito heterônomo, com dificuldades para orientar-se em um mundo objetivo ao mesmo tempo mecânico (a magia sempre pressupõe a causalidade mecânica em um Cosmos em que tudo está ligado a tudo) e caótico (porque os mecanismos mágicos são, paradoxalmente, acionados por manipulações individuais diferenciadas, segundo a diferente concentração de força mágica nos diferentes indivíduos). Essa combinação tende a levar o sujeito socializado com base em crenças dessa natureza a "concluir" pela necessidade de submeter-se, de obedecer, enfim, de colocar-se sob o carisma e o poder de outrem, hierarquicamente superior na sociedade e com maior capacidade de controle dos fatores caóticos. A sustentar, em nosso contexto histórico, a plausibilidade desta linha de pensamento, estão as obras de Oliveira Vianna, com a teoria da "anarquia branca" (Vianna, 1987), e de Roberto da Matta, com sua teoria dos ritos autoritários em nossa vida cotidiana (Da Matta, 1990). Em nossa pesquisa, a partir das suposições anteriores, investigamos a associação, na consciência do agente, entre as crenças mágicas peculiares à nossa cultura (conforme veremos na parte histórica a seguir), por um lado, e o baixo grau de auto-representação do sujeito como agente moral autônomo e suas crenças e práticas "autoritárias", por outro.

Em nossa investigação, os valores e as normas culturais e sociais ligados às tradições foram, em sentido geral, aproximados da idéia de autoritarismo. Por autoritarismo, entendemos, aqui, a propensão, instalada no agente, a adotar linhas de ação menos baseadas em sua reflexão "própria" e mais baseadas em preconceitos sociais e/ou ancoradas em uma fonte de legitimidade tradicional ou carismática. E esta idéia foi, por nós, associada a alguns traços na orientação da conduta: baixa autonomia na organização da consciência (o que medimos especialmente por meio das perguntas "quem dá o sentido de sua vida – você ou Deus?" e "quão importante você acha que é se ensinar obediência a um filho?") e certa "intolerância" para com identidades minoritárias (homossexuais, outras religiões, mulheres, etc.). A "síndrome" autoritária também se mostra bem associada ao que chamei, aqui, de posturas "passivas" ante a vida cotidiana e ante as decisões de cunho moral e político que se apresentam ao longo de cada biografia individual.

Em outra acepção, tão direcionada à política quanto a anterior, os condicionantes mágicos da experiência individual, teoricamente, favorecem o estabelecimento de crenças e práticas "intolerantes com a diferença". Isso porque a "diferenciação" a que nos referimos se funda em processos de individuação (ou de tomadas de consciência das características específicas de um "grupo" (identidades coletivas diferenciadas) que, em termos típicos, são virtualmente imperceptíveis para a percepção magicamente fundada, dado que esta não pode conceber a individuação como processo voluntário de construção da própria "diferença" com relação aos mecanismos do mundo objetivo. Logo, dos pressupostos de natureza cognitiva das crenças mágicas, dimana uma tendência à rejeição não do diferente em geral, mas dessa diferença construída, expressão de um processo de individuação, que o pensamento magicamente orientado tenderá a rejeitar dado o seu potencial de desafiar não esta ou aquela crença mágica específica, mas as próprias condições de possibilidade das crenças mágicas, entre as quais não há lugar para a idéia de diferenciação no sentido discutido neste texto.

Minha hipótese, como já anunciada anteriormente, é fundada no campo da sociologia da religião, e é a de que **existe uma relação causal entre a presença de valores e normas culturais que se originam e se desenvolvem no seio de crenças religiosas de tipo mágico e certa orientação heterônoma e intolerante do pensamento**. Refiro-me não a uma magia "pujante", com institucionalidade própria, como é o caso da religiosidade afro-brasileira em outros locais do Brasil, mas ao conjunto de crenças e de orientações que vagueiam entre a "superstição" e a "crendice" até as formas mágicas mais "legítimas", como aquelas mais diretamente tuteladas por alguma Igreja – no caso, ou a Católica, ou a Evangélica. No mesmo sentido, postulo uma relação igualmente positiva, causalmente, entre a irreligiosidade (que se associa a mais altos níveis de escolaridade) e os valores e as normas culturais de cunho individualista (por oposição a egoísta), mais marcados pela tolerância, pela autonomia da consciência e por posturas que "esvaziam", em certo sentido, o respeito à autoridade tradicional.

A noção de religiosidade, por sua vez, significa, para nós, a propensão a adotar certo tipo de crenças religiosas em detrimento de outras. Esta noção enfatiza a dimensão subjetiva da crença religiosa, antes que a dimensão institucional, mais propriamente captável pelo conceito de religião, ou de instituição religiosa. Como nosso interesse esteve voltado para a compreensão do papel exercido por crenças difusas e, especialmente, em um contexto de secularização progressiva, optamos pelo conceito de religiosidade como instrumento privilegiado, deixando o de religião em segundo plano, muito embora a freqüência ritual, como se verá adiante, elucide bastante as origens de traços intolerantes e autoritários na condução de vida dos pesquisados.

Para aprofundar, histórica e sociologicamente, a hipótese que enunciei anteriormente, gostaria de tentar demonstrar e explicar, como importante instrumento para o tipo de interpretação do comportamento político que tento fazer, a presença decisiva da magia na constituição histórica de nossa religiosidade. Para tanto, é necessário um pequeno excurso pela história da constituição social da experiência religiosa (religiosidade) entre nós, o que nos levará à história colonial de nossa sociedade.

Considerações Intermediárias

Procurarei esboçar, com referência à cultura colonial brasileira, o que seria o tipo ideal das relações entre a religião e aquelas crenças muito fundamentais que se situam na base de qualquer cultura que se forma. Por cultura entenderei, aqui, o conjunto, mais ou menos coerente internamente, de padrões de orientação da conduta capazes de conduzir agentes sociais à persecução e à satisfação diferencial de seus interesses, sendo, a dominação, o principal critério (ainda que não o único) estruturante dessa satisfação desigual e diferenciada. Por crenças muito fundamentais entenderei, aqui, aquelas idéias e sentimentos de natureza abstrata que oferecem assertivas acerca da origem, da composição e do destino últimos de tudo aquilo que esse mesmo grupo de idéias define como tendo algum *status* ontológico. Pode-se entender mais bem o que tenho em mente se consideramos as definições de Weber acerca das "naturezas" ontológicas últimas dos tipos de ação que ele encontra fundamentadas sobre a ascese ativa (*ein gottgewolltes Handeln als Werkzeug Gottes*) ou sobre a mística (*Gefäss des Göttlichen*). Weber, 1998, p. 237 e ss.). Vaso ou ferramenta do divino, ou ainda, outras "posturas" fundamentais são exemplos de assertivas que têm a finalidade de demarcar os limites muito gerais dentro dos quais a dinâmica dos interesses materiais e ideais impulsionará a ação. E é só a partir da compreensão clara de tais marcos amplos é que se pode tentar compreender o significado e o sentido da ação social em nossa cultura.

A relação ideal–típica entre a religião e os "princípios últimos" de uma cultura pode ser esclarecida pelo uso dos conceitos de racionalização e de racionalidade.

A racionalidade (Schluchter, 1979, p. 24 e ss.) pode ser prático-técnica (cálculo cada vez mais adequado de meios e fins para a obtenção de uma finalidade prática dada), ético-metafísica (refere-se à questão da compreensão do mundo como um Cosmos tendencialmente pleno de sentido) e teórico-científica (progressivo domínio teórico da realidade por meio de conceitos abstratos cada vez mais precisos). Para nossos interesses, o que deve ser ressaltado é que, durante o período de formação de nossa cultura, os processos de racionalização ético-metafísica foram marcados por uma série de fatos singulares. Devemos mencioná-los agora: inicialmente, as idéias e os valores universais do Catolicismo foram sistematicamente negados pelos seus próprios portadores, em função da escravização sistemática dos homens; em segundo lugar, em vez da difusão sistemática de idéias religiosas cuja consistência pudesse ensejar, ao agente individual, a experiência da percepção da realidade como um cosmos de sentido, o que ocorreu foi o estilhaçamento, mais ou menos proposital, do caráter inteiriço da doutrina, de modo a, justamente, evitar o que de outra forma seria inevitável: uma vez difundido um ideário dualista, e ademais de cunho universalista, a religião, certamente, viria a constituir-se em instância de observação e de crítica dos rumos tomados pelos processos de racionalização instrumental, que versavam sobre nada mais nada menos do que a redução de humanos à condição não-humana – a escravização.

Por sua vez, a noção de racionalização pode ser dividida em racionalização valorativa e racionalização instrumental. Sem discutir aqui tais conceitos, para nossos interesses, é necessário estabelecer que os processos de racionalização valorativa são tão mais capazes de dialogar, independentemente, com as tendências da racionalização instrumental quanto mais transcendentes e dualistas vão-se tornando os valores religiosos produzidos pelos ditos processos de racionalização. Dito de outra forma: uma cultura dualista, que pode dar sustentação a pontos de vista "reflexivos" e relativamente independentes ante os processos de racionalização instrumental das regras que orientam a conduta, necessita, para o seu surgimento, de um conjunto de fatores históricos favoráveis. Minha tese aqui é a de que a história da origem da cultura brasileira não permite que se observe, em escala sociologicamente relevante, a existência dos processos socioculturais que configurariam a instalação de uma base cultural dualista. Muito ao contrário, a observação de nossa história religiosa, em especial ao longo dos seus primeiros trezentos anos, demonstra reiteradas e variadas vias pelas quais aqueles elementos mais abstratos da cultura, que fundam a possibilidade da elaboração das regras mais concretas, vão formando uma imagem de mundo monista-mágica. A tese central deste texto é a de que a formação de nossa cultura deu-se, especialmente, por meio de uma afinidade eletiva entre o tipo de monismo pré-ético, necessário ao desenvolvimento da escravização como fundamento econômico e político da sociedade nascente, e o tipo de capitalismo de baixa produtividade que se estabeleceu entre nós.

Antes de passarmos ao exame do tema histórico-cultural propriamente dito, são necessários, ainda, esclarecimentos sobre os conceitos de funções sociais que permitem uma visão daqueles fatores que, ao serem "lidos" e interpretados por qualquer religião, a constituem sociologicamente. Antes de mais nada, deve-se ter em mente que uma religião não é mero reflexo de outras dimensões da vida social, como a economia e a política. Religião é uma realidade simbólica *sui generis* que retira seus significados últimos de fontes propriamente religiosas, segundo a bem conhecida formulação de Max Weber (Weber, 1988, p. 252). Isso, entretanto, **não significa** que, em sua acepção sociológica, a religião não deva ser vista como se desenvolvendo em íntima conexão com aquelas outras dimensões. É exatamente assim que se conceitua, de maneira sociológica, uma religião. As "condições últimas da existência", na expressão de Robert Bellah, dividem-se entre os seus diversos campos (escassez material, poder, dor, felicidade, amor, doença, morte e a própria existência interior de cada um alinha-se entre tais condições), e a religião, no passado, sempre encarregou-se da elaboração de padrões culturais que permitissem uma aproximação, cognitiva ou sensitiva, do humano, àquelas condições últimas. É nesse sentido que iremos realizar um rápido bosquejo das funções sociais da colônia, cujos elementos constitutivos formaram os objetos a serem aproximados do humano por meio da construção religiosa. Examinaremos, assim, os fatos básicos da existência tal como emanavam das funções de abastecimento (economia), segurança (política), transmissão de significados (socialização) e geração de significados (religião, magia, arte, ciência, filosofia, etc.).

É igualmente importante que se tenham em mente as relações entre a função social de geração de significados e os processos de racionalização. É do desempenho e dos condicionantes dessa função que dependem o sentido e a direção tomados pela racionalização ético-metafísica, prático-técnica e científico-teórica.

Passemos, agora, ao bosquejo pelo panorama funcional da sociedade colonial.

Da função econômica, o que nos interessa é o fato de que a produção da mercadoria colonial assume caráter de motivação exclusiva e excludente de todas as demais motivações para a ação em geral (econômica mas também política, religiosa, moral, artística, etc.), conforme demonstrou Alfredo Bosi em seu *Dialética da colonização* (Bosi, 1992). Com ele, podemos imaginar a extensão com que a exclusividade da produção das mercadorias coloniais ocupou e condicionou as consciências dos agentes coloniais, fossem senhores ou escravos. A produção da mercadoria, muito embora tal fato não tenha sido diretamente percebido pela nossa própria consciência social, era a finalidade mestra da cultura colonial, funcionando como condição e limite para o desempenho das três outras funções sociais especificadas acima. A melhor parcela da terra, a melhor parcela do tempo, a melhor parcela dos homens e das mulheres, tudo era alocado por uma necessidade de produção de mercadorias coloniais que já nasceu "naturalizada", no sentido de que as consciências da época dificilmente se davam conta de que havia mais de uma forma de se levar a vida e se constituírem sociedades além daquela que ia sendo mecanicamente determinada pelo movimento irrefletido do capitalismo colonial português. Irreflexivo exatamente porque pré-moderno: altas taxas de desperdício, técnicas contábeis primitivas, baixa taxa de reinversão dos lucros, ou seja, da economia, não emanava forma alguma de expressão de consciência da sociedade acerca do que ela fazia. Isso guarda afinidade com a afirmativa anterior sobre a ausência proposital de instrumentos na cultura que ensejassem um grau básico de reflexividade tanto para coletividades quanto para indivíduos. Isso se tornará mais inteligível com as argumentações que ainda se seguirão acerca das funções de socialização e de geração de significados.

A vida autárquica das unidades econômicas coloniais permitia a exclusividade da produção da mercadoria de exportação. A economia de subsistência era praticada nas frestas da vida social. E os negativamente privilegiados, "homens livres" e escravos, eram transformados em agentes econômicos funcionais apenas na medida em que se mantivessem em certo estado de penúria simbólica – não pensando, apenas agindo.

Quanto à função política, o fato que nos interessa ressaltar é o da centralidade do papel simbólico desempenhado pelo detentor do poder local e autárquico. Sua vontade era o limite e a condição da criação simbólica religiosa na sociedade nascente. Jurandir Freire Costa, em seu *Norma médica e ordem familiar* (Costa, 1985), já nos falou da baixa diferenciação dos interesses nos psiquismos coloniais médios. Aqui, interessa-me lembrar as copiosas referências, na literatura, à rudeza dos positivamente privilegiados na colônia. Não apenas, creio, por sua suposta baixa origem em Portugal, mas também, e principalmente, em virtude da adaptação ao novo ambiente natural e social. Não se **devia** refletir na colônia, as idéias estavam truncadas: o Catolicismo pelo qual eram os grandes senhores responsáveis era o mesmo que eles tinham de afastar de suas vidas e da vida de sua sociedade (escravidão X universalismo cristão). E é exatamente aí que a função política demonstra o tipo de sua subordinação à função econômica: não uma subordinação direta, pois era despótico o poder dos Senhores (lembrar Oliveira Vianna e sua tese da "anarquia branca" em *Populações meridionais do Brasil, op. cit.*), mas uma subordinação no plano simbólico: as necessidades da economia definem e marginalizam a criação simbólica necessária à sociedade nascente, prevenindo, assim, o desenvolvimento de interesses autonomamente determinados por parte dos Senhores e, a partir daí, dos escravos. O que deseja o agente político positivamente privilegiado na colônia? Qual a espessura de seus interesses ideais? O que a literatura parece sugerir é um vazio nesse ponto (referências constantes às idéias de rudeza, brutalidade e incorporação de hábitos do "gentio"). Assim, o poderoso senhor-de-engenho ou o "potentado" fazendeiro do interior pecuário restam prontos para interessarem-se, de corpo e alma, pela produção da mercadoria colonial, "razão" de suas vidas.

Da função de socialização, interessa registrar, para a construção de nosso tipo ideal, a quase total falta de escolas ou outros meios públicos de socialização e a alta volatilidade das famílias dos negativamente privilegiados, que se dissolviam pelos mais diversos motivos. A metrópole, vedando escolas superiores por todo o período colonial e, em sua atribuição de difusora do catolicismo, favorecendo a ignorância religiosa dos sacerdotes, cria um ambiente social que fragmenta os processos de socialização.

Esse aspecto da fragmentação merece ser mais atentamente debatido. A meu ver, a principal marca deixada nas consciências pelos processos de socialização imperantes na colônia termina sendo uma expressão funcional da natureza daquilo que se propunha transmitir aos novos seres humanos que adentravam a sociedade colonial. O Padroado e a incompatibilidade entre um catolicismo conseqüente e a escravização terminam por prevenir o surgimento de um corpo minimamente coeso de valores e regras práticas de ação instrumental. Ora, com Max Weber e a sociologia neodesenvolvimentista (representada por W. Schluchter, que se utiliza da psicologia desenvolvimental de L. Kohlberg e J. Piaget), aprende-se que a formação de psiquismos autônomos, caracterizados por um ego forte e definido (no sentido de Robert Bellah (1969), em seu clássico artigo *Religious evolution*), está diretamente ligada aquilo que está à disposição, na cultura, para ser internalizado. Isso quer dizer que a "internalização" de padrões de orientação da conduta varia importantemente de acordo com a qualidade daqueles padrões. Quanto mais coerente internamente for o conjunto a ser "internalizado" por meio da socialização, tanto maior a possibilidade de serem geradas as bases para a constituição de um "ego forte e definido", que se perceba diferenciado de seu meio ambiente físico e social. Esse "ego forte e definido" condiciona-se pela virtude que as formas e os conteúdos da socialização apresentem no sentido de oferecerem ganhos na capacidade cognitiva do agente. Dito de outra maneira: quanto mais "penetrante" na realidade forem os saberes que a socialização transmite, mais o sistema de orientação de conduta do agente vê-se protegido da insegurança e do medo advindos de uma realidade opaca e desconhecida, restando, portanto, mais capacitado à adoção de crenças de cunho individualista (moral), mais marcadas pela tolerância e pela autonomia da consciência. Se nossa leitura de Weber está correta, há uma relação sociológica positiva entre a consistência interna das doutrinas e ideologias (religiosas, no caso) e a sua capacidade de oferecerem ganhos cognitivos ao agente. Quanto mais fragmentados os elementos oferecidos ao agente pela socialização, mais reduzida é a sua competência cognitiva. Quanto mais reduzida tal competência, menor é a capacidade do agente de identificar os seus próprios interesses e de fazer "leituras" da realidade exterior no sentido da persecução de interesses sabidamente seus. Ademais, quanto mais reduzida a competência cognitiva, tanto maior a importância de elementos irracionais e da tradição como elementos mestres da socialização. Por fim, creio, existe significativa afinidade entre a socialização presidida pelo medo e pela tradição e a qualidade não-reflexiva da orientação da conduta. Conforme vimos, a realidade simbólica que se constituiu na colônia parecia almejar, exatamente, a difusão da baixa reflexividade na orientação da conduta. Tal baixa reflexividade é de um tipo específico: os bloqueios à reflexão instalam-se lá onde a reflexão pode prejudicar não exatamente a produção da mercadoria colonial, mas sim a **prevalência** desta como sentido da ação em geral perante outras direções e outros tipos de sentido.

Com isso, quero concluir com a idéia de que a formação das personalidades tende a espelhar a estrutura social, que as educa como que naturalisticamente, sempre em direção à aceitação irrefletida do poder senhorial, o qual, por sua vez, naturalisticamente, espelha as necessidades da produção da mercadoria colonial.

Ao debatermos a função de geração de significados na colônia, chegamos a um ponto central do texto.

No início do século XVI, a monarquia portuguesa concebeu a sociedade brasileira como uma empresa capitalista, cujos fins eram o sustento do consumo estamental na Corte. A velha idéia de que os reis portugueses se preocupavam, antes de tudo, ou também, com a expansão da fé católica, deve ser entendida à luz dos dados históricos. Estes apontam para a instituição do Padroado – conjunto de Acordos Internacionais entre Portugal e Santa Sé, constituído ao longo do século XVI. O que nos revela o Padroado? Ele mostra-nos como, durante o século XVI, a contradição entre os ideais católicos da época e a imperiosidade da escravização para o modelo português de exploração colonial foi resolvida por meio do fomento à geração simbólica de qualidade monista, que permitiu o convívio de elementos insuportavelmente contraditórios em contextos culturais dualistas. Por meio do Padroado, a Igreja Católica tornou-se um prolongamento sem autonomia dos interesses políticos e econômicos metropolitanos. A tarefa de sustentar e difundir a fé católica vai sendo entregue ao clero regular (exceção feita às ordens religiosas, em especial os jesuítas, as quais têm peso específico no problema, mas são menos importantes de toda maneira). Este, por seu turno, vai sendo composto, majoritariamente, por agentes religiosamente ignorantes da doutrina, comissionados pela autoridade secular portuguesa. Esta conjunção de fatores irá, portanto, resultar em um campo livre para a revivescência das formas culturais mágicas de africanos, indígenas e do catolicismo medieval português.

O Padroado tornou a Colônia um deserto religioso, em termos de religiões dualistas. Em seu lugar, os padres-funcionários da empresa colonial fomentaram, e não apenas toleraram, como usualmente se pensa, o desenvolvimento de uma religiosidade mágica, a qual será um dos elementos centrais de nossa especificidade histórica. O que tal religiosidade tem de novo?

Os fatos sociais (no sentido durkheimiano) mais generalizados e importantes no mundo colonial eram a escravidão e sua correlata, a produção de mercadorias coloniais. Como leitura do mundo, a magia insurgente teve de fornecer uma interpretação para tais fatos, antes de quaisquer outros. Não sob a forma de uma doutrina, escrita ou falada, mas sob a forma de um senso comum eivado de elementos irracionais, a cultura mágica colonial desenvolveu-se sob o controle do interesse econômico português, expresso no Padroado.

Obviamente, muito embora pouco se tenha pensado nisso, os indígenas e africanos escravizados interpretaram a alteração radical em suas condições de vida em termos mágicos. Entenderam-na como uma derrota mágica de ampla extensão e conseqüência e tomaram a religião portuguesa e seus símbolos como marcos mágicos que delimitavam o curso da criação e da atividade religiosas. Os ideais cristãos têm seu sentido dualista, que implica rejeição do mundo, tornado opaco, endurecido sob a forma de externalidades saturadas daquele mesmo maná superior que possuiriam os portugueses e que fora o causador da extensa derrota mágica.

Assim, **resultou uma religiosidade que**, ideal-tipicamente poderia ser descrita como de **adaptação às condições de escravo e de escravizador**. Para os escravos, desenvolveu-se uma magia dirigida à redução do sofrimento imposto pela existência escrava (como exemplo da extensão do que digo, imaginemos o caso de um escravo de plantação mordido por cobra, no século XVII: o mal, corpóreo e freqüente, e que, aparentemente, demanda uma magia igual à da vida de seus ancestrais na tribo africana, vem a ser para ele, antes de mais nada, o resultado do fato de ele estar ali – e ele não estaria ali se não fosse a escravidão...), que condicionava todos os momentos da existência cotidiana. Tal adaptação à condição escrava tinha uma dimensão prática, e daí as inumeráveis formas mágicas para curas e outros alívios. Também tinha uma dimensão cognitiva, e daí o desenvolvimento de um pensamento mágico peculiar, ao mesmo tempo fatalista e fluido, cambiante, cujos traços não podemos examinar agora. O que podemos **reter da dimensão cognitiva da magia de adaptação à condição escrava é sua capacidade inata de reconhecer os sinais da autoridade portuguesa e de produzir adaptações** às suas finalidades.

O Senhor de escravos é tragado pela mesma maré: entre os ideais cristãos e a escravidão, opta, decididamente, pela segunda e desenvolve sua conhecida indiferença com a religião ou, em uma variante, adota, também, ele, um catolicismo de fachada.

Creio que os fatores estão postos para que possamos responder à pergunta: qual a natureza histórica da experiência religiosa na colônia? Ou, em outros termos, "fachada" de quê? Ou ainda: quais os principais conteúdos a serem elaborados pela função de geração de significados?

Minha tese é a de que a principal, e mais profunda, dimensão da realidade atingida pela experiência religiosa na Colônia foi a escravidão.

Os ideais católicos chocaram-se, frontalmente, contra essa massiva realidade, sendo funcionalmente substituídos por um tipo de religiosidade, a da magia primitiva, que se resignou a adaptar-se, **sem conseguir dominá-la intelectualmente**, à produção de mercadorias por meio da escravidão.

Até agora, procurei penetrar, com os instrumentos da sociologia da cultura e da religião, o cerne da experiência religiosa da colônia, para, a partir daí, poder vislumbrar mais bem o panorama dos interesses religiosos no Brasil colonial.

O interesse religioso "hegemônico" pode ser definido como um interesse por magia adaptativa às duras condições da existência negativamente privilegiada. Ocorrendo em um contexto cultural de magia primitiva, o que significa uma quase total ausência de caráter reflexivo nas "idéias" religiosas presentes na sociedade, esse tipo de interesse guarda especial afinidade com: 1) a produção de mercadorias sob condições de baixa racionalidade econômica moderna (no sentido do modelo de Weber n'*A ética protestante e o espírito do capitalismo*); 2) as condições políticas patriarcais (de um patriarcalismo cujos padrões de orientação da conduta mais centrais e estruturantes dos demais valores também se revelam um "efeito" das determinações advindas das necessidades do desempenho da função econômica); e 3) as condições fragmentadas de socialização, tendentes à formação de consciências heterônomas.

Exame de Alguns Dados à Guisa de Apresentação de uma Hipótese

Os dados apresentados a seguir pretendem apontar para uma relação significativa entre, por um lado, a presença do que chamei de pensamento mágico – ou de predomínio dos interesses mágicos sobre os religiosos na estrutura da personalidade gerada pela socialização – e, por outro, crenças e atitudes associadas ao binômio heteronomia da consciência moral-dificuldade para o "reconhecimento da diferença" individual e/ou coletivamente construída, no sentido em que tais idéias têm sido discutidas neste texto.

A "relação significativa" é fortemente sugerida pela consistência da direção das respostas a diferentes quesitos, os quais, entretanto, guardavam deliberada relação entre si. Os quesitos relativos ao binômio mencionado no parágrafo anterior variam de modo significativamente uniforme quando cruzados com as variáveis "pensamento mágico" e "freqüência aos cultos".

Freqüência a cultos religiosos x Pensamento mágico

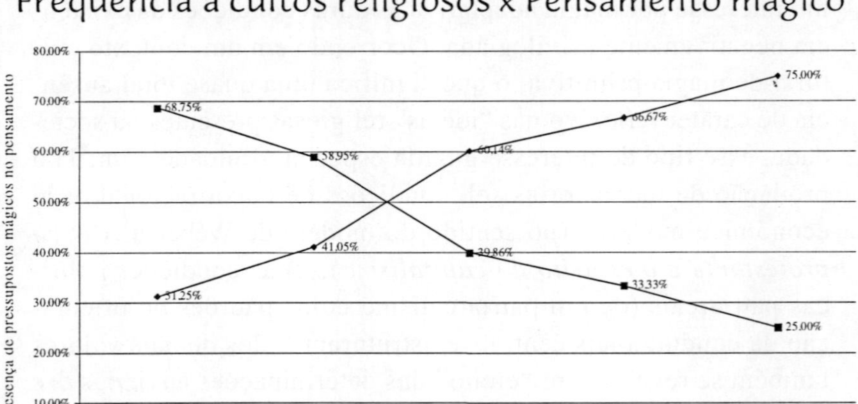

	diariamente	semanalmente	raramente	nunca	sem religião
não	31,25%	41,05%	60,14%	66,67%	75,00%
sim	68,75%	58,95%	39,86%	33,33%	25,00%

O sentido da variação uniforme poderia ser resumido da seguinte maneira: a presença do pensamento mágico, especialmente quando reforçado pela atividade ritual do culto (ver tabela seguinte), aumenta a possibilidade de o respondente mostrar, também, traços de heteronomia e de "intolerância com as diferenças".

Por seu turno, e na direção oposta, a ausência do pensamento mágico, bem como a irreligiosidade, fatores concomitantes à baixa ou à nenhuma freqüência a rituais de culto, associam-se, sistematicamente, à maior chance de o respondente apresentar traços de autonomia moral e de postura de tolerância com as diferenças culturais demandantes de reconhecimento.

Inicialmente, observem-se os cruzamentos das variáveis "Pensa com pressupostos (meios) mágicos?" e "Ritualidade" (freqüência aos cultos), tratadas aqui como variáveis independentes, com as respostas às questões "Quem determina o sentido de sua vida? Você ou Deus?",

Pensamento mágico x Determinação do "sentido" da própria vida

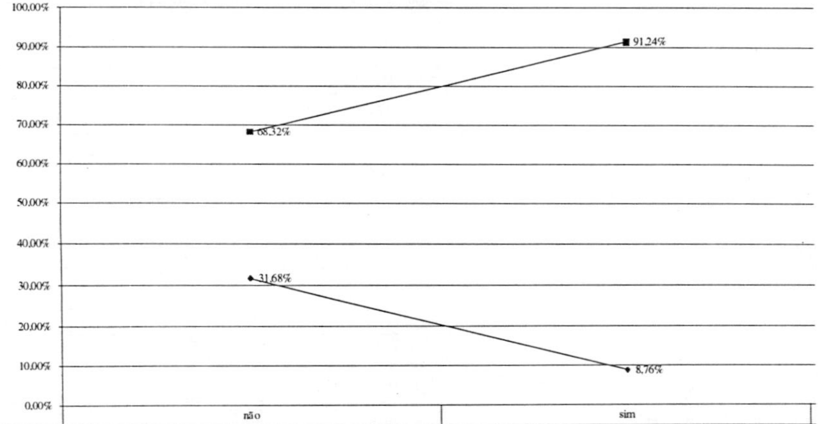

	não	sim
cada um	31,68%	8,76%
Deus	68,32%	91,24%

Ritualidade x Determinação do "sentido" da própria vida

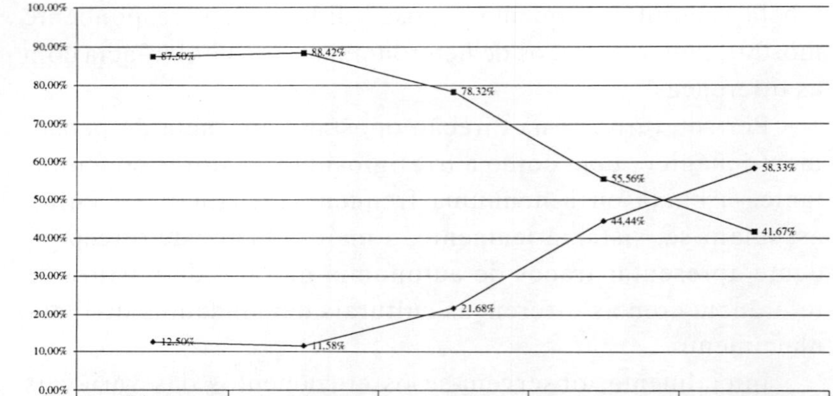

	diariamente	semanalmente	raramente	nunca	sem religião
—◆— cada um	12,50%	11,58%	21,68%	44,44%	58,33%
—■— Deus	87,50%	88,42%	78,32%	55,56%	41,67%

"Qual a importância de ensinar-se obediência a um filho?"

Ritualidade x Importância do ensino da obediência ao filho

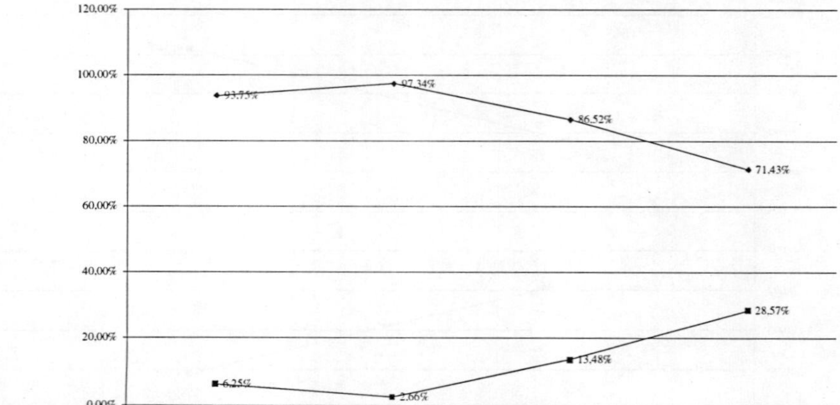

	diariamente	semanalmente	raramente	sem religião
—◆— muito importante	93,75%	97,34%	86,52%	71,43%
—■— pouco importante	6,25%	2,66%	13,48%	28,57%

Pensamento mágico x Importância do ensino da obediência ao filho

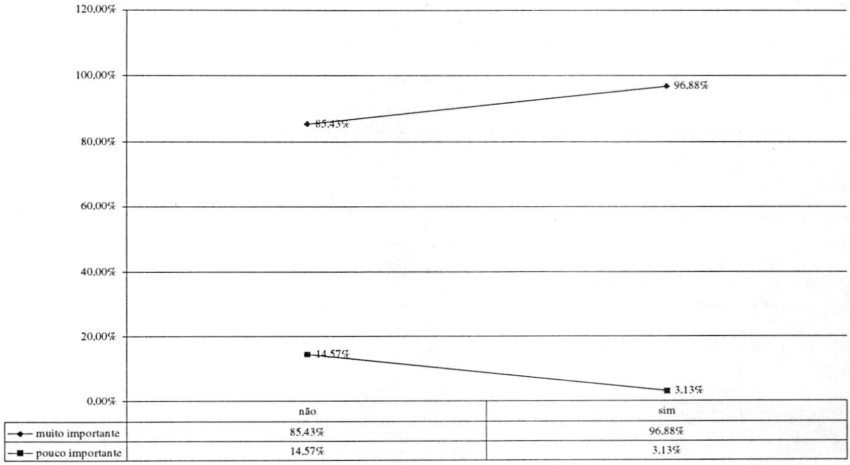

e "Qual a melhor atitude a tomar ante uma dificuldade na vida?" (aqui, diversas opções gerais eram apresentadas ao entrevistado – tais como rezar e outras manipulações mágicas, pedir auxílio a alguém mais bem situado, por um lado, e, por outro, permanecer fiel aos próprios princípios e agir para resolver o problema –, tendo sido, tais opções, posteriormente, reagrupadas sob as rubricas "postura passiva" e "postura ativa", respectivamente).

Em todos os casos, quanto mais intensos o pensamento mágico e a ritualidade, mais claros os sinais de heteronomia da consciência moral (indicada pelas respostas "Deus", "muito importante" e "postura passiva"). Por outro lado, quanto mais fracos se mostram os interesses religiosos, maiores os indícios de autonomia moral (indicada pelas respostas "Eu", "pouco importante" e "postura ativa").

Quanto à relação entre o pensamento mágico e a ritualidade, por um lado, e as questões que se supõem aqui, revelarem posturas mais ou menos afins ao reconhecimento das diferenças culturais, por outro, chamam a atenção os cruzamentos relativos

Ritualidade x Melhor postura ante dificuldades

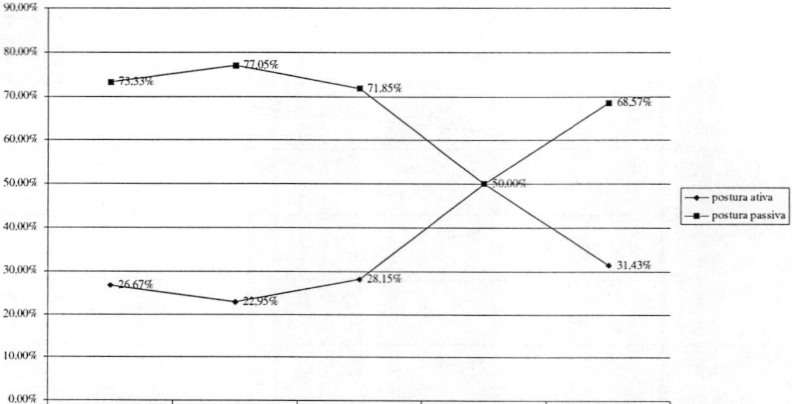

	diariamente	semanalmente	raramente	nunca	sem religião
postura ativa	26,67%	22,95%	28,15%	50,00%	31,43%
postura passiva	73,33%	77,05%	71,85%	50,00%	68,57%

Pensamento mágico x Melhor postura ante dificuldades

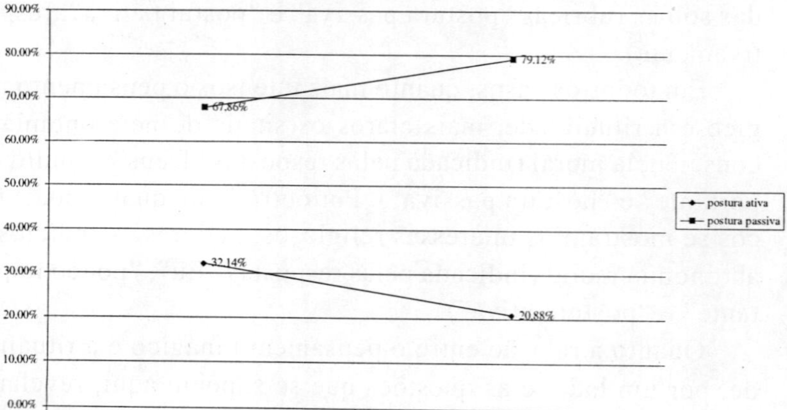

	não	sim
postura ativa	32,14%	20,88%
postura passiva	67,86%	79,12%

aos itens homossexualismo ("O homossexualismo é justificável ou injustificável?"),

Ritualidade x Tolerância ao homossexualismo

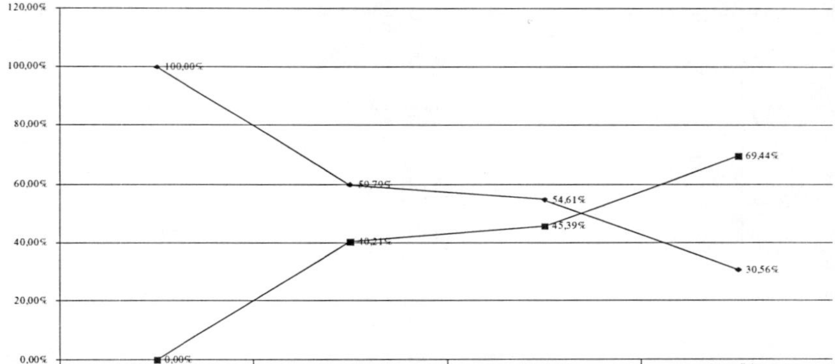

	diariamente	semanalmente	raramente	sem religião
injustificável	100,00%	59,79%	54,61%	30,56%
justificável	0,00%	40,21%	45,39%	69,44%

Pensamento mágico x Tolerância ao homossexualismo

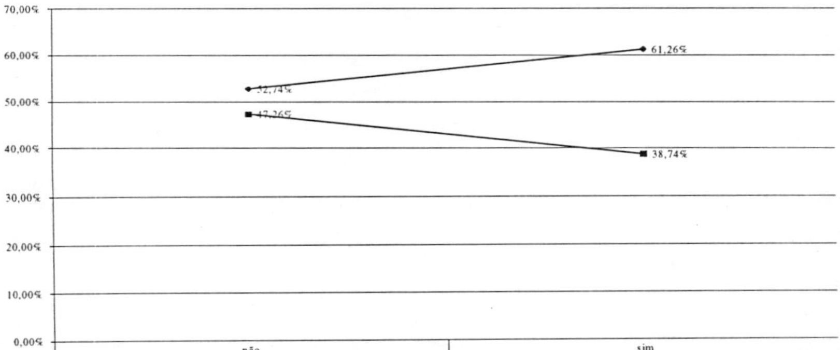

	não	sim
injustificável	52,74%	61,26%
justificável	47,26%	38,74%

Pensa com pressupostos mágicos?

à prostituição (idem),

Pensamento mágico x Tolerância à prostituição

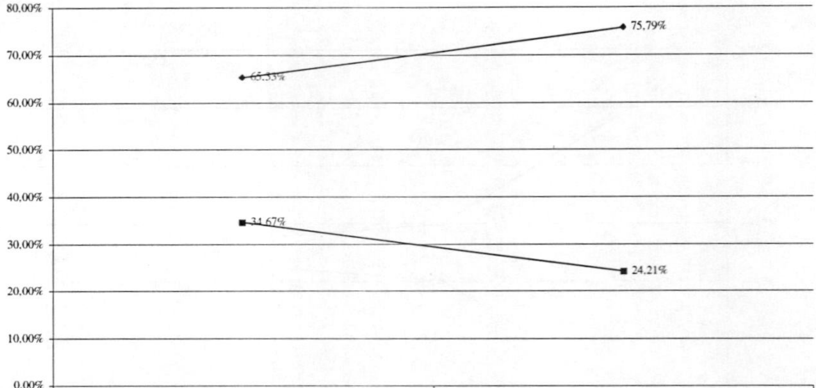

	não	sim
injustificável	65,33%	75,79%
justificável	34,67%	24,21%

Pensa com pressupostos mágicos?

Ritualidade x Tolerância à prostituição

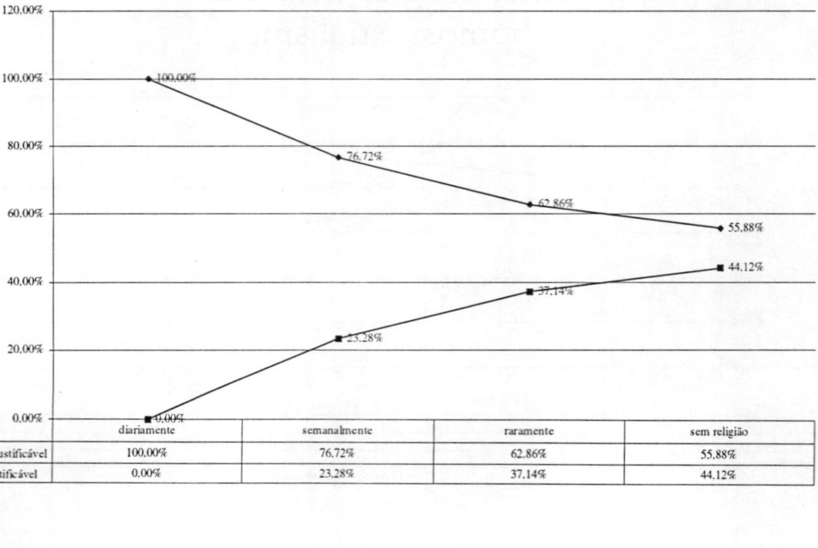

	diariamente	semanalmente	raramente	sem religião
injustificável	100,00%	76,72%	62,86%	55,88%
justificável	0,00%	23,28%	37,14%	44,12%

ao suicídio (idem),

Ritualidade x Tolerância à opção pelo suicídio

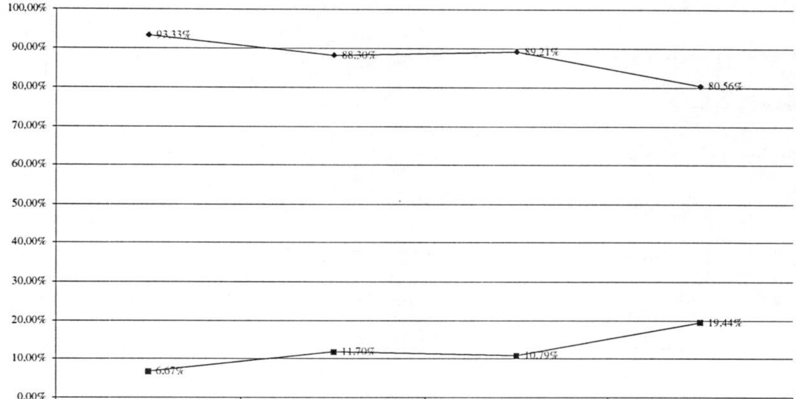

	diariamente	semanalmente	raramente	sem religião
injustificável	93.33%	88.30%	89.21%	80.56%
justificável	6.67%	11.70%	10.79%	19.44%

Pensamento mágico x Tolerância à opção pelo suicídio

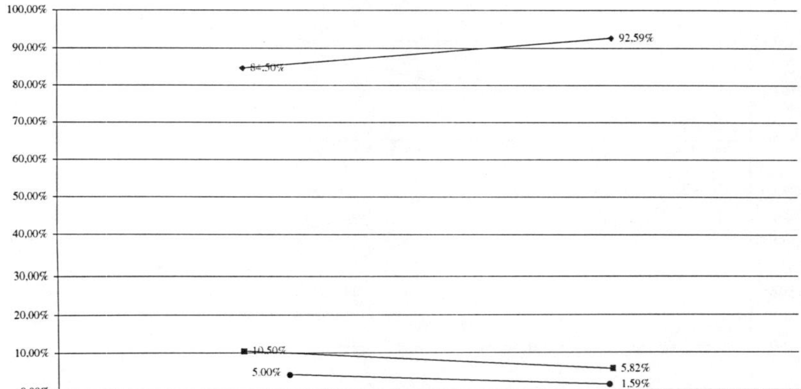

	não	sim
injustificável	84.50%	92.59%
justificável	10.50%	5.82%
nada errado	5.00%	1.59%

e ao ateísmo ("Você votaria em um político ateu?").

Ritualidade x Tolerância ao ateísmo

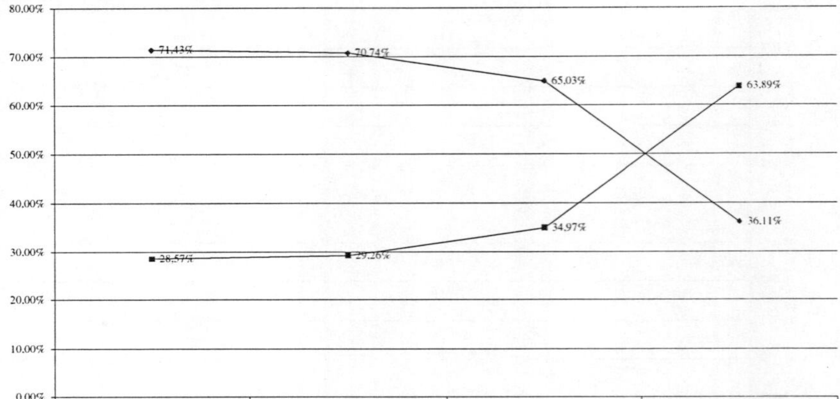

	diariamente	semanalmente	raramente	sem religião
não	71.43%	70.74%	65.03%	36.11%
sim	28.57%	29.26%	34.97%	63.89%

Pensamento mágico x Tolerância ao ateísmo

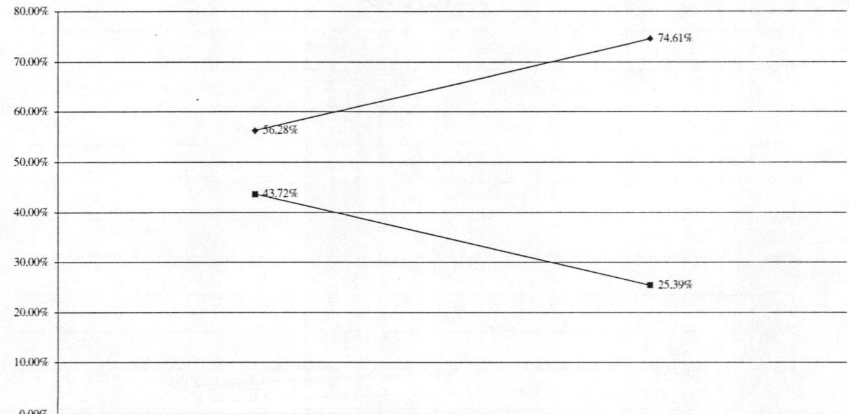

	não	sim
não	56.28%	74.61%
sim	43.72%	25.39%

O que esses tópicos têm em comum é o fato de implicarem juízos morais acerca de opções íntimas, daquela intimidade sem a qual não é possível o cultivo social das diferenças individuais e/ou coletivas. A resposta "injustificável" a esses quesitos revela, portanto, de per si, uma postura em alguma medida incompatível com o reconhecimento das diferenças individual e/ou grupalmente construídas, na medida em que indica certo predomínio da disposição de julgar e condenar sobre a disposição de tolerar e de conviver com o exercício do "direito à diferença".

Importante é que se tenha em mente que a tentativa de estabelecimento de relações significativas no interior da cultura não é compatível com a busca de causalidades únicas como fontes da dinâmica (ou inércia) social. Em uma sociedade multifacetada e em constante transformação como é a brasileira, em geral, e a do Distrito Federal, em particular, o fator "escolaridade", conforme analisado neste volume nos trabalhos de Caetano Araújo, Jessé Souza e Maria Francisca Pinheiro, revelou forte dinamismo quando se trata de alterar as concepções e posturas vigentes na direção de maiores autonomia e tolerância ante as diferenças individuais e/ou coletivas (Ainda que apenas a escolaridade de terceiro grau demonstre, inequivocamente, tendência a competir com a religiosidade, aumentando as taxas de autonomia e de tolerância, na medida em que concepções "laicas" do mundo e da vida individuais tomam o lugar de noções e atividades ligadas à religiosidade, especialmente à mágica.).

A intenção que presidiu este texto foi a de apontar para relações significativas entre a religiosidade mágica, em um extremo, e a irreligiosidade, em outro, e a adesão, ou não, a padrões de orientação da conduta mais afins à autonomia da consciência moral e à propensão ao reconhecimento do direito à diferença individual e/ou coletivamente construída. Os resultados deste texto parecem estimular a exploração de hipóteses que enfatizem os interesses mágicos para o esclarecimento das atuais relações entre nossa (velha) religiosidade e nossa (nova) política, ou seja, a análise da presença e do funcionamento das crenças mágicas e dos interesses magicamente orientados pode-se revelar útil na compreensão do fenômeno político entre nós. Tal renovação

Pensamento mágico x Escolaridade

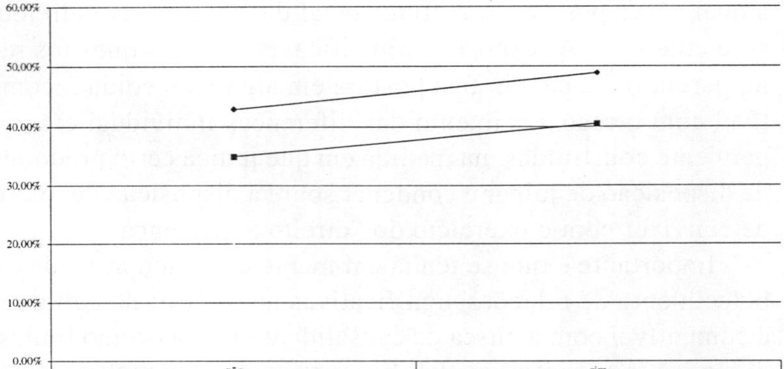

	não	sim
até o 1º grau	42.93%	48.88%
até o 2º grau	34.85%	40.45%
até o 3º grau	19.70%	10.67%
pós-graduação	2.53%	0.00%

metodológica, a partir da sociologia das religiões, pressupõe, é certo, a atribuição de maior relevância aos fenômenos culturais em geral por parte da sociologia política. A rigor, pressupõe, mesmo, conforme vimos no início deste texto, reconstrução do conceito sociológico de política, de modo a tornar-se possível **conceber** cada cidadão como um sujeito político responsável e ativo, em vez do "eleitor" sazonal, cuja participação na política, exígua e breve, não mais parece capaz de responder aos problemas de legitimação que os processos sociais contemporâneos trazem para a sociedade. A relação entre religiosidade mágica e atitudes e disposições políticas e morais, explorada neste texto, é apenas uma das múltiplas e complexas vias pelas quais essa reconstrução está sendo feita.

Referências Bibliográficas

ARENDT, H. *A condição humana*. Rio de Janeiro: Forense Universitária, 1980.

BAUMAN, Z. *O mal-estar da pós-modernidade*. Rio de Janeiro: Zahar, 1998.

BECK, U. *Risikogesellschaft – auf dem Weg in eine andere Moderne*. Frankfurt: Suhrkamp, 1986.

BELLAH, R. "Religious evolution". *In* ROBERTSON, R. (ed.) *Sociology of religion*. Middlesex: Penguin Books, 1969.

BOSI, A. *Dialética da colonização*. São Paulo: Companhia das Letras, 1992.

COSTA, J. *Norma médica e ordem familiar*. São Paulo: Paz e Terra, 1985.

GIDDENS, A. *Para além da esquerda e da direita*. São Paulo: UNESP, 1996.

___________, BECK, U., LASH, S. *Modernização reflexiva*. São Paulo: UNESP, 1997.

INGLEHART, R. *Modernization and postmodernization: cultural, economic and political change in 43 societies*. New Jersey: Princeton University Press, 1997.

DAMATTA, R. *Carnavais, malandros e heróis – para uma sociologia do dilema brasileiro*. Rio de Janeiro: Guanabara-Koogan, 1990.

SCHLUCHTER, W. *Die Entwicklung des okzidentalen Rationalismus*. Tübingen: Mohr, 1979.

TAYLOR, C. "The politics of recognition". *In* GUTMANN, A. (ed.). *Multiculturalism: examining the politics of recognition*. New Jersey: Princeton University Press, 1994.

VIANNA, O. *Populações meridionais do Brasil*. v. I. Belo Horizonte/Niterói: Itatiaia/Editora da Universidade Federal Fluminense, 1987.

WEBER, M. *Gesammelte Aufsätze zur Religionssoziologie I* Tübingen: Mohr, 1988.

Entre o Holismo e o Individualismo: Tipos Morais e Cultura Política no Brasil

Caetano Ernesto Pereira de Araújo

O presente texto tem, por objetivo, apresentar os resultados de pesquisa efetuada no Distrito Federal, por um grupo de professores do Departamento de Sociologia da Universidade de Brasília, no âmbito de Projeto financiado pelo CNPq, no biênio 97/98,[1] sobre valores e comportamento político eleitoral. Com essa finalidade, foi elaborado questionário que veio a ser aplicado, no segundo semestre de 1998, a uma amostra representativa da população brasiliense, selecionada por meio de triagem aleatória de domicílios.

A construção do questionário foi informada por uma preocupação teórica fundamental: o processo, relativamente recente, de perda de significação da categoria trabalho para a estruturação das identidades dos atores sociais e políticos, tal como apresentado, entre outros, por Offe (1989), Habermas (1987) e Giddens (1996). Conforme a postulação desses autores, teríamos transitado, nas últimas duas décadas, de uma situação de centralidade do trabalho, manifesta na importância da situação de classe, para as atitudes políticas e axiológicas, em geral, dos indivíduos, na direção de um mundo outro, no qual é cada vez mais freqüente o apelo a dimensões identitárias de outra ordem.

Em outras palavras, se, na década de 60, textos de introdução à sociologia, ou aqueles destinados a sua divulgação junto a

[1] Para os demais resultados do Projeto, ver os trabalhos de Santos, Sousa e Pinheiro no presente volume.

um público leigo,[2] dispunham de suficiente material empírico para dar como evidente o elo entre situação de classe (medida por indicadores como renda e ocupação) e intenção de voto ou confissão religiosa, por exemplo, a situação hoje é bem diversa. Um exemplo ilustra a realidade presente: conforme dados citados por Giddens (1999), o poder de predição do voto segundo a classe caiu, no caso da Suécia – país de fortes e tradicionais determinações classistas sobre o comportamento político – de 53%, em 1967, para 34%, em 1985.

A retirada do trabalho da conformação de identidades políticas e sociais ter-se-ia acompanhado do afloramento de outras matrizes identitárias, fundadas em valores antes subordinados à identidade de classe. Assim, identidades de gênero, etnia, cultura, religião, idade, orientação sexual, entre outras, emergem como atores relevantes no espaço público. Articulam, normalmente, reivindicações de cidadania, demandas por igualdade, com lutas pelo reconhecimento devido de sua particularidade, de sua diferença específica.[3]

Nessa perspectiva, a pesquisa aplicada no Distrito Federal tomou, como norte, algumas questões. Em que medida se verifica, em Brasília, o processo acima referido? Ou seja, é certo que indicadores como renda e ocupação cedam espaço a outros na explicação de clivagens políticas, religiosas e morais? Em segundo lugar, há componentes valorativos comuns, que transcendam divisões fundadas em classe ou em outra dimensão identitária qualquer, que permitam supor a existência de fundamentos culturais partilhados pelos entrevistados, de um contexto cultural comum, enfim, que englobe as diferenças esperadas? Em terceiro lugar, quais são as clivagens de identidade significativas e quais as diferenças substantivas, no campo político e no campo moral, por elas indicadas? Ou seja, é possível discernir tipos morais diferenciados, inclusive no que respeita às atitudes com relação à política?

---

[2] Ver Bottomore (1965).

[3] Para a importância da temática do reconhecimento na política contemporânea, ver Taylor (1992).

O presente texto tem a proposta de apresentar os resultados obtidos a respeito das duas últimas questões. Com relação à primeira, basta, no momento, assinalar que a variável que mostrou maior sensibilidade à variação dos indicadores selecionados foi a escolaridade. Renda acompanha escolaridade na maior parte dos casos, mas não em todos, e revelou, muitas vezes, menor capacidade de descrição dos agregados que se formaram ante as alternativas postas pelo questionário. É preciso dizer, contudo, que, enquanto algumas das variáveis testadas se revelaram inócuas – como a origem regional –, outras mostraram-se relevantes, indicando, quando confrontadas a determinadas questões, a presença de especificidades morais e políticas coletivas. Estão, neste caso, o gênero, a cor, o ambiente da socialização (rural ou urbano, cidade pequena, média ou grande), a ocupação e o estado civil.[4] Para a finalidade deste texto, portanto, será utilizada a escolaridade como variável independente, indicando-se algumas das variações mais interessantes observadas nas demais.

Resta adiantar as fontes teóricas que informaram a análise dos dados. A primeira discussão refere-se às próprias categorias de moralidade e valores morais. Nesse aspecto, a análise remete à obra de Durkheim (1983 e 1994) e considera, com esse autor, moralidade como um conjunto de regras de conduta que:

a) se distinguem das regras de caráter técnico pelo fato de a sanção não decorrer imediatamente ao ato nem como conseqüência direta sua, ou seja, deriva – a sanção – de uma interdição social;
b) apresentam a dupla (e contraditória) característica de serem, ao mesmo tempo, obrigatórias sobre os indivíduos e por eles desejadas; e
c) se dirigem a um sujeito coletivo e, não, a sujeitos individuais, ou seja, seu objetivo é sempre um grupo, qualquer que seja ele, formado por uma pluralidade de indivíduos associados.

Nessa abordagem, têm destaque o cunho especificamente social das sanções morais; o par de facetas obrigatoriedade-

[4] O significado da escolaridade e os indícios de particularidades morais encontrados ao longo das demais dimensões mencionadas devem ser objeto de trabalho posterior.

desejabilidade, de peso relativo variável, que permite estender o campo da moral a toda regra de conduta não-técnica; e o sujeito coletivo como finalidade, que possibilita separar e escalonar os diferentes tipos de regras conforme o coletivo a que se destinem – doméstico, profissional, político ou outro.

A segunda fonte teórica foi a teoria das mudanças nos valores desenvolvida por Inglehart (1997). Cabe lembrar que a apresentação dos dados da pesquisa tomou, como parâmetro, os resultados do *World Value Survey*, aplicado em 43 sociedades nacionais diferentes, tal como apresentados por esse autor. O trabalho de Inglehart foi utilizado, portanto, como insumo para a discussão teórica e, simultaneamente, como instrumento de qualificação dos dados obtidos no Distrito Federal (DF). O significado de determinados percentuais pôde ser mais bem explorado quando contraposto a percentuais obtidos por questões iguais ou similares em outros países.

No que diz respeito ao plano teórico, em síntese, utilizou-se, na análise dos dados, o modelo proposto pelo autor acima referido. Sua abordagem postula, na esteira dos clássicos da sociologia e, mais recentemente, das diferentes versões da teoria da modernização, a correlação positiva entre mudanças ocorridas nos planos da economia, da política e dos valores. Essas mudanças teriam abrangência transcultural, ou seja, incidiriam, em magnitudes variáveis, sobre todas as sociedades humanas.

O sentido geral da mudança seguiria o caminho de uma situação de tradicionalidade para uma de modernidade, para infletir, posteriormente, no sentido da pós-modernidade. Componentes comuns às duas etapas da mudança seriam os processos de secularização e individuação, que libertariam o indivíduo, em primeiro lugar, das amarras da autoridade tradicional em prol da autoridade política, secular-racional, e, em segundo lugar, da própria autoridade política em benefício da autonomia individual.

As sociedades contemporâneas encontrar-se-iam na encruzilhada dos dois processos. De um lado, estariam, em sua maior parte, trilhando o caminho da modernidade, ou seja, deixando uma situação em que a religião e a família se sobrepõem aos indivíduos e que produz uma constelação de valores própria, para outra em que a importância crescente da autoridade secular, da esfera da política, portanto, abre espaço para e se faz acompanhar de processos de individuação e secularização. Ascendem, progressivamente, os valores integrantes do individualismo, no campo da família, da política e do trabalho.

Concomitantemente, essas mesmas sociedades estão-se movimentando em um segundo eixo de valores: aquele que vai da ênfase na sobrevivência, na segurança, para a ênfase na autonomia e na expressividade individuais, de valores materialistas para outros, aos quais o autor chama "pós-materialistas".

É necessário lembrar que essa segunda passagem derivaria da experiência de segurança vivenciada pela população de alguns países europeus e norte-americanos no período que se seguiu à Segunda Guerra Mundial. A combinação de prosperidade material e Estado do Bem-Estar Social que perdurou até a década de 80 teria conferido, às gerações então socializadas, sentimento de segurança material nunca antes experimentado na história e a conseqüente disposição a acentuar a importância de valores não-materiais.

O trânsito para a constelação de valores pós-materialistas seria, ainda, um dos aspectos de um processo maior de mudança: a superação da modernidade e o alcance de situação caracterizada como pós-moderna.

O problema da aplicação do modelo acima sumarizado ao caso brasileiro é a extrema discrepância entre os dados coletados no Brasil e as hipóteses do autor, verificáveis, em linha geral, na maior parte das sociedades analisadas. No Brasil, indicadores de tradicionalismo extremado convivem com atitudes, igualmente extremadas, de modernidade e pós-modernidade. Aliás, aparentemente, os indicadores brasileiros tendem a se situar nas posições extremas das escalas obtidas.

Assim, altos percentuais de orgulho nacional e de importância de Deus na vida cotidiana, por exemplo, são congruentes com a baixa manifestação de confiança na maior parte dos concidadãos, todos considerados indicadores próprios de sociedades tradicionais e todos encontrados na amostra brasileira em grandes proporções, mas constituem um paradoxo se considerados com os igualmente altos percentuais de tolerância e satisfação com a vida, que aproximariam a população brasileira da situação definida pelo autor como de pós-modernidade.

No entanto, o principal problema da abordagem de Inglehart não é, a meu ver, sua evidente incapacidade de explicar uma gritante exceção a seus postulados, como parece ser o caso brasileiro. A questão maior reside na sua escassa sensibilidade para com os paradoxos, as aporias, as contradições que o próprio desenvolvimento e expansão dos valores centrados no individualismo suscitam, a partir da perspectiva interna a esses mesmos valores. Seu modelo, com todo o sucesso empírico que acumula, revela-se formal e descritivo, ao não conseguir prospectar nada além da linearidade da mudança prevista. O diagnóstico de possíveis "patologias" da modernidade escapa a suas competências.

A terceira fonte de insumos teóricos a que a presente análise recorreu caracteriza-se, justamente, pela aguçada sensibilidade a essas patologias. Com efeito, a obra de Dumont (1982 e 1992) está permeada pela consciência, adquirida pela comparação constante com a sociedade indiana de castas, das conseqüências deletérias, em termos dos valores individualistas supremos – a liberdade e a igualdade –, do avanço ilimitado desse próprio sistema individualista de valores.

Aceitar um consenso mínimo em torno de valores implica, para o autor, aceitar igualmente alguma forma de hierarquia. A recusa de toda e qualquer hierarquia, portanto, conseqüência do individualismo extremado, restringiria a possibilidade da ordem ao uso da coerção. Daí que o totalitarismo penda, como possibilidade permanente, sobre a cabeça das democracias modernas. De forma análoga, a ênfase na igualdade retiraria a possibilidade de as diferenças aflorarem à consciência moderna, a não ser sob a forma de exclusão. Temos, como resultado, nessa visão, a própria negação dos valores individualistas – liberdade e igualdade – como decorrência de seu desenvolvimento.

Na esteira teórica de Dumont, DaMatta (1985 e 1990) efetua análise acurada da sociedade brasileira. A característica principal da sociedade brasileira residiria em uma articulação particular entre esferas regidas por princípios de caráter holista, principalmente a órbita da casa, onde pessoas transitam, e esferas submetidas à lógica individualista, lugar da impessoalidade como norma, da rua, da circulação de indivíduos antes que de pessoas.

O brasileiro disporia de acesso a ambos os códigos – o tradicional e o moderno – atualizando um ou outro conforme a situação. Daí a relativização dos limites, a onipresença da ambigüidade, a intrusão permanente da pessoalidade em espaços, como o do mercado e o da política, que, teoricamente, deveriam reger-se segundo normas impessoais. Desnecessário enfatizar a fecundidade de uma abordagem dessa ordem para a análise de dados que apontam para situação de heterogeneidade radical, como aqueles coletados junto à amostra brasileira do *World Value Survey* e, em escala menor, pela amostra brasiliense alcançada por nossa pesquisa.

Vale lembrar que esse modelo resguarda a possibilidade de discussão com a abordagem de Inglehart. O foco principal desse autor encontra-se nele contemplado, uma vez que, também nesse caso, os processos de secularização e individuação são tidos por fundamentais. Recusa, no entanto, a linearidade mecânica do processo de mudança e aceita a possibilidade de elementos holistas sobreviverem, com novos significados, às sociedades tradicionais. Aceita, portanto, a possibilidade de uma modernidade permeada por características de holismo.

O exame dos dados e a apresentação das conclusões mostrarão com maior detalhe utilização efetuada das três fontes teóricas assinaladas.

A Sociedade Nacional: Identidade em Questão

Encontra-se sob este título a análise das perguntas relativas a orgulho nacional. Como vimos, no modelo proposto por Inglehart orgulho nacional é tomado como indicador de predominância de um tipo de autoridade tradicional sobre outro, secular-racional. Nas sociedades por ele investigadas, manifestou forte associação com a fé religiosa, a importância de Deus e da religião na vida dos entrevistados, com a valorização da família e de um grande número de filhos, a valorização do trabalho e o respeito à autoridade.

Na segunda dimensão de sua análise, o trânsito entre uma matriz de valores centrados na sobrevivência e outra fundada na procura do bem-estar, o orgulho nacional encontra-se associado, indiretamente, ao conjunto dos valores vinculados à sobrevivência. Nessa medida, o orgulho nacional encontrar-se-ia ligado à rejeição de membros externos ao grupo, à xenofobia, e opor-se-ia, dessa forma, à tolerância, característica do feixe de valores organizados em torno da busca do bem-estar.

Os dados de Inglehart relativos ao Brasil, sob esse aspecto, discrepam, como vimos, dos resultados previstos por seu modelo. Os brasileiros entrevistados por sua pesquisa manifestaram elevado percentual de orgulho nacional e um grau igualmente elevado de tolerância para com o diferente. A associação esperada entre as duas atitudes, válida para a maior parte dos países, não se confirma entre nós e aponta para uma situação paradoxal dos dados brasileiros, do ponto de vista da perspectiva teórica do autor.

No que respeita à pesquisa efetuada no DF, o questionário explorou a questão por meio de três perguntas. Indagou-se do orgulho de ser brasileiro, do comportamento no caso de o País envolver-se em conflito armado e do desejo de viver permanentemente fora do Brasil. As duas últimas foram pensadas como instrumentos que permitissem qualificar e precisar a simples declaração de orgulho nacional. Presumiu-se, portanto, que uma atitude consistente de orgulho nacional implicaria a recusa a deixar o País permanentemente e a disposição de combater, ao menos de não desertar, em caso de guerra. Os resultados apresentados a seguir mostraram consistência parcial entre as respostas dadas às três perguntas.

O percentual de entrevistados que declararam não se orgulhar do fato de serem brasileiros aproximou-se dos 9 pontos, ou seja 91% manifestaram ser portadores de orgulho nacional. Este resultado é extraordinariamente semelhante ao encontrado por diversas outras pesquisas, abrangendo o País como um todo ou parcelas específicas, regionais ou urbanas.[5]

---

[5] Pesquisa Cpdoc/ISER, 1997, região metropolitana do Rio de Janeiro, 87% de orgulhosos. Carvalho (1998) cita, além desse resultado, pesquisa da VP/Veja, 1996, para o País como um todo, com resultado similar. Mais recentemente, já em 1999, pesquisa divulgada pela revista *Época* confirmou percentuais similares de orgulho nacional. Parece claro que o orgulho nacional, embora sensível à conjuntura política e econômica, expressa algo mais que a situação cambiante do momento.

Orgulho Nacional

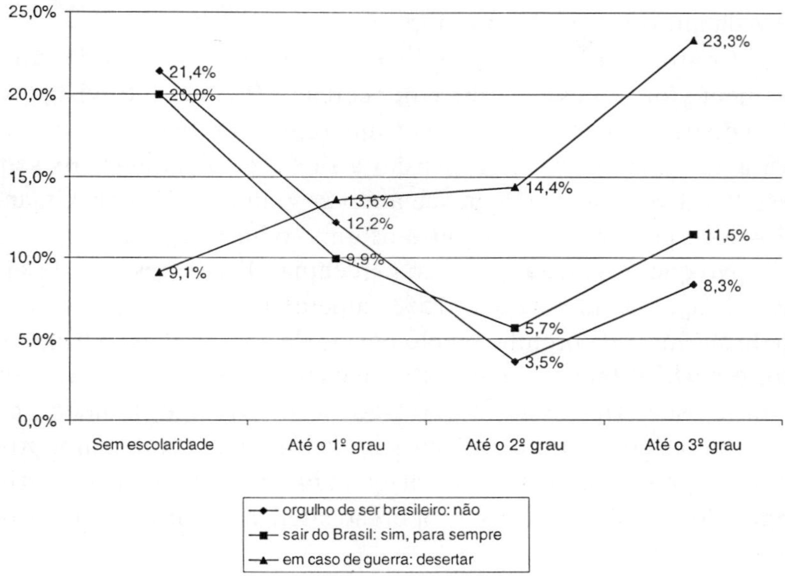

Para mais bem compreender a significação desse percentual, no entanto, cabe compará-lo aos resultados apresentados por Inglehart (1997) no período 1990–1993. Em primeiro lugar, transparece a semelhança das respostas. Nos dados do *World Value Survey*, 60% dos integrantes da amostra brasileira declararam ter "muito orgulho" da sua nacionalidade. O percentual maior encontrado no DF deve-se, provavelmente, à indiscriminação entre as categorias "muito orgulho" e "orgulho". Em segundo lugar, a comparação internacional aponta esses percentuais como extremamente expressivos. Em comparação com 38 países, o resultado do Brasil situa-o entre os sete mais "orgulhosos", um pouco abaixo de Irlanda, Estados Unidos, Índia, Polônia, Nigéria e Turquia e um pouco acima de Canadá e África do Sul.

Qual o perfil dos entrevistados desviantes no DF? Tomando a educação como variável independente mais significativa, verifica-se que o percentual de respostas negativas decresce de maneira contínua com a elevação da escolaridade, a partir da faixa dos sem escolaridade (21,4%) até o 2º grau (3,5%). Entre os universitários, a freqüência do "não" volta a aumentar e atinge os 9% da amostra como um todo.[6]

Conforme o esperado, a disposição de sair do País definitivamente foi expressa também por cerca de 9% dos entrevistados. Sua distribuição por níveis de ensino repete, praticamente, a curva antes verificada. A propensão a sair é elevada entre os sem escolaridade (20%) e decresce até o 2º grau (5,7%), aproximando-se do percentual geral entre os universitários.[7]

No que respeita à guerra, o percentual dos dispostos a desertar ultrapassa em pouco os 15%, superando os 9% apresentados pela ausência de orgulho e pelo desejo de sair do País. No entanto, o perfil difere nesse caso: a disposição de desertar aumenta com a escolaridade até a pós-graduação. Diverge, também, do esperado o comportamento por gênero (mulheres com maior propensão), enquanto os funcionários públicos confirmam o perfil, optando pela deserção em proporção significativamente superior às demais categorias.

O que revelam esses dados do DF, quando confrontados com o modelo de Inglehart? Entre nós, parece evidente que orgulho nacional não se encontra associado a um tipo de atitude informado pela tradição. Pelo contrário, eleva-se entre os grupos com maior escolaridade, justamente aqueles mais infensos, teoricamente, a determinantes dessa ordem, até o 2º grau. Entre os universitários, justamente aqueles que mostrarão, conforme veremos, semelhanças maiores com os tipos moderno e pós-moderno do autor, a freqüência do orgulho retorna ao percentual global. Nesse sentido, vale ressaltar que esse tipo de orgulho nacional não se acha, ao que os dados indicam, como veremos a seguir, vinculado à intolerância ou xenofobia.

[6] O cruzamento com as demais variáveis independentes apontou, curiosamente, maior expressão do "não" entre mulheres, funcionários públicos e separados. No que se refere à renda, a maior significação do "não" entre os dois estratos de renda menor é congruente com os resultados esperados indicados pela escolaridade.

[7] Repete-se a sensibilidade diferencial das situações de estado civil (separados) e inserção profissional (funcionários públicos) a essa atitude.

Por outro lado, como interpretar a maior incidência da recusa do orgulho por parte dos menos instruídos? Tampouco parecem presos a alguma forma de tradicionalismo que imponha a manifestação de sentimentos patrióticos; pelo contrário, encontrar-se-iam entre aqueles mais libertos de imposição desse tipo. No entanto, se consideramos essas atitudes do ponto de vista estratégico, do ponto de vista de um individualismo do tipo "egoísta",[8] em que a relação de pertença ao coletivo, no caso a nacionalidade, é avaliada a partir de um balanço de perdas e ganhos daí decorrentes, a recusa do orgulho aparece como decisão absolutamente racional.

As camadas menos instruídas superpõem-se em grande medida às mais pobres, às mais excluídas do acesso ao conjunto de bens e serviços de que a coletividade dispõe. A pertença à sociedade nacional impõe prejuízos evidentes e nenhum benefício perceptível. Daí que percentual maior de informantes não instruídos ou pouco instruídos, percentual maior de pobres, fuja do orgulho nacional e deseje mudar-se para outro lugar "para sempre".[9]

No entanto, persiste, entre os menos instruídos, elevado percentual de manifestações de orgulho nacional – uma expressiva maioria que, na vigência da hipótese apresentada, recusa o cálculo de ganhos e perdas como norte de sua atitude. Atribuímos a esse contingente, seguindo a explicação padrão de Inglehart, motivações de caráter tradicional.[10]

---

8 Para os conceitos de individualismo egoísta e individualismo moral, ver Giddens (1998).

9 Restaria por explicar o incremento, ainda que pequeno, da atitude de recusa ao orgulho observada entre os universitários. Presumindo a validade de nossa hipótese, objeto de verificação em pesquisa posterior, os 9% de respostas não encontradas entre portadores do 3º grau estariam a manifestar fenômeno distinto da negação do orgulho manifesta pelos 20% daqueles sem escolaridade.

10 Para avançar na análise, seria necessário indagar dos motivos do orgulho. O citado trabalho de Carvalho propõe-se essa tarefa, concluindo pela predominância do motivo edênico. Em outros termos, o brasileiro considera a natureza do País perfeita, em um segundo plano, o povo cheio de qualidades, e, como causa primeira dos males do País, a incompetência e a má-fé dos políticos. Sem pretender discutir em pormenor a tese apresentada, lembro apenas que, embora a natureza figure em primeiro lugar no rol dos motivos de orgulho, tomados isoladamente, passa para segundo se somarmos os motivos relativos genericamente ao "povo".

Que podemos extrair, em síntese, da análise dos dados relativos a orgulho nacional? Em primeiro lugar, a manifestação de orgulho como traço comum, que perpassa, em geral, as distinções de escolaridade, assim como as demais clivagens consideradas. Em segundo lugar, a surpreendente sustentação do orgulho nas camadas de maior instrução, supostamente aquelas menos sujeitas a motivações de ordem tradicional. Em terceiro lugar, o afloramento, entre os menos instruídos, no meio de uma maioria tradicionalmente motivada, de um espaço para atitudes de não-comprometimento individual com o coletivo nacional. Interpretamos esse espaço como racionalmente motivado, nicho de um individualismo de tipo egoísta.

A Sociedade Doméstica

Tal como a dimensão identidade nacional, a família constitui, no modelo de Inglehart, terreno que permite discernir valores característicos de cada um dos momentos da mudança axiológica que identifica: a passagem do tipo tradicional para o moderno, ou seja, a transição para a modernidade, e a passagem de uma síndrome de valores materialista para outra, pós-materialista. Essa última passagem, na verdade, constituiria, apenas, uma das facetas de um processo mais amplo de mudança na esfera dos valores: a transição de um tipo moderno para outro pós-moderno.

No eixo de mudança tradicional-moderno, o pólo tradicional caracterizar-se-ia pela valorização da família, particularmente da família numerosa. O respeito à autoridade é exigido e, no quadro de sociedades tradicionais, a autoridade paterna tem grande significação, alinhada, normalmente, à autoridade religiosa. Aborto e divórcio tendem a ser rejeitados. Em contraposição, ao nos aproximarmos do pólo secular-racional, a aprovação crescente do divórcio e do aborto indicariam a perda de importância da família e a correspondente ascenção da esfera político-legal.

No que se refere à educação dos filhos, o pólo tradicional enfatiza a obediência e o respeito aos pais, além da dedicação ao trabalho, enquanto o pólo secular-racional considera mais importantes qualidades como determinação, responsabilidade e capacidade de poupança.

Já no eixo sobrevivência-bem-estar, indicativo da passagem para a síndrome de valores pós-materialista, o pólo sobrevivência aglutina convicções sólidas sobre os laços de dependência que constituiriam a família: a maternidade é essencial à realização feminina e as crianças necessitam, para um processo de formação exitoso, da presença de ambos os pais, da figura masculina e da feminina. Comportamentos desviantes desse padrão, como o homossexualismo, são condenados com veemência. Entre as qualidades valorizadas na educação dos filhos, destaca-se a disposição para o trabalho.

O pólo do bem-estar contrapõe-se, pontualmente, às atitudes assinaladas. Reúne convicções descritas genericamente como feministas, a aceitação de famílias estruturadas em torno de apenas um dos pais, a avaliação da maternidade como opção das mulheres e, não, destino natural e a aceitação de comportamentos desviantes do padrão tradicional, como o homossexualismo.

Na pesquisa aplicada no DF, essa dimensão foi explorada com questões que solicitavam o posicionamento do entrevistado quanto à "produção independente", aos deveres recíprocos de pais e filhos e à prática do aborto.

Modelo de Família

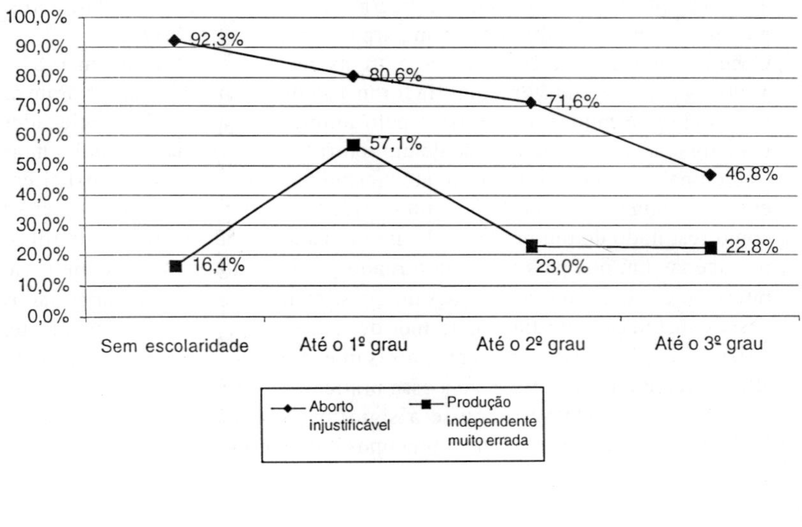

Quanto à "produção independente", surpreende a alta aceitação dessa situação entre os entrevistados. Quase a metade (48%) dos entrevistados considera que não há nada errado nessa atitude. Apenas 23% a julgam "totalmente errada" e 29% acham que há algo de errado nela. O cruzamento dessas atitudes com os graus de escolaridade revela a tendência de a desaprovação absoluta decrescer com a instrução e o movimento inverso da aprovação completa. A avaliação "algo errado" mantém-se constante no 1º, 2º e 3º grau, próxima dos 28%.[11]

Conforme os parâmetros internacionais encontrados por Inglehart, o percentual de aprovação irrestrita é extremamente elevado e situa o DF no universo das comunidades pós-modernas, superando, nesse aspecto, alguns países emblemáticos como Suécia, Noruega e Holanda. Os dados reforçam a tese do paradoxo axiológico brasileiro, de uma síndrome de valores morais singular, de interpretação difícil a partir do modelo proposto pelo autor.[12]

No que respeita ao aborto, os entrevistados do DF manifestaram uma desaprovação maciça: 72% consideram-no injustificável, 23% justificável e apenas 5% o aprovam sem restrição. Retornamos, portanto, nesse respeito, ao mundo das sociedades tradicionais. A opção "nada errado" cresce, como esperado, com a escolaridade, atingindo 12% no 3º grau.[13]

---

[11] A avaliação da produção independente mostrou-se sensível também às clivagens de gênero, paternidade/maternidade e religião. Mulheres, pais/mães e não-religiosos pendem para posturas mais favoráveis.

[12] Cabe lembrar que, na comparação entre as pesquisas efetuadas em 1981 e 1990, os valores relativos à família foram os únicos que não confirmaram as tendências de mudança previstas pelo autor, na maioria das sociedades investigadas. A clara indicação de um retorno a uma forma de família mais tradicional, no plano normativo, até mesmo naqueles países com experiência mais longa no rumo da pós-modernidade, é interpretado por Inglehart como resultado de um processo de aprendizado social. A criação de filhos por apenas um dos pais ter-se-ia tornado prática relativamente comum no intervalo entre as duas aplicações do questionário, e os efeitos indesejados dessa constelação familiar, em termos de saúde e educação, principalmente, teriam emergido. Daí o recuo em países que, em 1981, haviam manifestado altos percentuais de aprovação a essa prática.

[13] Também nesse caso verificou-se a significação do gênero e da religião. Mulheres e religiosos tendem a uma oposição maior ao aborto.

Na comparação internacional, a rejeição observada no DF supera a registrada por Inglehart em 20 das 21 sociedades que selecionou para análise dos dados referentes a essa dimensão e encontra-se abaixo apenas da observada na Irlanda em 1981, uma vez que, na pesquisa de 1990, a rejeição absoluta havia caído, também nesse país, para pouco mais de 50%.

Os deveres recíprocos entre pais e filhos foram objeto de duas perguntas no questionário aplicado no DF. Indagou-se se os filhos devem "amar, respeitar e obedecer" aos pais em qualquer circunstância ou apenas quando os pais fazem por merecer o afeto, o respeito e a obediência. A pergunta consta do questionário utilizado por Inglehart e a restrição aos deveres dos filhos, sua subordinação à avaliação filial do comportamento paterno, é considerada por ele como indicador da guinada na direção da pós-modernidade. A relação dos filhos com os pais não mais se encontraria determinada por padrões tradicionais, uma vez que a necessidade de uma autoridade paterna irrestrita atenderia a exigências de grupos preocupados fundamentalmente em garantir a sobrevivência. Na situação de pós-modernidade, a relação filial perde seu caráter adscritivo e torna-se, cada vez mais, objeto de decisão das duas partes.

A segunda pergunta, esta ausente do questionário de Inglehart, aborda o dever complementar dos pais em relação aos filhos. Devem os pais fazer tudo pelos filhos, incluindo o sacrifício do seu próprio bem-estar, sempre que necessário ou, alternativamente, devem-se limitar a fazer o máximo possível, mas sem sacrificar o próprio bem-estar? A resposta favorável a "tudo" é tomada como indicador de postura tradicional sobre a relação pais-filhos. No entanto, a segunda pergunta não tem, como objetivo fundamental, o controle dos resultados da primeira, mas a qualificação daqueles resultados. Com efeito, a análise das duas respostas combinadas permite ir além da polarização tradicional-pós-moderno, proposta por Inglehart, e identificar tipos morais mais precisos.

Com relação aos deveres dos filhos em relação aos pais, 75% dos entrevistados manifestaram-se pela incondicionalidade e apenas 25% os colocam na dependência do comportamento dos pais. A distribuição por grau de ensino revela que a atitude incondicional

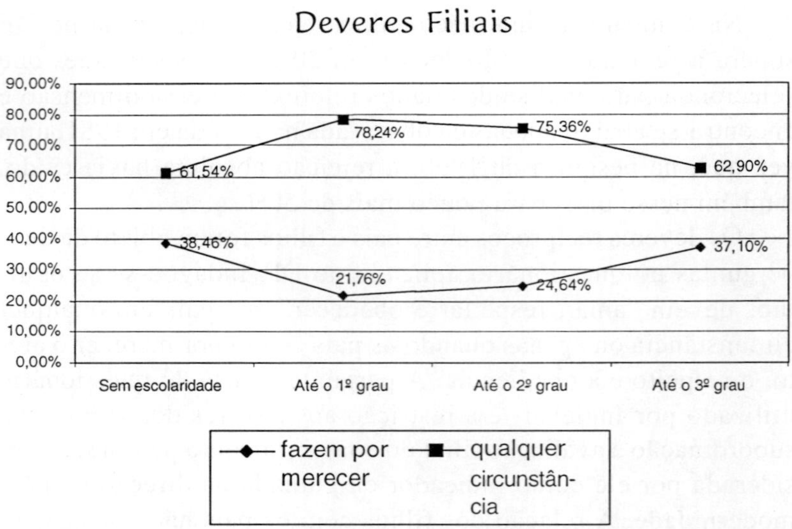

é ainda mais expressiva entre os que concluíram o 1º e 2º grau e inferior ao percentual global entre os sem escolaridade e 3º grau.[14]

Confrontando esses dados com os das sociedades analisadas por Inglehart, verifica-se que o DF se encontra em situação semelhante a da maioria. Apenas aqueles países mais antigos na guinada pós-materialista (Holanda, Grã-Bretanha e países nórdicos) apresentam uma divisão em partes iguais entre os partidários dos deveres incondicionais e condicionados.

A partição dos entrevistados do DF no que respeita ao dever dos pais é um pouco diferente. No geral, 65% consideram que os pais devem fazer o máximo, resguardando, em alguma medida, seu bem-estar, enquanto 35% crêem que os pais devem fazer tudo pelos filhos, ou seja, verifica-se aparente contradição entre os resultados das duas perguntas: os deveres dos filhos com relação aos pais são encarados majoritariamente a partir de uma perspectiva tradicional ou holista; já os deveres dos pais com relação aos filhos parecem seguir um código pós-moderno ou individualista.

[14] Revelaram-se variáveis relevantes nessa questão a ocupação e a religião: empresários, funcionários públicos e profissionais liberais, de um lado, e não-religiosos, de outro, demonstraram maior propensão a condicionar o dever dos filhos ao comportamento dos pais.

Se a postulação de deveres incondicionais sobre ambas as partes da relação pais-filhos pode ser lida como uma congruência tradicionalista e o condicionamento recíproco dos deveres como congruência individualista, como analisar o caso específico de incongruência que parece significativo no DF, ou seja, dever irrestrito de filhos com dever limitado dos pais? Na ótica individualista, em que a igualdade das partes constitutivas da relação é premissa, a incongruência é lida como indicador de cinismo nas relações familiares. No entanto, na perspectiva holista, em que filhos e pais são, necessariamente, dessemelhantes e complementares, a incongruência apontada deixa de sê-lo e assume a forma de uma hierarquia, na qual a distribuição de deveres é assimétrica. Em outras palavras, o filho não superará a assimetria equalizando-se ao pai, mas no momento em que ocupar a posição de pai perante a geração seguinte.

A distribuição das respostas evidencia, mais uma vez, a importância da escolaridade. Obtém-se, nesse caso, uma progressão linear, na qual o dever de fazer tudo decresce do grupo sem escolaridade (42%) até o 3º grau (24,59%). Tomada isoladamente, essa tendência indicaria o incremento, esperado, de uma atitude individualista acompanhando o ganho em instrução. Examinada em conjunto com o resultado anterior, no entanto, parece indicar a presença significativa, no grupo mais instruído, do perfil hierárquico que podemos denominar, provisoriamente, de holismo mitigado.

O cruzamento das respostas dadas a ambas as questões permite precisar essa suposição. A combinatória das respostas redunda em quatro possibilidades. Em primeiro lugar, aqueles que limitam os deveres dos pais em relação aos filhos, em função de seu bem-estar e, simultaneamente, condicionam o dever dos filhos ao comportamento dos pais. Deveres condicionados de ambos os lados, simetria, individualismo conseqüente.[15]

---

[15] Exemplo empírico de uma situação desse tipo é descrita na pesquisa coordenada por Bellah (1986) junto à classe média americana. Conforme apurado pelos autores, o fato de os informantes disporem de apenas um código moral, radicalmente individualista, para justificar suas ações, deixava a mãe entrevistada sem argumentos suficientes para explicar sua atitude de cuidado e proteção com os filhos, dotados, teoricamente, segundo esse código, de igual autonomia e responsabilidade que ela própria.

Dever dos pais

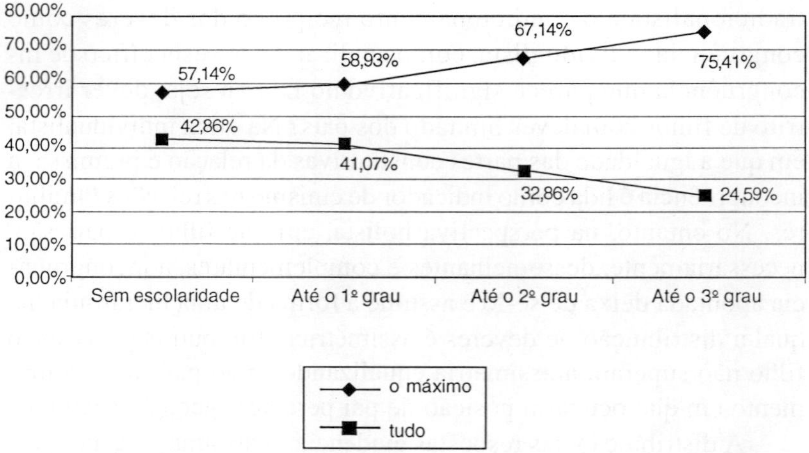

Em segundo lugar, os que optam pela restrição dos deveres paternos e maternos em função de considerações relativas ao bem-estar, em conjunto com a incondicionalidade dos deveres filiais. Assimetria evidente, a postulação concomitante das duas atitudes seria, na perspectiva aqui adotada, indicadora de um perfil hierárquico, em princípio próprio de sociedades tradicionais.

Em terceiro lugar, a hierarquia inversa. Pais e mães não vêem limites a seus deveres, mas esperam que os deveres filiais se encontrem condicionados a seu comportamento, em uma espécie de inversão da hierarquia esperada.

Finalmente, a combinação simétrica de deveres incondicionais de parte a parte representaria uma situação de tradicionalismo completo, em que os deveres associados a cada papel familiar se impõem independentemente do comportamento do outro, para o caso dos filhos, e supera quaisquer considerações relativas a bem-estar, no caso dos pais.

O tipo mais freqüente mostrou ser, conforme esperado, o hierárquico. Perto de 44% dos entrevistados sustentaram a restrição dos deveres paternos a um patamar mínimo de bem-estar e a

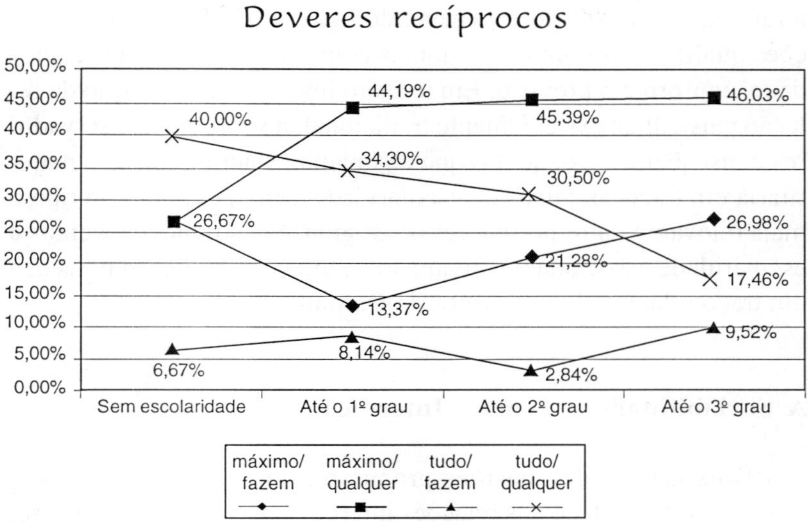

incondicionalidade dos deveres filiais. Sua presença é menos expressiva entre os sem escolaridade (26,67%), enquanto os três outros graus de ensino oscilam em torno do percentual global.

O segundo lugar em relevância cabe ao tipo que denominamos de tradicional conseqüente, com cerca de 30% dos entrevistados. Sua distribuição por graus de ensino apresenta o comportamento esperado, mostrando significação inversamente proporcional à escolaridade. Enquanto 40% dos sem escolaridade nele se enquadram, apenas 17,46% dos universitários o fazem.

Aparece, em terceiro lugar, o individualismo conseqüente, com 19% do total dos questionários. Também nesse caso temos a curiosa distribuição que aproxima os extremos da escala de ensino: sem escolaridade e universitários mostram percentuais semelhantes. Ou seja, o individualismo simétrico cresce com a instrução, excetuado o seu primeiro estágio, a ausência completa.

Finalmente, de maneira também previsível, o tipo que postula a hierarquia inversa é residual: atinge os 6%, pouco oscilando com a escolaridade.

Qual a síntese que retiramos desses resultados? De um lado, a incongruência, do ponto de vista das teorias lineares de modernização, entre uma postura tolerante com relação à família uniparental e a reprovação do aborto. Em segundo lugar, a queda das manifestações qualificadas como tradicionais com o incremento da escolaridade, conforme o previsto. Em terceiro lugar, uma percepção da relação pais-filhos extremamente tradicional: a soma dos conservadores conseqüentes e daqueles que chamamos "hierárquicos" é majoritária em todas as faixas de escolaridade, sendo esse último tipo o mais relevante entre portadores do 3º grau. Mais uma vez, vemos a escolaridade associada positivamente a uma característica holista, a um traço relacional, nos termos de DaMatta.

A Sociabilidade: Norma e Interdição

Dois grupos de questões procuraram determinar os contornos da normatividade nas relações interpessoais no DF. Indagou-se, por um lado, da importância (muito, pouco ou não importante), na educação dos filhos, de um rol de virtudes apresentado no questionário. A atribuição ou negação de importância de uma determinada virtude indicaria, no caso, a relação de comportamentos erigidos em norma, o perfil que os brasilienses desejam para seu filho e, por extensão, o retrato do ideal de cidadão. Como cada virtude apresentada implica formas específicas de relação com os demais, é possível inferir, das respostas, diferentes modelos de civilidade esposados pelo eleitor do DF.

Por outro lado, demandou-se o posicionamento do entrevistado a respeito de uma relação de 31 práticas controversas quanto à sua correção: são essas práticas injustificáveis, justificáveis ou não há nada de errado com elas? O cruzamento das respostas segundo a escolaridade dos entrevistados permite identificar as clivagens importantes sobre os conteúdos da interdição e definir tipos morais distintos.

No que tange às virtudes importantes para a educação dos filhos, um primeiro conjunto pode ser associado, nos moldes de Inglehart, ao tipo tradicional de sociedade: a fé religiosa, a obediência, o trabalho e "não levar desaforo para casa". Obediência e fé caracterizam a sujeição do indivíduo à autoridade tradicional, familiar ou religiosa. A disposição para o trabalho também é valorizada em uma situação de incerteza e dificuldade quanto à sobrevivência – situação comum à pré-modernidade. Finalmente, conferir importância a "não levar desaforo para casa" sinalizaria o apego a questões de honra, também relevantes em contextos tradicionais.

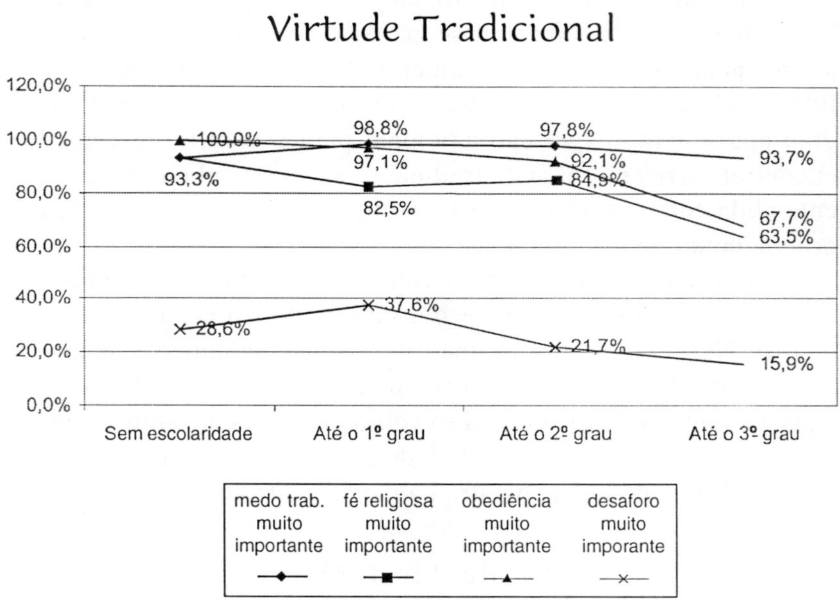

Como esperado, obediência, fé e destemor perante o trabalho são consideradas menos importantes à medida que o grau de escolaridade aumenta. A disposição para o trabalho é a virtude que menos variação demonstra, considerada de muita importância por mais de 90% dos entrevistados. Obediência e fé caem mais abruptamente, de perto de 100% de muita importância para os sem escolaridade, a perto de 60% para os universitários.

Trajetória mais curiosa apresenta o "não levar desaforo para casa". Observa-se, também, queda com a maior escolaridade, com importante exceção: entre os sem escolaridade e os portadores do 1º grau o percentual de respostas "muito importante" cresce

10 pontos percentuais, para retomar, na seqüência, a tendência de queda. Considerando que a tendência ao tradicionalismo deve cair com a instrução mais elevada, como apreender essa aparente incongruência?

Uma explicação possível é admitir que o reconhecimento de importância dessa virtude expressa duas situações distintas, parcialmente superpostas. A disposição para o conflito que a resposta implica revelaria, sim, a preocupação com "pontos de honra" e a tendência à queda, com o aumento da escolaridade, pode ser lida nessa direção. No entanto, os entrevistados na faixa do 1º grau apresentam disposição adicional para o conflito que pode encontrar raízes na força da tradição, mas que também pode ser entendida como abertura maior à solução de problemas, de toda ordem, com o uso da força.

No grupo das virtudes modernas, o questionário incluiu determinação e perseverança, responsabilidade e a capacidade de poupar. Note-se que esta última difere substancialmente da disposição para o trabalho, englobada no feixe tradicional. Trata-se, aqui, não de valorizar o trabalho como condição de sobrevivência, mas da capacidade específica de economizar, ou seja, de gerar excedentes no balanço entre ganhos e gastos.

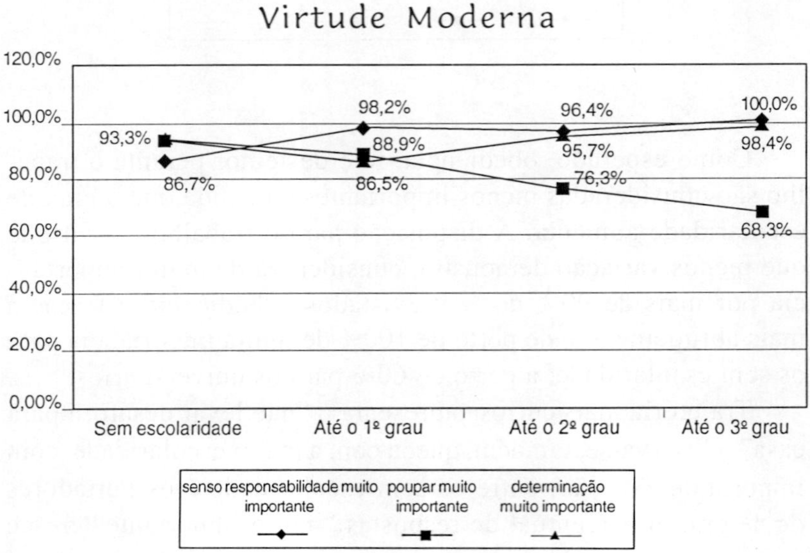

Determinação, perseverança e senso de responsabilidade são virtudes altamente valorizadas em todas as faixas de escolaridade. Nesse patamar, apresentam a variação esperada: sua importância é mais disseminada entre os mais instruídos. A capacidade de poupança, contudo, segue a rota inversa. As respostas "muito importante" decrescem dos carentes de escolaridade (93,3%) ao 3º grau (68,3%). Nessa dimensão particular, os mais instruídos estão-se retirando, aparentemente, do mundo da modernidade.

Finalmente, o grupo das virtudes características da pós-modernidade inclui a autonomia, a criatividade e a capacidade de improvisação, todas espelhando a ênfase no indivíduo como gerador de suas próprias determinações, em detrimento de instâncias supra-individuais, seja no âmbito da tradição, seja no da política. Integram o grupo, também, o despreendimento material, "não dar importância a dinheiro", passível de valorização apenas numa situação de segurança material, e a tolerância.

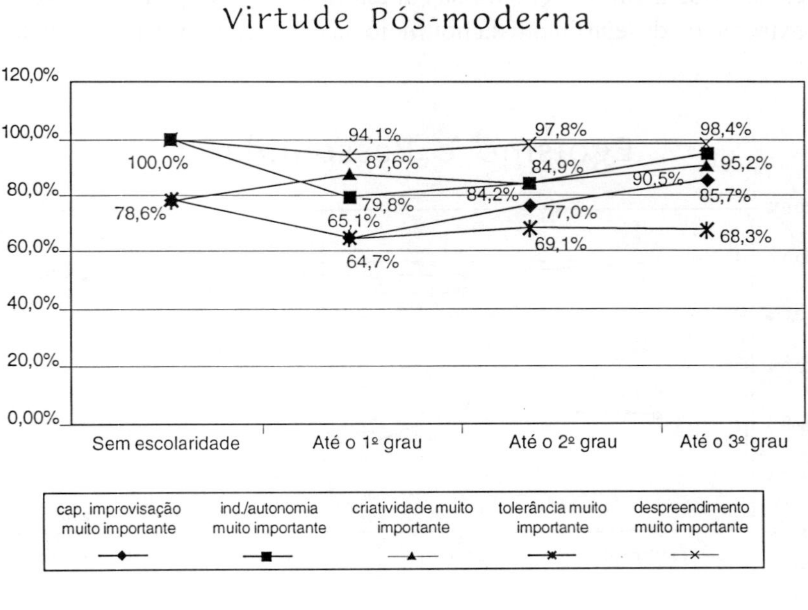

No cruzamento com a escolaridade, o despreendimento mostrou-se mais valorizado pelos não-escolarizados, mantendo, os demais grupos, percentuais menores e próximos entre si. Criatividade apresenta a tendência a incrementar-se com a escolaridade. Tolerância, capacidade de improvisação e autonomia seguem o mesmo padrão: queda entre não-escolaridade e 1º grau e incremento posterior, acompanhando a instrução. Note-se, mais uma vez, a especificidade dos portadores do 1º grau: o mesmo grupo que mostra uma inclinação maior ao conflito nas relações interpessoais valoriza, em menor medida que os demais essas virtudes indicadoras de pós-modernidade.

Finalmente, foi solicitada a avaliação dos entrevistados a respeito da socialização dos filhos em duas outras virtudes: saber lidar com as pessoas e saber levar vantagem. Ambas não constituem propriamente indicadores de um dos três tipos propostos por Inglehart, mas sinalizam atitudes valorativas diferentes, já identificadas nas análises anteriores.

Saber levar vantagem foi incluída como marcador do tipo que estamos denominando individualismo egoísta. A premissa, nesse caso, é que a valorização dessa característica como qualidade, até o extremo de desejar incuti-la por meio da educação nos filhos, revela

Egoísmo e Pessoalidade

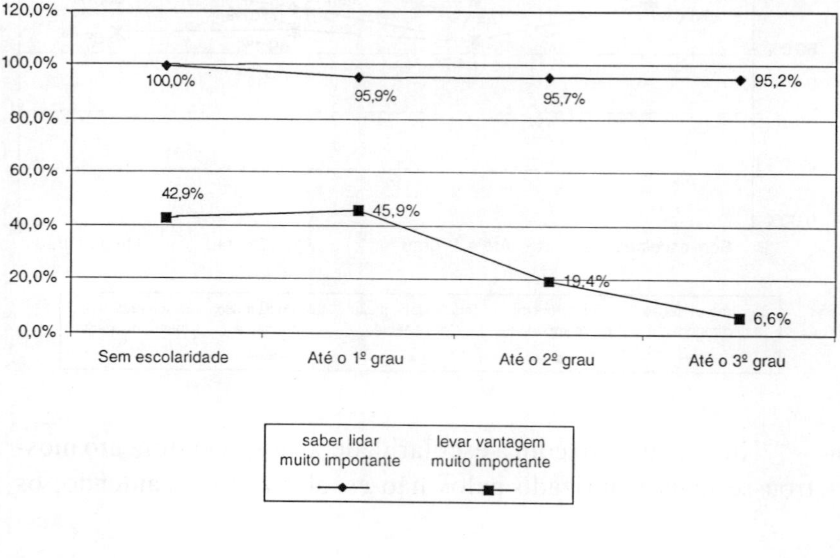

uma percepção das relações sociais como um jogo de soma zero, no qual o ganho de alguns implica, necessariamente, a perda de outros. Nesse contexto, o papel desejado para o filho é o de "vencedor", preferível, evidentemente, ao de "perdedor".

Saber lidar com as pessoas, por sua vez, indicaria a importância atribuída pelos entrevistados à dimensão da pessoalidade como forma de estabelecer relações sociais, constituindo um atributo valorizado como qualidade no contexto de sociedades de tipo relacional. Implica o reconhecimento de que a relação com o outro não se reduz à aplicação uniforme, impessoal, de um mesmo conjunto de regras, um tratamento do tipo *business like*, por exemplo, mas exige "sabedoria" específica, que possibilite a consideração, simultânea, de um plano em que vigora a igualdade entre os interlocutores e de outro plano que reconheça a especificidade, mesmo a singularidade de *alter*; ou seja, em um universo relacional, não só cada pessoa deve ser tratada de forma igual e diferenciada, mas a mesma pessoa pode fazer jus a tratamentos diversos, conforme a situação específica em que está inserida.[16]

Os dados obtidos nessas duas dimensões reiteram aqueles anteriormente discutidos. Saber levar vantagem é considerado muito importante por aqueles que não tem escolaridade (42,9%) e aqueles que estudaram até o 1º grau (45,9%). A partir daí, o percentual decresce, chegando a 6,6% entre os universitários. Note-se a elevação, embora ligeira, da valorização positiva do grupo sem escolaridade para o 1º grau, apontando, mais uma vez, para a maior disseminação de atitudes associadas a um individualismo egoísta nessa faixa de instrução. De maneira correlata, as opções "pouco importante" e "sem importância" encontram-se mais presentes nas faixas de instrução mais elevada.

Saber lidar com as pessoas foi considerado muito importante pela maior parte dos entrevistados, independentemente da escolaridade (100% no caso dos sem escolaridade e cerca de 95% nos

[16] Para análise do tratamento que incorpora a "consideração à pessoa" e sua escassez no contexto norte-americano, que, por outro lado, respeita os direitos do indivíduo, ver Cardoso de Oliveira (1996b).

demais estratos). Aparentemente, a consciência de pertencimento a uma sociedade organizada de maneira relacional, possível motivo da ênfase atribuída a essa "virtude", encontra-se presente na quase totalidade dos entrevistados.

Igualmente relevantes para a definição de perfis desejados de sociabilidade são os mandatos relativos ao que não deve ser feito. O posicionamento ante as práticas apresentadas no questionário permitiu identificar tipos morais ou campos de moralidade similares aos discutidos nas esferas anteriormente abordadas.

Um primeiro grande conjunto de práticas é avaliado, conforme grau de instrução, da maneira previsível a partir do *continuum* tradicionalidade-modernidade, com a inflexão pós-moderna posterior. Nesse caso, a opção "injustificável" decresce com a escolaridade, enquanto aumenta a freqüência de "justificável" e, em determinados casos, de "nada errado". Nesse conjunto de questões, portanto, quanto mais instruído o entrevistado, maior a possibilidade de exprimir uma atitude "liberal". Encontram-se, nessa situação, as avaliações relativas ao suicídio, à eutanásia, ao divórcio, ao aborto, à prostituição, à homossexualidade, ao adultério, ao uso de drogas leves, como a maconha, e a roubar para

Interdição Tradicional

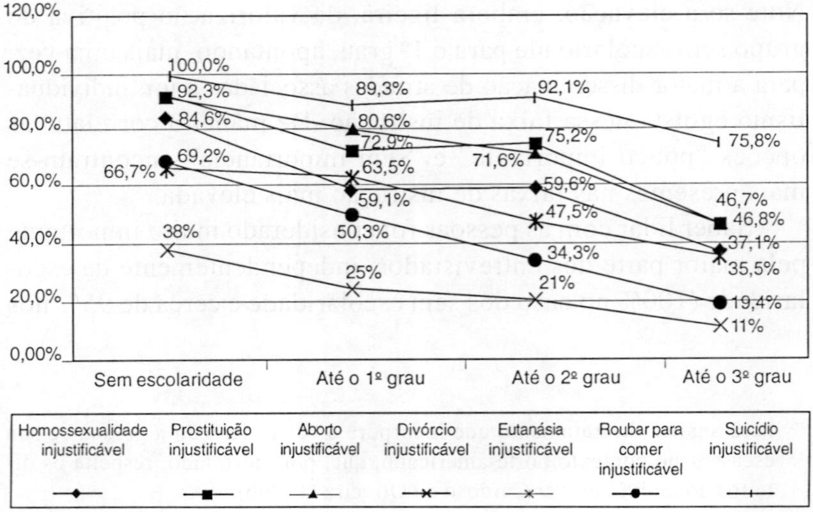

comer. Cabe lembrar que justificável significa, no contexto da pesquisa, "admissível em determinadas circunstâncias" e que esse foi o entendimento transmitido aos aplicadores de questionário e, em caso de dúvida, aos entrevistados.

Um segundo conjunto de práticas recebeu avaliações similares segundo a escolaridade. A diferença, no caso, consiste em que a aceitação, a tolerância ou a indiferença não incide sobre o exercício de direitos alheios, ou pelo menos de práticas que são apresentadas como tais, mas sobre comportamentos que, redundando, supostamente, em benefício próprio, infringem os direitos de outrem, seja de forma direta, seja pela via da lesão ao patrimônio público.

Enquadra-se, nesse caso, o "tirar objetos do trabalho para uso pessoal". Embora a freqüência da avaliação "injustificável" mostre-se elevada em todas as faixas de escolaridade, a tolerância aumenta com o grau de instrução, localizando-se entre 0%, para os sem escolaridade, e cerca de 17%, para os universitários. Distribuição praticamente idêntica verifica-se para o "comprar objetos roubados" e "ter sexo com menores de 16 anos". Finalmente, "mentir quando for do seu interesse" reproduz a curva, com alguns pontos percentuais a

Lesão de direitos alheios

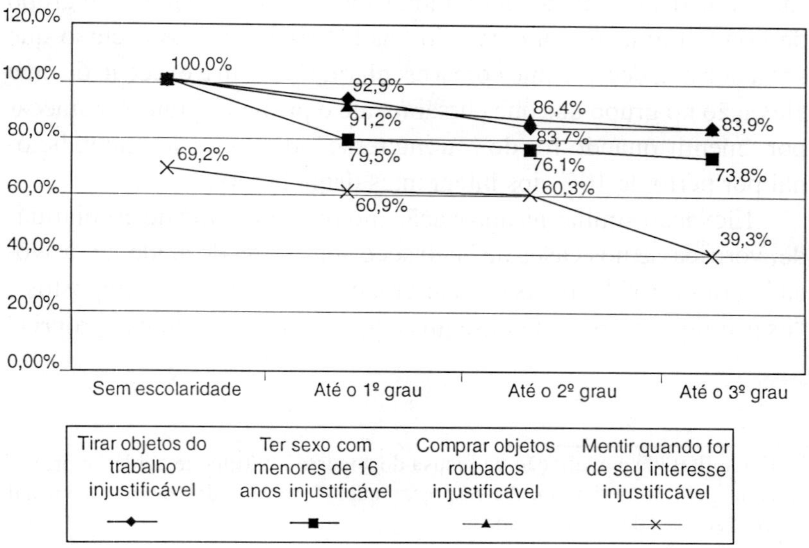

menos. A tolerância para com essa prática situa-se em outro patamar: a alternativa "injustificável" cai de 69,2%, entre os sem escolaridade, a 39,3%, entre os universitários.

Como interpretar esses resultados? A relação sexual com menores pode ser lida a partir de um registro de pós-modernidade. Nesse quadro, no âmbito dos costumes, o universo de adultos, livres, iguais e responsáveis, capazes, portanto, de decisão autônoma, tende a expandir-se sobre os grupos de menor idade. Comportamentos que, na perspectiva de uma divisão rígida e hierárquica entre adultos e menores – responsáveis e irresponsáveis, capazes e incapazes de decisão autônoma – constituiriam abuso, lesão dos direitos do menor, passam, no âmbito da primeira concepção, a ser lidos como a afirmação mesma desses direitos.

A reação às três outras práticas, contudo, aponta para maior tolerância daqueles mais escolarizados com comportamentos que indiquem a ênfase no interesse individual, mesmo que em detrimento do direito de outros. Note-se, mais uma vez, que não se trata de julgar essas práticas positivas ou inócuas, mas de considerá-las aceitáveis ou compreensíveis sob determinadas circunstâncias.

A aceitação plena de algumas dessas práticas controversas, a recusa em considerá-las prejudiciais ou indesejáveis, expressa na resposta "nada errado", reforça os contornos do tipo moral já analisado, que denominamos individualismo egoísta. Em todo um grupo de comportamentos, a curva do "nada errado" segue o curso que seria normal, decrescente com a escolaridade, com a exceção de uma elevação no grupo dos que cursaram até o primeiro grau. A começar por "mentir quando for do seu interesse", de aceitação incondicional por perto de 10% dos integrantes daquela faixa.

Elevação similar na aprovação, no mesmo grupo de escolaridade, verifica-se nos casos de "não socorrer vítima de acidente provocado por outro",[17] "recusa a doar órgãos", "sonegação de impostos", "usar um pistolão para conseguir algo", "matar em defesa própria"

[17] Foi solicitada a avaliação da recusa do socorro à vítima de acidente provocado pelo entrevistado. As respostas não são analisadas devido a virtual inexistência de "nada errado".

e "dar o calote em ônibus". Em todos esses casos, os entrevistados que estudaram até o 1º grau, independentemente do grau de aceitação médio desses comportamentos, mostram tendência maior à aprovação. Em todos os casos trata-se de não considerar errada a lesão do interesse ou dos direitos alheios para benefício próprio, uma atitude reveladora de individualismo egoísta.

Em dois outros comportamentos, o pico de individualismo egoísta observado entre portadores do 1º grau coexiste com a predominância de uma atitude de intolerância absoluta (injustificável) entre universitários: "não tentar devolver dinheiro achado na rua" e "aceitar um por fora para fazer mais rapidamente o seu trabalho".[18]

Observamos, mais uma vez, a reiteração de padrões anteriormente verificados. Os universitários concentram a freqüência de atitudes indicadoras de pós-modernidade. Tanto do lado das normas, quanto no das interdições, manifestam as marcas do que podemos denominar, analogamente, de um padrão de individualismo moral. Por outro lado, os menos instruídos, particularmente os portadores do 1º grau, mostram propensão maior às atitudes que sinalizam, na perspectiva aqui adotada, um individualismo egoísta.

A Sociedade Política

As atitudes em relação à esfera da política, a cultura política no seu sentido mais evidente, constituem indicadores apreciáveis de valores de abrangência maior, que incidem, igualmente, sobre as demais esferas consideradas. A transição que Inglehart aponta no eixo autoridade tradicional-autoridade secular-racional é identificada pela queda de indicadores de importância da esfera religiosa e pela concomitante ascenção daqueles relativos à importância da política. Assim, constituem marcadores de uma situação de modernidade o reconhecimento da importância da política, o interesse por

[18] Foi também apresentada a alternativa de simplesmente aceitar propina, majoritariamente recusada pelos entrevistados.

ela e a freqüência com que o informante a discute. Da mesma forma, percentuais elevados de entrevistados filiados ou simpatizantes de partidos políticos indicariam a mesma situação.

A guinada no rumo da pós-modernidade, por sua vez, teria, como característica fundamental, o aprofundamento dos processos de secularização e individuação responsáveis pelo deslocamento de uma configuração tradicional para outra moderna. A nova vítima viria a ser a própria autoridade secular-racional, constituída no espaço anteriormente ocupado pela tradição. Os indicadores pertinentes, nesse caso, serão aqueles ligados a atitudes de desconfiança do sistema político formal e à aprovação, ou indiferença, a formas não-convencionais de ação política. Algumas formas de associativismo, a disposição a participar de manifestações reunidas sob o rótulo genérico de "ação direta" – como greves, ocupações, confronto com a polícia – podem ser lidas como sintomas dessa atitude básica de desconfiança da autoridade legal. A mesma interpretação procede no caso da crença na inoperância do sistema político institucional para promover as mudanças de que a sociedade necessita e a conseqüente disposição de recorrer à força para tal.

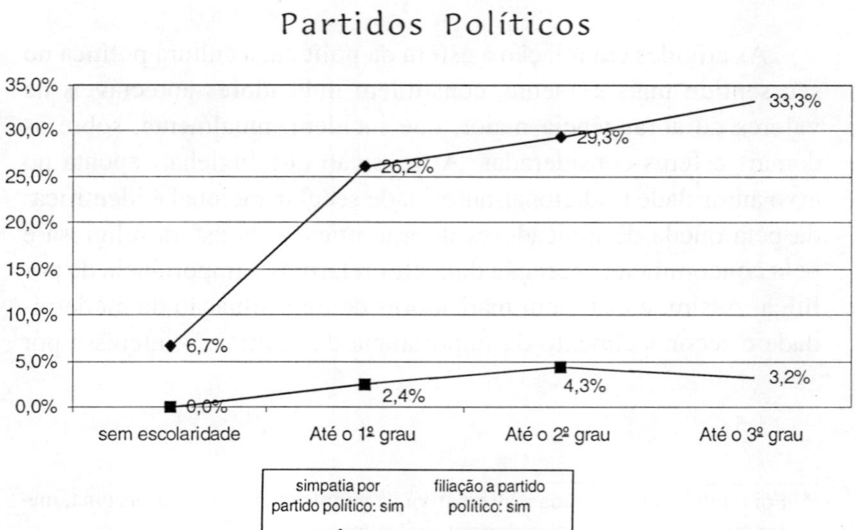

No questionário aplicado no DF, foram incluídas questões referentes a simpatia e filiação partidárias, associativismo, propensão a participar de formas não-convencionais de política, tipo de mudança de que a sociedade precisa e definição apropriada de política.

Os dados impressionam pela exigüidade da participação política em sua forma convencional mais acentuada, a filiação partidária. Apenas 4% dos entrevistados declararam filiação a algum partido político. No perfil dessa minoria, têm presença mais significativa mulheres; assalariados, empresários e funcionários públicos; brancos; e espíritas.

A simpatia partidária encontra-se mais estendida, embora também minoritária: 28% declaram simpatia por algum partido político, contra 72% de indiferentes em relação às clivagens partidárias.

Ambos os indicadores apontam, portanto, na direção de uma sociedade que pouco teria caminhado na escala autoridade tradicional-autoridade secular.

Os dados relativos a associativismo confirmam essa leitura. A participação em sindicatos foi declarada por 22% dos entrevistados; a participação em associações de moradores por 16%. A participação mais ampla, contudo, foi em associações de caráter religioso, de tipo aparentemente mais tradicional, com 23%. O associativismo que indicaria uma visão política "pós-moderna", a participação em movimentos sociais de novo tipo, sob a forma de Organizações Não-Governamentais (ONGS) ou não, revelou-se insignificante. Também aqui vemos carência de suporte à participação política em suas manifestações convencionais e situação de apatia política generalizada.

No entanto, a disposição de participar de formas menos convencionais de política apresenta-se, ao que parece, mais disseminada: 77% dos entrevistados adeririam a um abaixo-assinado, 65% participariam de boicotes ao consumo de determinados produtos, 57% de passeatas, 43% de comícios, 37% de greves e apenas 11% de invasões ou ocupações. Com exceção das invasões e, parcialmente, dos comícios, a disposição de participar cresce com a escolaridade. Chama a atenção a maior propensão à invasão entre os entrevistados com o 1º grau, certamente aqueles aos quais essa alternativa se apresenta concretamente, com maior freqüência.[19]

A comparação internacional mostra uma escala semelhante de aceitação das diversas práticas nas sociedades investigadas. Em outras palavras, a possível participação em abaixo-assinados e boicotes tende a ser mais admitida que a participação em movimentos de caráter mais conflituoso ou ilegal, como greves e ocupações de prédios. Os percentuais brasilienses, no entanto, tendem a situar-se nas faixas de maior participação em todas as práticas indagadas.[20] Observamos a coexistência de um padrão

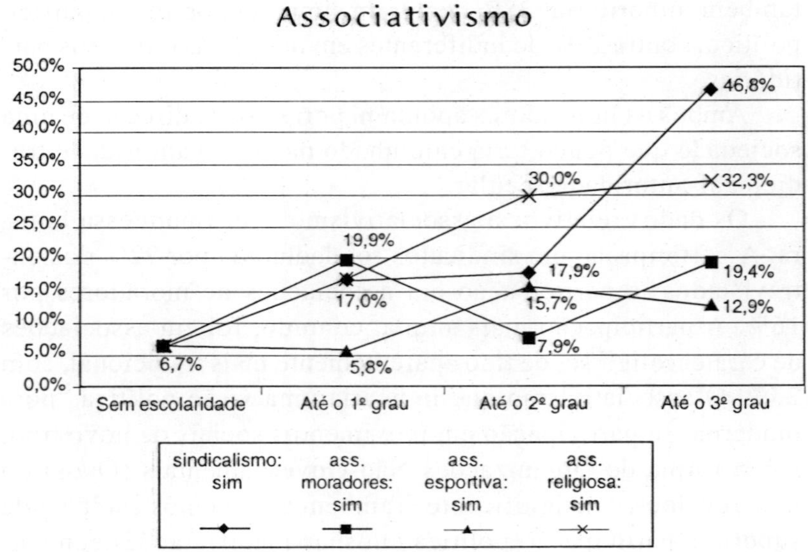

[19] Cabe lembrar que parte significativa das cidades-satélites do DF têm origem em invasões da área pública, legalizadas, posteriormente, sob a forma de assentamento. O fenômeno, contudo, não é restrito às camadas mais pobres e menos escolarizadas, como o demonstra a proliferação recente de condomínios irregulares de classe média.

[20] Vale assinalar que, nesse ponto específico, o questionário aqui aplicado não é inteiramente comparável ao utilizado por Inglehart. Enquanto a pesquisa no DF indagou da disposição a participar em invasões, a pergunta da pesquisa internacional referia-se à ocupação de prédios.

Formas não-convencionais de participação política

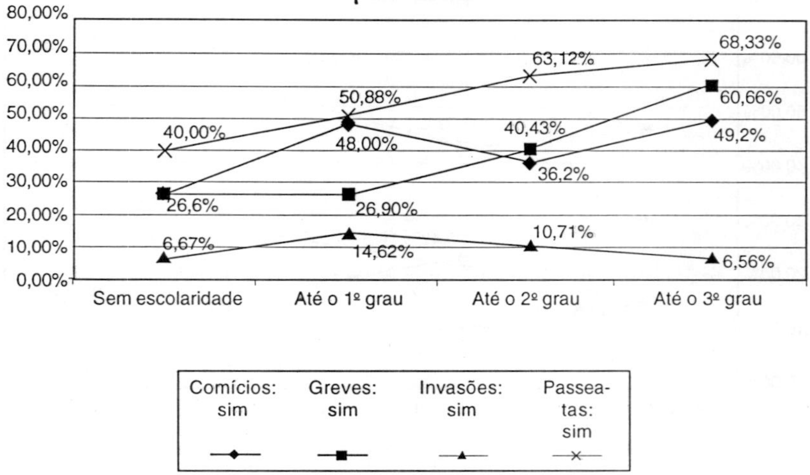

de baixa participação na política formal, expresso na escassez de filiações e simpatias partidárias, com outro de elevada propensão a participar em formas alternativas ou menos convencionais de política. Na ótica de Inglehart, o quadro indicaria desconfiança clara do sistema político, do *locus* da autoridade secular-racional, e a opção por mecanismos de política que permitissem maior autonomia individual. Um quadro típico de uma situação de pós-modernidade.

No entanto, a análise de outro feixe de atitudes em relação à política formal revela resultados discrepantes. A pergunta, nesse caso, foi o tipo de mudança de que a sociedade precisa. As alternativas oferecidas foram conservação, reformas parciais, mudança mediante debate e voto e mudança pela força. No geral, cerca de 7% mostraram-se partidários da conservação da sociedade, 23% por reformas parciais, 50% pela via do debate e voto e 20% declararam ser necessário o uso da força.

O cruzamento por graus de escolaridade revela que a opção conservadora e a violenta decrescem de forma consistente com o aumento da escolaridade, enquanto debate e voto e reformas parciais

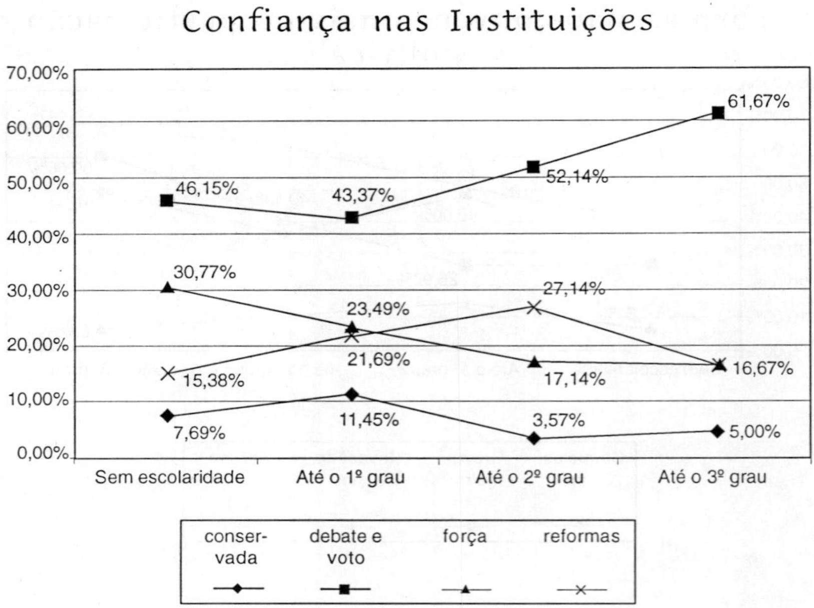

crescem com a instrução. Ou seja os menos instruídos concentram atitudes conservadoras e radicais em proporção superior aos demais estratos.[21] Ao lado de postura tradicional, uma atitude de clara desconfiança em relação ao sistema político formal, a afirmação de sua incapacidade de resolver de forma satisfatória os problemas da nação. Prosperam, nas mesmas camadas, portanto, atitudes classificáveis como tradicionais e pós-modernas.

Por outro lado, os mais instruídos, mais propensos à participação em formas não-convencionais de política, mostraram-se mais confiantes na capacidade das instituições, favorecendo as opções de mudança gradual, no interior do marco legal.

A incongruência entre ambos os resultados leva à conclusão de que os dois indicadores não expressam a mesma dimensão, em

[21] O conservadorismo observado nas camadas menos instruídas e, de acordo com o cruzamento por faixa de renda, mais pobres também, pode ser relacionado às atitudes de deferência em relação às autoridades constituídas, analisado diversas vezes na produção recente da ciência política nacional. A respeito ver Moisés (1995).

outras palavras, não são redundantes e não é possível utilizá-los como meios de controle mútuo. Uma vez que a pergunta sobre a mudança necessária à sociedade é explícita quanto à medida de confiança nas instituições, resta concluir que a preferência por formas alternativas não é percebida como antagônica e excludente em relação à política formal, mas como complementar. A preferência maior por essas formas refletiria sim o desejo de autonomia em relação às estruturas partidárias e a recusa a compromissos de caráter mais permanente.

A pesquisa no DF foi além da averiguação das atitudes manifestas em relação a partidos políticos, associativismo e formas menos convencionais de participação. Indagou-se, também, acerca da percepção dos entrevistados sobre a natureza da esfera política. A pergunta solicitava o posicionamento ante duas definições alternativas de política: a capacidade de as pessoas agirem em conjunto na busca de objetivos comuns ou a disputa generalizada pelo poder.

Evidentemente, ambos os paradigmas da política estão presentes no senso comum, assim como na base de diferentes tipos de construções teóricas que buscam apreender o fenômeno da política a partir de uma perspectiva mais elaborada, seja na direção da ciência, seja na da reflexão filosófica.[22] Importa, para a perspectiva aqui adotada, considerar que o modelo da disputa é afim a atitudes valorativas de cunho individualista, enquanto a identificação da política com a busca do consenso associa-se a valores que apontam para pólo holista.

[22] Uma das maneiras de resgatar essa oposição no plano teórico encontra-se em Elstir (1997). O autor distingue três tipos distintos de conceber o espaço da política: a política como meio de satisfazer objetivos individuais, em alguma medida conflitantes e excludentes – a política como mercado; a política como meio de atingir um consenso racional em relação aos objetivos – a política como fórum; e a política como um fim em si, necessário à educação e ao aperfeiçoamento dos participantes. Note-se que o primeiro tipo, epitomizado pela obra de Shumpeter, presente hoje na variedade de teorias enquadradas no rótulo "escolha racional", trabalha a partir da visão de política como disputa, e o segundo tipo, cujo expoente contemporâneo seria Habermas, parte, justamente, da procura do consenso.

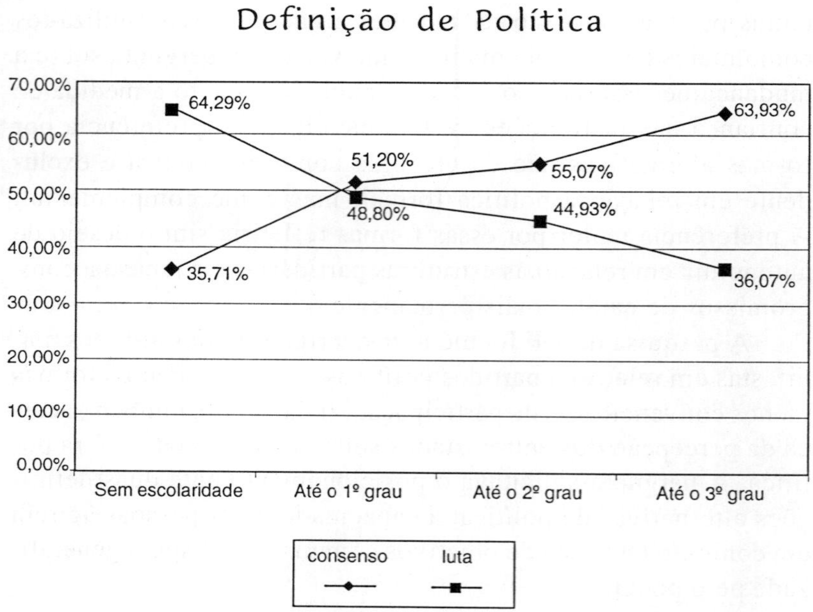

No DF como um todo, os resultados da pesquisa mostram uma ligeira maioria da definição calcada no consenso: 55% dos entrevistados optaram por ela, contra 45% de partidários da disputa. Mais relevante que o dado geral é sua partição em faixas de renda e de escolaridade: a visão de política como consenso cresce consistentemente com a renda e a escolaridade, chegando a 63,93% entre aqueles que estudaram até o 3º grau. A disputa só prevalece entre os sem escolaridade. No que respeita a renda, por sua vez, a progressão do consenso nas faixas maiores também se verifica. Aqui, a disputa só alcança a maioria no estrato que ganha entre R$ 260 e R$ 910, espaço aparente de um verdadeiro nicho individualista.

O resultado é de extrema relevância, pois indica a presença de uma característica holista que tende a acentuar-se com a escolaridade e a renda. A população do DF foge, mais uma vez, ao modelo de Inglehart, cujo percurso tradicionalidade-modernidade, com a posterior guinada pós-moderna, implica, de um lado, como vimos, o deslocamento progressivo de valores holistas por individualistas, de outro, a associação desse processo no plano dos valores a crescimento econômico e incremento nos níveis de renda e educação.

A descoberta de atitudes holistas em relação à política, com difusão maior entre os estratos mais ricos e instruídos, levanta outras questões, a serem exploradas em pesquisas posteriores. Em primeiro lugar, parece lícito supor que a extensão planetária dos processos de secularização e individuação, motor da transição no rumo da modernidade e da guinada posterior, produz resultados mais heterogêneos que o esperado. Em outros termos, a individuação resultante varia conforme o material axiológico inicial sobre o qual incide a secularização. Haveria formas de individualismo mais puras e outras que integram os valores individualistas a elementos de holismo. No entanto, como esses elementos não se revelam extirpáveis à força de educação e renda, não podem ser enquadrados facilmente em um "pacote tradicional", destinado a desaparecer, na linha de todas as teorias da modernização.

Em segundo lugar, parece promissor relacionar essa dupla percepção da política a questões recorrentes na literatura recente. Há algum vínculo entre a visão da política como busca de consenso e a auto-imagem organicista que, segundo Morse (1988), caracterizaria a herança ibérica e católica da América Latina? Ou seja, a procura do consenso guarda alguma relação com a forte consciência de pertencimento a uma coletividade nacional, pertencimento que engloba e sobrepuja as diferenças e os conflitos entre seus membros?[23] Caso afirmativo, a opção pela disputa, pelo código individualista, indicaria a obliteração dessa pertença na consciência de um setor das camadas menos escolarizadas em favor da ênfase nos interesses individuais, a serem perseguidos por todos os meios válidos no espaço da política, assim como no do mercado.

Finalmente, cabe perguntar: há relação entre a distribuição desse duplo padrão e a questão, bem debatida nos últimos anos, da relativa fragilidade da cultura democrática em nosso País?[24]

---

[23] Os dados acima discutidos sobre orgulho nacional apontam nessa direção.

[24] A respeito dessa questão, ver a competente síntese do debate feita por Moisés (1995).

A questão da afinidade da cultura brasileira com a democracia é antiga.[25] Recentemente, foi retomada em uma série de trabalhos que procuram mensurar as atitudes da população em relação ao ideário e às instituições democráticas para diagnosticar os obstáculos culturais à permanência da democracia no País, após longo período de autoritarismo. Que encontraram esses trabalhos? Uma atitude ambígua dos brasileiros que apoiam, enfaticamente, os valores democráticos em abstrato, mas revelam, em questões pontuais concretas, pendores autoritários. A conclusão generalizada é a fragilidade da cultura política democrática no País e o ceticismo, em graus variados, a respeito da continuidade do regime.

O paradoxo emergiu de forma interessante em pesquisa efetuada por Baquero, em Porto Alegre, em 1996. O autor encontrou, entre seus entrevistados, ampla maioria de manifestações favoráveis à democracia, à livre eleição dos governantes, ao respeito aos direitos civis e políticos fundamentais, ao lado de percentual expressivo de manifestações favoráveis a um regime de partido único. É temerário arriscar hipóteses alternativas, mas seria possível conciliar logicamente as duas manifestações se as pensamos como aplicáveis a momentos diferentes: a liberdade de divergir diz respeito à regra de condução do processo decisório, encontra-se na esfera dos meios, portanto, e é valorizada, mas o resultado esperado refere-se aos fins almejados nesse processo, no caso, algum grau de consenso. O desejo do partido único poderia expressar, nessa interpretação provisória, a faceta de procura do consenso que identificamos nas atitudes dos entrevistados do DF.

Questões desse tipo exigem pesquisa posterior. Importa, agora, ressaltar, mais uma vez, a presença de um duplo padrão, cuja distribuição na população do DF não é, de forma alguma, aleatória. A predominância de uma percepção da política que incorpora elementos holistas entre os mais instruídos convive com uma visão individualista radical presente, em maior medida, nas camadas com menor renda e escolaridade.

[25] Para ficar nos autores clássicos mais representativos: Buarque de Holanda (1997) e Faoro (1991). Uma abordagem menos recente da questão é encontrada em Schwartman (1975).

Distinção entre a Esfera Pública e a Esfera Privada

A pesquisa buscou indicadores da presença, ou ausência, de limites entre ambas as esferas a partir da perspectiva dos valores morais, ou seja, a questão é averiguar se e em que medida vige, na população brasiliense, um único código de conduta moral, válido para os dois planos diferentes, ou se códigos distintos são invocados para as mesmas práticas, dependendo de sua localização em cada uma das esferas.

Para tanto, foi utilizado um par de questões, sobre cinco comportamentos tidos, por razões evidentemente díspares, como desviantes, nas quais se indagava se: a) o referido comportamento constituiria óbice para o voto em um candidato a cargo eletivo; e b) se o mesmo comportamento seria reprovável na pessoa do filho do entrevistado. O cruzamento das respostas dadas ao par resultou na obtenção de quatro tipos de conduta moral ante a separação entre as esferas do público e do privado. Para cada um dos comportamentos expostos a seu julgamento, os entrevistados dividiram-se em conservadores-conservadores – não votariam no político e desaprovariam o comportamento no filho; conservadores-liberais – negariam o voto mas tolerariam o comportamento no filho; liberais-conservadores – votam ao tempo que condenam o comportamento no âmbito da casa; e os liberais-liberais – tal como o primeiro tipo, se posicionam de maneira conseqüente nos dois contextos.

A questão subjacente é o grau de tolerância presente na comunidade pesquisada e, no caso de se verificarem cesuras entre a esfera pública e a privada, os diferenciais de tolerância vigentes em cada caso. Cabe lembrar aqui, em primeiro lugar, o significado da tolerância para uma cultura política favorável à democracia, como amplamente debatido na literatura. Em segundo lugar, é digno de nota o fato de a cultura política brasileira haver sido recorrentemente percebida como arredia a uma separação firme entre as duas esferas, separação vista como indispensável ao bom funcionamento das instituições democráticas. Entre nós, a esfera privada, o mundo da casa, no dizer de DaMatta, invadiria permanentemente o mundo da rua, distorcendo, na direção da pessoalidade, a operação, idealmente impessoal, das leis e do mercado.[26]

A respeito, cabe, ainda, lembrar que a pesquisa internacional analisada por Inglehart revelou alta disseminação de atitudes indicadoras de tolerância por parte dos brasileiros. É verdade que o espaço investigado não foi o da política mas o da vizinhança. Perguntou-se, aos informantes, se aceitariam a presença de diversos grupos de "diferentes" residindo nas proximidades. A alta tolerância manifesta pela sociedade brasileira constitui mais um ingrediente paradoxo que resulta da aplicação do modelo do autor ao País, pois, considerada uma característica da pós-modernidade, não seria consistente com a expressão concomitante de indicadores de modernidade e tradicionalismo.[27]

O Público e o Privado: Duplo Conservador

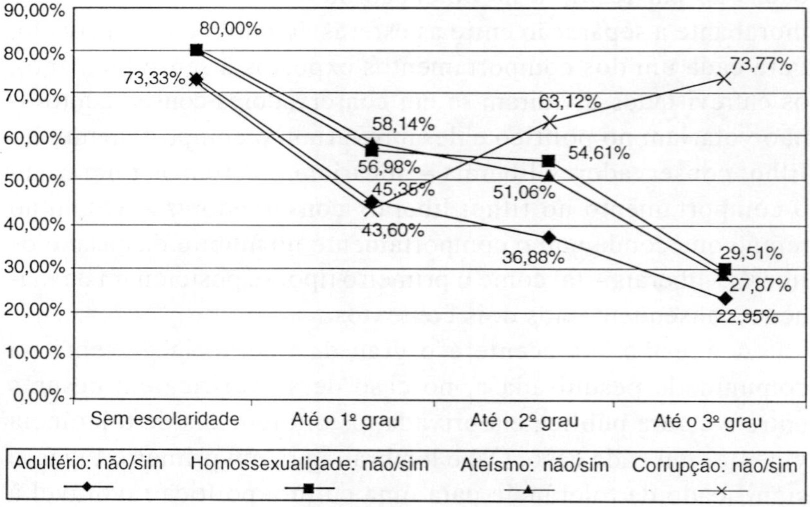

[26] Ver DaMatta (1990 e 1985). Para a discussão do espaço e significado da tolerância em uma sociedade relacional, ver Araújo (1997).

[27] No caso da vizinhança, a tolerância observada poderia ser qualificada, nos termos de DaMatta, como alteração de limites entre a casa e a rua. Se a vizinhança passa a reger-se pelo código da rua, isso implica que não exigiremos de nossos vizinhos mais que o cumprimento das leis e das regras mínimas de civilidade. Seu comportamento no âmbito do privado passa a não ser "da nossa conta".

Na pesquisa aplicada no DF, foram empregados dois indicadores mais fortes de tolerância: o comportamento na pessoa do filho e o voto, ou sua negação, na pessoa do político. Examinemos, em primeiro lugar, os números da tolerância com relação ao político. Não constituem óbice para o voto, pela ordem, o fato de haver fumado maconha (54%), adultério (46%), homossexualidade (38%) e ateísmo (34%). A mesma pergunta foi feita em relação à corrupção e 30% dos entrevistados responderam que votariam em um político corrupto, desde que "fizesse muito pelo eleitorado". Não dispomos, nesse caso, da possibilidade de comparação internacional, mas o grau de tolerância indicado por esses números, nos quatro primeiros casos, não parece sinalizar uma atitude tradicional em relação à política.

Com relação aos tipos morais obtidos, o conservador conseqüente nega o voto e reprova o filho. Quando observado nos quatro primeiros comportamentos, revelaria a atitude tradicional pura em relação à política. Distribuindo os entrevistados que se enquadram nesse tipo por grau de escolaridade, observamos que, com duas exceções, esse tipo escasseia mais com o aumento da escolaridade, ou seja, quanto maior a escolaridade, menor o percentual desses conservadores puros, que oscilam, no 3º grau, entre 10 e 30%. A primeira exceção é a homossexualidade, em relação à qual os entrevistados sem escolaridade mostram, surpreendentemente, uma tolerância similar a dos incluídos no 3º grau. A segunda é a corrupção, quando, mais uma vez, sem escolaridade e universitários se aproximam na rejeição, ambos com uma reprovação dupla entre 70 e 80%. Nas demais faixas, prevalece o resultado esperado: quanto menor a escolaridade, mais disseminada a tolerância com a corrupção.

A combinação conservador-liberal significa a negação do voto em função do mesmo comportamento não reprovado no filho. Trata-se, de maneira geral, de uma inconseqüência não aprovada pelos extremos da escala de escolaridade. Tanto os sem escolaridade quanto os universitários apresentam percentuais inferiores a 10% em todos os casos. O tipo concentra-se mais, portanto, entre os portadores de 1º e 2º grau, em percentuais inferiores a 20%. A única exceção é o caso da homossexualidade, no qual

O Público e o Privado: o Conservador Liberal

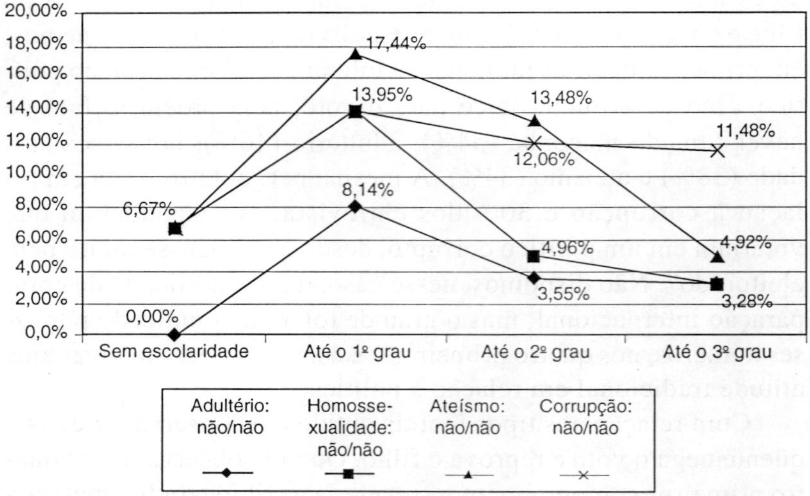

50% dos entrevistados com 1º grau se enquadram no tipo: negariam o voto mas não reprovariam o filho.

O liberal-conservador vota no político e reprova o filho. Também nesse caso, a "inconseqüência" significa a vigência de códigos de moralidade diferentes para cada esfera e indicador de tolerância: a recusa a permitir que julgamentos privados de moralidade interfiram nas escolhas pertinentes à esfera pública. O tipo cresce com a escolaridade nos casos da maconha, adultério e ateísmo. No da corrupção, repete-se o mesmo padrão verificado anteriormente: maior concentração no 1º e 2º grau, contra maior escassez entre sem escolaridade e universitários. O caso do homossexualismo acompanha a tendência (maior freqüência, maior escolaridade) até o 2º grau, caindo a participação do tipo entre os universitários.

O liberal conseqüente concede o voto e não reprova o filho. Sua presença, como esperado, aumenta com a escolaridade, chegando ao 3º grau com 42% (ateísmo), 37% (adultério), 29% (homossexualidade) e 18% (maconha). Sua presença no caso da corrupção, também como previsível, decresce com a escolaridade, desaparecendo no 3º grau.

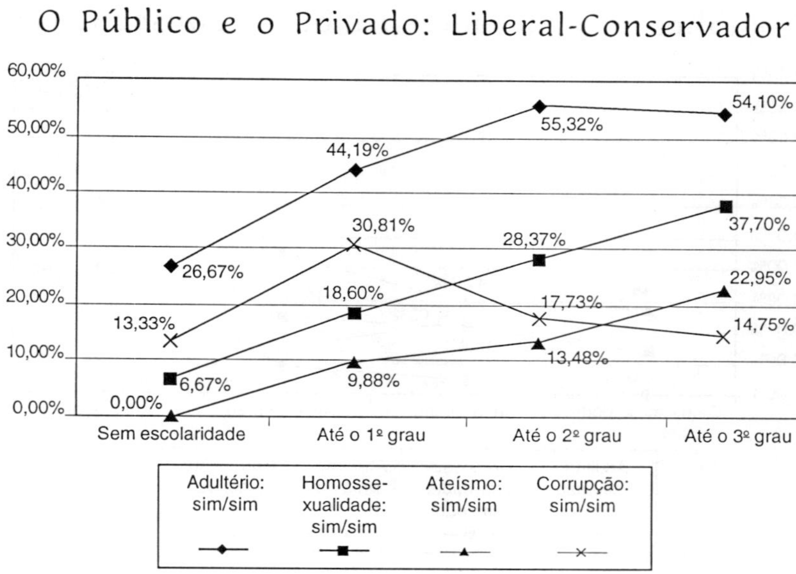

A análise confirma os resultados anteriores. Atitudes progressistas em relação ao uso passado de maconha, adultério e ateísmo aumentam a freqüência com a escolaridade, mas a tolerância é significativamente superior em se tratando do político que do filho. Temos a confirmação de um código duplo de moralidade, separando, nesses casos, a casa da rua. No caso do homossexualismo, a tolerância para com os filhos é mais elevada e ganha expressão, na faixa de ensino superior, o tipo liberal conseqüente. A condenação da corrupção aponta na mesma direção, na perspectiva aqui adotada.

As camadas de menor escolaridade, por outro lado, voltam a apresentar as características previsíveis de tradicionalismo, com a importante exceção parcial da homossexualidade. A aprovação do político corrupto, mas que "faça muito pelo seu eleitorado" indica, por outro lado, uma atitude de cinismo político coerente com o perfil que denominamos individualismo egoísta. É importante distinguir uma atitude de cinismo dessa ordem, que envolve o apoio condicionado a um cálculo de perdas e ganhos, com a atitude de deferência, própria do tipo tradicional, para a qual todo político no poder merece apoio e confiança incondicionais, apenas pelo fato de estar no poder.

O Público e o Privado: o Liberal Conseqüente

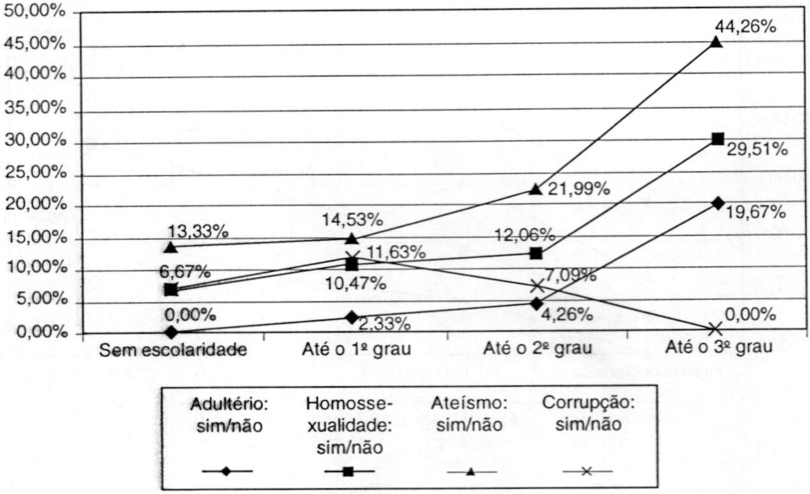

Conclusões

No momento da introdução, foi anunciada a restrição do presente texto à análise de duas ordens de questões suscitadas pelos resultados da pesquisa aplicada no DF. De um lado, a existência de valores que ultrapassem as clivagens identitárias, aquelas indicadoras de classe social e todas as demais; de outro, o mapeamento dessas clivagens e a aferição de suas diferenças substantivas, de modo a constituir tipos morais e políticos passíveis de pesquisa posterior.

No que respeita ao primeiro objetivo, parece-me que os resultados apontam, sim, para a existência de um conjunto comum de traços valorativos. Embora seja difícil estabelecer percentuais mínimos, o elevado orgulho nacional, o tradicionalismo presente na relação pais-filhos, a quase universalidade de determinadas normas e interdições, a desconfiança com relação à política e, finalmente, percentuais elevados de tolerância com comportamentos tidos como desviantes constituem, aparentemente, componentes desse estofo partilhado de moralidade.

A partir desse pano de fundo, emergem as diferenças, os tipos morais diferenciados, que, classificados a partir da variável escolaridade, apresentam posições coerentes, no plano do verbalizado, que, ao fim das contas, é o que o instrumento da pesquisa permite aferir.

Foram identificados, em síntese, três tipos consistentes de moralidade. Em primeiro lugar, com maior expressão nas camadas mais instruídas, particularmente entre os universitários, o tipo representativo do individualismo moral. Esse tipo apresenta as atitudes esperadas pela teoria para situações de modernidade e pós-modernidade, mescladas, contudo, com fortes manifestações holistas, que, em uma leitura linear do processo de modernização, constituiriam marcadores de tradicionalismo. No nosso caso, a associação dessas características à maior escolaridade e, em menor medida, à maior renda, desautoriza o seu entendimento como expressão simples de um passado tradicional, condenado a desaparecer.

Exemplificando, se a manifestação de atitudes de tolerância com o diferente, de liberalismo no campo dos costumes, de condenação da corrupção, entre outras, é consentânea com a síndrome de valores pós-materialista que deveria caracterizar integralmente o tipo, tal não se pode dizer de outras características igualmente presentes entre os mais escolarizados, como o orgulho nacional disseminado, a percepção assimétrica da relação entre pais e filhos, a percepção do espaço da política como busca do consenso ao invés de disputa.[28]

As faixas de menor escolaridade, por sua vez, apresentam um padrão dúplice. Conforme a questão levantada, parecem dividir-se entre portadores de atitudes mais tradicionais e defensores conseqüentes de um individualismo egoísta radical, expresso, este último, no menor orgulho nacional, na maior disseminação da percepção da política como conflito, na valorização de virtudes

[28] No mesmo sentido, parecem apontar alguns dos dados analisados por Pinheiro, no trabalho que integra este volume, conforme os quais haveria maior propensão a confiar nos familiares entre os mais instruídos.

coerentes com a perseguição do interesse individual a todo custo, na aprovação de comportamentos egoístas normalmente interditos e até em um grau maior de "cinismo político", manifesto na disponibilidade para votar em corruptos que "façam muito pelo seu eleitorado".

Teríamos, portanto, três tipos axiológicos no seio da população brasiliense apta a votar, cuja existência e características serão objeto da continuidade da pesquisa: o tipo tradicional, mais encontradiço na baixa renda e escolaridade e, pensando o País como um todo, quiçá no meio rural; o individualista egoísta; e aquele denominado provisoriamente individualista moral.

Se, como ao que tudo indica, escolaridade e renda promovem a transição do tipo 1 ao tipo 3, pareceria, caso os dados do DF sejam generalizáveis, que o brasileiro urbano disporia de dois códigos morais para reger sua conduta. Em situação de exclusão social, em que a privação material coexiste com a precariedade das redes pessoais de navegação social, o código tradicional não teria condições de atualizar-se, mediante secularização, em individualismo moral, e o excluído se vê, portanto, no mundo de disputa pela sobrevivência, o mundo dos meros indivíduos, nas palavras de DaMatta. Ali abraça os valores, adequados à situação, do individualismo egoísta.

À medida, no entanto, que ingressa em processo de mobilidade social ascendente, passa a garantir um patamar mínimo de segurança material e a possibilidade de reestruturar uma rede de relações pessoais. Na nova situação, a tendência a recorrer ao código do individualismo moral ver-se-ia reforçada.

A solidificação das hipóteses levantadas, mediante trabalho de pesquisa posterior, permitiria delinear um quadro de extremo interesse. De um lado, teríamos a confirmação, para o caso da sociedade brasileira, de um processo postulado como universal: a incidência do processo de secularização sobre um contexto ordenado de forma tradicional faz-se acompanhar de um processo concomitante de individuação e abre o caminho para uma situação de modernidade.

No entanto, constata-se uma especificidade relevante: aquelas camadas mais escolarizadas, em alguma medida mais ricas também, preservam elementos consistentes de tradicionalismo, de holismo, nos termos de Dumont, além do domínio das regras de utilização simultânea de ambos os códigos, habilidade característica de sociedades relacionais. Tudo indica, portanto, que, conforme explicitado anteriormente, o resíduo do processo de secularização, o individualismo que resta uma vez ressecada a raiz religiosa, difere, no nosso caso, significativamente, daquele observado em sociedades de matriz anglo-saxã, ou seja, o resultado do processo é plural e o estabelecimento *a priori* de hierarquias entre as diferentes formas do ponto de vista de uma situação ideal de modernidade é problemático e envolve o risco de perdas heurísticas.[29]

Além dessa particularidade, manifesta pelos estratos mais escolarizados, tomados, também, como os mais modernos, os resultados mostram segunda disparidade, do ponto de vista das perspectivas teóricas mais difundidas. Refiro-me ao desvio observado por parcela significativa dos entrevistados pouco ou não instruídos em direção ao individualismo egoísta. Se a situação de exclusão social aborta, como propusemos, a passagem do tradicionalismo para o individualismo moral, rompe, portanto com a linearidade esperada, quais os condicionantes da transição para o tipo egoísta? A pesquisa não permite respostas amplas a essa questão. Tudo indica, no entanto, que uma dose de educação, basicamente o acesso ao 1º grau, relaciona-se a essa passagem.

Finalmente, embora os dados permitam associar a mudança de valores no rumo do individualismo moral à escolaridade, em que medida a regra vale, além da descrição presente, para o horizonte futuro? Ou seja, é possível prever que um processo de mobilidade social ascendente, acompanhado de ganhos nos degraus de escolaridade, afirme uma tendência de abandono temporário de um dos códigos em favor de outro? Embora essa pareça ser a hipótese mais plausível, sua confirmação depende inteiramente de investigação posterior.

---

[29] A respeito, ver a discussão de Morse (1988). Mais recentemente, Souza (1999).

É necessário, mais uma vez, assinalar que estamos lidando com valores detectados a partir de manifestações verbais recolhidas nas entrevistas. Falamos, portanto, de normas, do considerado desejável, antes que do comportamento real dos entrevistados. O trabalho não propõe, e é preciso que isso fique claro, a aceitação incondicional das declarações dos informantes como expressões de sua realidade vivida. Não é postulado, por conseguinte, que as camadas mais instruídas apresentem probabilidade maior de comportar-se de maneira altruísta, como bons individualistas morais, ou de que os menos instruídos manifestem um egoísmo sistemático nas relações sociais que estabelecem com os demais.

Prevê-se, sim, que, qualquer que seja seu comportamento concreto, os atores recorrerão a argumentos sujeitos, respectivamente, aos códigos de individualismo moral e egoísta. A situação é simétrica à observada por Bellah e seus colaboradores no contexto americano. Ali a justificação do comportamento altruísta perante terceiras pessoas deve recorrer a argumentos egoístas, significativos na perspectiva de um código de valores de matriz individualista. Da mesma forma, nada impede que nossas camadas mais instruídas, nossa classe média e alta, persigam com determinação e mesmo com voracidade seus interesses próprios. Apenas, manifestarão, nesse caso, enorme dificuldade em apresentar essa atitude como autocentrada e tenderão a justificar esse comportamento com argumentos extraídos do universo do individualismo moral, particularmente com o apelo a alguma modalidade de bem comum. Assim, mesmo privilégios evidentes devem ser apresentados com a aparência de direitos universais, cujo gozo, no momento, é restrito a alguns poucos por contingências da história e da política.[30]

Resta debater, ainda que sumariamente, a implicação teórica mais significativa que os resultados sugerem. Observamos a coexistência, nas camadas mais instruídas, de elementos constitutivos

[30] Para uma análise da metamorfose de privilégios em direitos no discurso de parte dos setores organizados (obviamente instruídos) da sociedade brasileira, ver Cardoso de Oliveira (1996a).

do tipo denominado individualista moral com elementos de extração inequivocamente tradicional, embora passíveis de justificações, por parte de seus portadores, de caráter secular. A questão fundamental é: trata-se de mera vizinhança, fruto de alguma aleatoriedade histórica, ou existe algum tipo de relação intrínseca, capaz de dar conta da variação concomitante de ambos os conjuntos ante a escolaridade?

Evidentemente, a perspectiva teórica representada pelos trabalhos contemporâneos de Dumont e DaMatta e, no universo clássico, fundamentalmente Durkheim, tende a responder, afirmativamente, à questão. Considero, contudo, que a compreensão de relações desse tipo exige estratégias de pesquisa diferentes da empregada. A capacidade do instrumento de pesquisa utilizado, do questionário efetivamente aplicado, esgota-se nos resultados apresentados: a constatação da existência dos diferentes tipos, a descrição de suas características mais relevantes, sua agregação conforme a escolaridade e, finalmente, a verificação da relação de "vizinhança" apontada; as mesmas camadas dotadas de maior escolaridade manifestam, quando provocadas pelo questionário, os dois conjuntos de traços, o tradicional e o individualista moral. No horizonte desses objetivos, no entanto, penso que os dados acima trabalhados fornecem evidência empírica satisfatória. A continuidade imediata da pesquisa, já em curso, busca, com a utilização de instrumentos concebidos, especificamente, para esse fim, além de suporte adicional às conclusões alcançadas, esclarecer a anatomia específica de cada tipo moral, ou seja, captar as articulações internas de seus elementos integrantes.

Bibliografia

ARAÚJO, C. E. P. "A percepção da diferença numa sociedade relacional". Comunicação apresentada ao *XX Encontro Anual da ANPOCS*, Caxambu. 1997.

BAQUERO, M. "A desilusão democrática: um estudo longitudinal de cultura política". *Comunicação e política*, v. 3, n. 3, 1996.

BELLAH, R. *Habits of the heart. Individualism and commitment in american life*. NewYork: Harper & Row, 1986.

Bottomore, T. *Introdução à sociologia*. Rio de Janeiro: Zahar, 1965.

Buarque de Holanda, S. *Raízes do Brasil*. São Paulo: Companhia das Letras, 1997.

Cardoso de Oliveira, L. "Direitos humanos e cidadania no Brasil. Algumas considerações preliminares". *In* Cardoso de Oliveira, Cardoso de Oliveira. *Ensaios antropológicos sobre moral e ética*. Rio de Janeiro: Tempo Brasileiro, 1996a.

____________. "Entre o justo e o solidário. Dilemas da cidadania no Brasil e nos Estados Unidos". *In* Cardoso de Oliveira, Cardoso de Oliveira. *Ensaios antropológicos sobre moral e ética*. Rio de Janeiro: Tempo Brasileiro, 1996b.

Carvalho, J. M. "O motivo edênico no imaginário social brasileiro". *Revista Brasileira de Ciências Sociais*, v.13, n. 38, 1998.

DaMatta, R. *A casa e a rua*. São Paulo: Brasiliense, 1985.

____________. *Carnavais, malandros e heróis. Para uma sociologia do dilema brasileiro*. Rio de Janeiro: Guanabara, 1990.

Dumont, L. *Homo aequalis. Génesis y apogeo de la ideologia económica*. Madrid: Taurus Ediciones, 1982.

____________. *Homo hierarquicus*. São Paulo: Edusp, 1992.

Durkheim, E. *Lições de sociologia. A moral, o direito e o estado*. São Paulo: Edusp/T. A. Queiroz, 1983.

____________. *Sociologia e filosofia*. São Paulo: Ícone, 1994.

Elstir, J. "The market and the forum: three varieties of political theory". *In* Bohman, J., Rohg, W. (org.). *Deliberative democracy*. Cambridge/London: MIT Press, 1997.

Faoro, R. *Os donos do poder: formação do patronato político brasileiro*. Rio de Janeiro: Globo, 1991.

Giddens, A. *Para além da esquerda e da direita*. São Paulo: UNESP, 1996.

____________. *Política, sociologia e teoria social*. São Paulo: UNESP, 1998.

____________. *A terceira via. Reflexões sobre o impasse político atual e o futuro da social-democracia*. Rio de Janeiro: Record, 1999.

HABERMAS, J. "A nova intransparência". *Novos Estudos Cebrap*, n. 18, 1987.

INGLEHART, R. *Modernization and postmodernization. Cultural, economic and political change in 43 societies.* Princeton: Princeton University Press, 1997.

MOISÉS, J. A. *Os brasileiros e a democracia.* São Paulo: Ática, 1995.

MORSE, R. *O espelho de próspero.* São Paulo: Companhia das Letras, 1988.

OFFE, C. *Capitalismo desorganizado: transformações contemporâneas no trabalho e na política.* São Paulo: Brasiliense, 1989.

SCHWARTZMAN, S. *São Paulo e o estado nacional.* São Paulo: DIFEL, 1975.

SOUZA, J. "O malandro e o protestante". *In* SOUZA, J.(org.). *O malandro e o protestante.* Brasília: Editora Universidade de Brasília, 1999.

TAYLOR, C. "The politics of recognition". *In* GUTMAN, A. (org.). *Multiculturalism and the politics of recognition.* New Jersey: Princeton University Press, 1992.

Modernização Diferencial e Democracia no Brasil: uma Tentativa Teórico/Empírica de Interpretação

Jessé Souza e Franz Hoellinger

A política tem sido compreendida de várias maneiras concorrentes entre si, seja como fenômeno irracional, produto de pulsões e inclinações inconscientes, seja como reino da tradição em que o hábito irrefletido é o elemento principal, seja como fenômeno moral incorporando alguma idéia de bem coletivo, ou, ainda, como fenômeno racional e instrumental, seguindo o padrão da atividade econômica. Dizer que a política é um pouco disso tudo seria propor um sincretismo por justaposição, o que não ajuda muito. O que é importante e problemático é, precisamente, estabelecer a lógica desta relação entre as diversas dimensões, o que implicaria, inevitavelmente, estabelecer dominâncias e subordinações entre elas.

O ponto de vista que enfatiza a irracionalidade, representado prototipicamente pelos trabalhos culturais e políticos de Freud, esteve em voga especialmente no bojo de grandes fenômenos irracionalistas e autoritários de massa que dominaram grande parte da Europa na primeira metade deste século. A primeira geração de estudiosos da Escola de Frankfurt retirou, desta tradição, conceitos-chave para a explicação de fenômenos como o nazismo e o fascismo europeus. Também fenômenos atemporais e politicamente relevantes, como os relativos ao preconceito, só podem ser adequadamente compreendidos com a ajuda de um ponto de partida que contemple a dinâmica de pulsões inconscientes.

O destaque do elemento tradicional na política foi enfatizado, modernamente, por Max Weber, ao demonstrar a importância de um tipo de ação e de legitimidade políticas que, embora se molde a partir do exemplo da estrutura familiar como em Freud, não é exatamente comandado pelo afeto e pela emoção, localizando-se antes, na região fronteiriça entre o irracional e o conscientemente refletido. A importância deste componente na vida social e política é enorme e, de forma alguma, restrito a sociedades arcaicas e tradicionais.

Já a perspectiva da aplicação da racionalidade instrumental à política remonta a dois dos mais importantes fundadores da ciência política moderna, Maquiavel e Hobbes, ao defenderem que é o interesse próprio individual e material o fundamento do comportamento político. Essa perspectiva teve considerável avanço neste século com os trabalhos seminais de Joseph Schumpeter, Anthony Downs e Mancur Olson. Na base dos fundamentos desta escola, está a crença de que toda escolha racional envolve maximização da utilidade e que esses agentes maximizadores são indivíduos e, não, coletividades. Esta escola logrou extraordinário sucesso e avanço nas últimas décadas, ao esclarecer intrincadas questões da dinâmica institucional e das relações da política com a economia em geral.

O que nenhuma dessas tradições anteriores consegue explicar, no entanto, é **qual é a lógica e a dinâmica de processos de aprendizado coletivo**. O que fica sem resposta, em todas essas abordagens citadas, é **como grupos sociais e sociedades, por extensão, aprendem**? Em cada uma das tradições de pensamento citadas, a própria possibilidade do aprendizado moral está fora do horizonte conceitual que as constitui.

O tema do aprendizado moral está ligado a uma determinada apreensão da singularidade da modernidade ocidental e só pode ser, adequadamente, tematizado dentro desse contexto. Desse modo, não podemos falar de democracia, no sentido contemporâneo do termo, sem um diagnóstico da modernidade que lhe serve de contexto. No nosso caso, procurar aproximar-nos da especificidade da questão democrática no Brasil exigiu um diagnóstico acerca do nosso padrão singular de assimilação dos valores da modernidade ocidental. Nosso interesse, nesse texto, procura combinar, no entanto, não só a perspectiva que contempla o elemento de aprendizado moral na política e, aqui, especialmente, o ponto de partida da Teoria Crítica do Reconhecimento com Charles Taylor, mas também a perspectiva, aqui representada, antes de tudo, por Norbert Elias, que enfatiza o elemento da dominação e o poder com relação a essa tradição.

Apesar do nosso interesse aqui ser, antes de tudo, a interpretação de resultados empíricos, o próprio trabalho de interpretação levou-nos à discussão das razões de tamanha diferença nas concepções de mundo entre os diversos grupos sociais no Brasil, precisamente a partir da assimilação diferencial do legado ocidental do individualismo moral no nosso País. A obra de Gilberto Freyre foi fundamental para nós nesse contexto, na medida em que sua interpretação do Brasil que se tornava urbano no começo do século XIX parece apresentar uma continuidade surpreendente da estratificação social que então se constituiu no nosso País. A consideração do elemento do aprendizado, da efetiva assimilação de padrões culturais novos, que em nosso País ocorreu relativamente cedo se nos compararmos com a maior parte dos países "ocidentalizados" do oriente, não pode ser separada, portanto, do elemento contingente do poder, ou seja, do fato de que a assimilação diferencial de valores engendrou um padrão de estratificação social perverso que termina por ser, hoje em dia, talvez, nosso maior obstáculo para a contrução de uma sociedade efetivamente democrática.

Com base em duas pesquisas empíricas realizadas em 1996 e 1997 no Distrito Federal, procuramos perceber valores sociais e políticos básicos que nos pudessem, porventura, possibilitar uma espécie de "mapeamento valorativo" que enfatizasse a especificidade da situação de classe no nosso País. Interessava, a nós, perceber se o enorme abismo econômico entre a classe média e os setores populares implicava, também, grande distinção na dimensão valorativa e na concepção de mundo que informa a vida cotidiana desses grupos sociais.

O tema da diferença valorativa entre esses dois grupos está longe de ser uma obviedade. Se pensarmos na tradição culturalista do nosso pensamento social, a ênfase é dada precisamente no elemento hierárquico, o qual supõe complementariedade vertical entre "superiores" e "inferiores", o que implica, portanto, regras e valores compartilhados, em alguma medida, tanto por privilegiados quanto por oprimidos. Mais importante que o tema da diferença em si, em se chegando à conclusão de alguma diferença essencial, seria perceber **quais as direções para as quais apontavam estas diferenças**, ou seja, além da mera constatação da diferença, interessava-nos, antes de tudo, perceber quais sistemas de valores estavam subjacentes e conferiam especificidade à diferença. **Permitir qualificar a diferença**, portanto, foi o nosso objetivo principal.

O excelente trabalho de José Álvaro Moisés, *Os brasileiros e a democracia*",[1] foi, nesse sentido, uma inspiração importante para nossa pesquisa. O trabalho de Moisés tem o mérito de deslocar a atenção da problemática democrática de temas de "engenharia institucional" para o seio da sociedade e, nessa senda, perceber a democracia como um processo de aprendizado cognitivo e valorativo. No que toca ao ponto de partida teórico que lhe serve de inspiração, no entanto, nosso trabalho opta, decididamente, por um outro caminho. Moisés filia-se à honorável tradição inaugurada por Almond e Verba, tradição essa que tende a ver a formação social concreta americana como exemplo de positividade absoluta nas análises de política comparativa. Apesar de toda a plausibilidade inicial desse tipo de contraste quando feito em relação a países atrasados, como no caso do Brasil, duas objeções importantes podem ser feitas a esse tipo de abordagem. A primeira refere-se à crença implícita, nesse tipo de teoria, de que a relação entre o binômio tradicional e moderno espelha uma oposição perfeita entre negatividade absoluta e positividade absoluta, respectivamente. Esse tipo de pressuposto, quase sempre implícito,[2] retira, do próprio horizonte de possibilidades da análise, desde o seu começo, qualquer possibilidade de considerar aspectos pontuais e parciais que não obrigatoriamente confirmem

[1] Moisés, José Álvaro. *Os brasileiros e a democracia.* São Paulo: Ática: 1995.

[2] Em outro texto, procurei fazer a crítica do conceito de "confiança intersubjetiva", um dos conceitos centrais dessa tradição, tentando mostrar sua ambivalência a partir da explicitação da gênese histórica dessa categoria como componente do sectarismo protestante americano. Ver "Max Weber e a ideologia do atraso brasileiro". *In* Souza, Jessé (org.). *O malandro e o protestante: a tese weberiana e a singularidade cultural brasileira.* Brasíla: Editora Universidade de Brasília, 1999.

esse pressuposto. Um outro ponto fundamental, intimamente relacionado com o primeiro, é o fato de que o próprio esquema de uma modernidade exemplar retira, de plano, a possibilidade de perceber ambigüidades e contradições importantes desse modelo.

Estamos, nesse sentido, lidando com uma tradição triunfalista da modernidade ocidental, especialmente da sua variante anglo-saxônica (Charles Taylor[3] fala de um "whiggismo" da ciência política americana dominante nesse particular), sem que se perceba a ambigüidade constitutiva dessa forma social e cultural específica, como se pode depreender da obra de clássicos como Max Weber ou Tocqueville ou, ainda, de clássicos contemporâneos como Robert Bellah e Charles Taylor.

A intuição de Moisés é, no entanto, certeira, ao perceber uma mudança fundamental na cultura política dos brasileiros nas últimas décadas. O aumento expressivo de associações voluntárias, a entrada em cena dos chamados "novos movimentos sociais", as campanhas pela redemocratização e pelo *impeachment*, são fatos que apontam para nova forma e novo conteúdo da política entre nós. Nesse sentido, estaria ocorrendo, entre nós, uma tendência de que vários autores percebem como mundial. Para Ronald Inglehart, amparado em pesquisas empíricas que abrangem várias décadas e países dos cinco continentes, o final da Segunda Guerra Mundial significou, especialmente nos países capitalistas centrais, uma mudança radical no exercício e na percepção da política.

Inglehart é, certamente, um dos autores contemporâneos mais bem sucedidos no desafio de investigar, a partir de um material empírico extraordinariamente rico, as precondições culturais e valorativas para o exercício de uma democracia participativa nas últimas décadas.[4] Seguindo criticamente a senda aberta por trabalhos clássicos

---

[3] TAYLOR, Charles. "Modernity and the rise of the public sphere". *The taunner lectures on human values*, n. 14, p. 225.

[4] O trabalho de Inglehart de tal forma dominou a discussão da pesquisa entre valores e política nas últimas décadas que a sua obra passou a representar uma espécie de marco divisório nesse campo, separando seus continuadores por um lado e seus críticos de outro. Ver, sobre esse ponto: KLAGES, Helmut. "Die Gegenwärtige Situation der Wert – und Wertwandelforschung – Probleme und Perspektiven". *In* KLAGES, Helmut, HIPPLER, Hans-Jürgen, HEBERT, Willi (orgs.). *Werte und Wandel*. Frankfurt: Campus, 1992.

como os de Almond e Verba sobre cultura cívica ou, ainda, os estudos empíricos de T.W. Adorno e sua equipe sobre personalidade autoritária na costa oeste dos EUA, Inglehart associa um trabalho teoricamente original, muito embora sem deixar de apresentar problemas importantes, como veremos a seguir, com sólida base empírica.

Apesar de o seu ponto de partida teórico ser muito peculiar para sociólogos, na medida em que Inglehart constrói sua teoria a partir da hierarquia das necessidades humanas desenvolvidas pelo psicólogo Abraham Maslow,[5] o resultado, ou seja, a confirmação da importância do elemento cognitivo para a compreensão das mudanças políticas na atualidade assemelha-se a certa tendência de teorias sociológicas contemporâneas já clássicas como a de Jürgen Habermas. A tese central de Inglehart é a de que, nas últimas décadas, especialmente desde o fim da Segunda Guerra Mundial, a cultura, e em especial a cultura política, dos países industriais do ocidente passou por transformações radicais. A mudança refere-se à própria forma de encarar a vida e os valores básicos da existência. Essas mudanças culturais estariam redirecionando a trajetória dessas sociedades na direção de uma ênfase crescente em valores não-econômicos e imateriais, de tal modo que as teorias baseadas em alguma forma de determinismo econômico estariam perdendo a plausibilidade que antes lhe pertencia.[6]

Inglehart percebe essas transformações como decorrentes de uma mudança geracional ocorrida a partir do fim da Segunda Guerra Mundial. A geração nascida a partir de então é marcadamente diferente da imediatamente anterior, por causa de importantes mudanças societárias, como o advento do Estado do Bem-Estar, a rapidez sem precedentes da inovação tecnológica, e, especialmente, a educação maciça e de boa qualidade acessível a todos. Esse conjunto de profundas mudanças sociais, causado pelo

[5] Ver especialmente: Maslow, Abraham. *Motivation and personality*. New York: Longman, 1987.

[6] Inglehart, Ronald. *Culture shift*. Princeton: Princeton University Press, 1990, p. 66–103.

inédito desenvolvimento econômico deste período, teria favorecido mudanças importantes em relação aos valores básicos não só da política, mas também em relação ao trabalho, à família, à religião e ao comportamento sexual.

Especialmente devido ao maior avanço educacional, a própria atitude política básica transformou-se estruturalmente: os novos grupos e movimentos sociais são desafiadores das elites (elite *challenging*) em vez de serem dirigidos por elas (elite *directed*). Ao contrário de uma atitude passiva, suscetível de manipulação e arregimentação por organizações e líderes políticos, teríamos, agora, um contexto em que as organizações e os líderes são objeto de pressões vindas de "baixo".[7]

O conjunto de mudanças e transformações advindas desse novo estado de coisas é profundo e duradouro. Passam a existir pressões para uma reordenação do desenvolvimento econômico, os conflitos políticos básicos tendem a ser redefinidos de novas maneiras, a relação com os partidos políticos e a expectativa em relação a eles mudam, também a estrutura familiar e os padrões de comportamento individual assumem formas bastante específicas.

Inglehart percebe, além da mudança de agenda política, uma transformação importante na forma de se fazer política. O melhor padrão educacional, típico dos grupos e movimentos sociais que propõem este tipo de demanda, significa uma mudança no tipo de participação política que surge na segunda metade do século XX. Ao invés do controle de cima para baixo, como nas organizações políticas burocratizadas clássicas, como o partido político e os sindicatos, temos uma pressão de baixo para cima, uma pressão sobre as elites dirigentes dessas organizações em vez da manipulação por eles.

A forma típica dos movimentos sociais modernos requer pouca institucionalização, de modo a mais bem representar as preferências individuais dos envolvidos. O elemento cognitivo passa a ser determinante em desfavor da manipulação emotiva e sentimental. Como Habermas, Inglehart está atento às modificações

---

[7] *Idem*, p. 335–370.

evolutivas na forma de integração social das sociedades contemporâneas, e o que Inglehart chama de nova dominância do elemento cognitivo se coaduna com as reflexões de Habermas acerca do potencial emancipatório da livre argumentação na esfera pública.[8]

No entanto, a perspectiva teórica de Inglehart, que se ressente de uma fundamentação filosófica mais sofisticada, não pode ser usada sem modificações importantes. A idéia básica por trás do seu argumento central é que a necessidade material imediata concentra de tal modo os esforços dos seres humanos na sua superação que não deixaria espaço para a persecução de valores não-materiais. Apenas quando o progresso social permite a superação da prisão da necessidade existiria a possibilidade de que os valores imateriais sejam percebidos e perseguidos. Assim, na base do argumento de Inglehart, encontramos a pressuposição de que, apenas quando o capitalismo tardio domestica o conflito de classes típico da fase anterior do capitalismo, se abre, crescentemente, espaço para nova agenda política multidiferenciada fundamentada em temas que objetivam o aumento da fruição de bens sociais imateriais.

Apesar de Inglehart criticar as abordagens economicistas da ciência política e da social – como os modelos de escolha racional baseados em variáveis econômicas que relegam os aspectos culturais a um plano indevidamente secundário –, sua própria análise padece de um "economicismo filosófico". A auto-preservação material é vista como princípio básico que condiciona o comportamento dos agentes até o ponto em que, libertos da prisão do mundo das necessidades, podem redirecionar suas atenções a questões que ele define, vagamente, como imateriais ou pós-materiais. A necessidade econômica como tal e, não, sua transformação simbólica em valores e normas, que pressupõe um trabalho social de interpretação e hierarquização dessas mesmas necessidades, é vista por Inglehart como estímulo fundamental

[8] Nesse tema, continua imprescindível sua tese de livre docência de 1962, o excelente *Strukturwandel der Öffentlichkeit*. HABERMAS, Jürgen, *op. cit.*, Frankfurt: Suhrkamp, 1975.

para o comportamento dos indivíduos atores. Isso significa que Inglehart, no fundo, compartilha as premissas filosóficas essenciais das análises que critica. Sua inovação conceitual mais recente, que implica a progressiva substituição do conceito de pós-materialismo por um conceito empiricamente construído de pós-modernismo, não muda essa realidade fundamental.[9]

Essa querela tem larga tradição na filosofia política[10] e gostaria de tentar aproveitar o estímulo da riqueza analítica e empírica dos estudos de Inglehart segundo um novo registro que me parece mais apropriado. Uma moldura conceitual que me parece dar conta do tipo de questões que interessam a Inglehart de forma mais adequada tem sido, contemporaneamente, desenvolvida pelos pensadores e pesquisadores interessados em uma "teoria crítica do reconhecimento",[11] entre eles, especialmente, o pensador canadense Charles Taylor. Para Taylor, adequada compreensão da problemática valorativa nas ciências sociais exige a consideração de uma perspectiva hermenêutica.

Dentro de uma perspectiva como a tayloriana, não tem sentido falar-se de "necessidades" como tais, na medida em que os

---

9 Inglehart, Ronald. *Modernization and postmodernization: cultural, economic and political change in 43* Societies. Princeton: Princeton University Press, 1997.

10 A crítica de Hegel a Hobbes inicia, nesse sentido, duas formas fundamentalmente diferentes de se perceber a política com desdobramentos teóricos importantes para a moderna teoria e filosofia da política. Sob esse aspecto, ver especialmente: Honneth, Axel. *Kampf um Anerkennung*. Frankfurt: Suhrkamp, 1992.

11 Além de Taylor, poderíamos contar o filósofo alemão Axel Honneth como uma das figuras de proa dessa vertente teórica. O tema unificador, aqui, é a comum herança hegeliana no sentido da centralidade do conceito de reconhecimento social, e, portanto, de uma concepção dialógica da formação da identidade social e cultural. Outro aspecto importante, que diferencia esses autores de outras tendências comunitaristas com pendores conservadores, é a tentativa (também originalmente hegeliana) de unir uma perspectiva culturalista da "eticidade" com o princípio moderno da liberdade individual. Desse modo, acredito que se possa perceber o desenvolvimento teórico dessa vertente como um "meio termo" entre as posições polares do debate entre comunitaristas e liberais.

homens são "por inteiro" (*all the way down*) já resultado de interpretações valorativas e culturais internalizadas. Assim, o que Inglehart chama de "necessidades econômicas" das massas dos países centrais, por exemplo, não são compreendidas como tais por esses indivíduos, mas, sim, sob a forma de "direitos" (que pressupõem um "trabalho" valorativo e moral prévio) por igualdade e dignidade para todos. Veremos como essa sofisticação analítica permite compreender a especificidade ocidental sob aspectos infinitamente mais ricos e profundos.

A necessidade inelutável da perspectiva hermenêutica para Charles Taylor é fruto de décadas de estudos metodológicos, realizados, especialmente, na primeira fase da sua carreira, quando ele se interroga acerca da surpreendente eficácia dos discursos das ciências sociais em geral e da ciência política em particular (especialmente as *rational choice theories*) que seguiam modelos explicativos das ciências naturais. É este o ponto de partida de sua posterior preocupacão com a questão da relacão entre a identidade individual e a identidade coletiva e, portanto, com a questão do *self* e da concepção de mundo moderna, possibilitando-o descobrir, nesse processo, o paradigma dominante, que ele chamaria de "naturalismo", tanto na prática científica quanto na social.[12]

Contrariamente a essa tendência dominante, Taylor desenvolve a idéia de que só se compreende a ação dos atores a partir da consideração de um ponto de partida da primeira pessoa. Diferentemente de Weber, no entanto, e, portanto, afastando-se dos pressupostos da filosofia da consciência que marcam a metodologia weberiana, Taylor pretende encontrar a auto-compreensão dos atores na topografia moral da época e cultura nas quais esses atores se inserem. É esta senda crítica que lhe permite defender a preeminência do "holismo metodológico". Indivíduos só podem ser tidos como última *ratio* da explicação sociológica na medida em que o pano de fundo social e cultural que os condiciona

[12] Acerca desse ponto, consultar, especialmente, a coletânea de artigos: TAYLOR, Charles. *Philosophy and the human sciences-philosophical papers 2*. Cambridge: Cambridge University Press, 1985.

permanece não tematizado. Esses sentidos culturais, por sua vez, são quase sempre implícitos, expressando-se, antes, em práticas sociais, *mores* e instituições do que em doutrinas explícitas.

É esse pressuposto metodológico que permite, a Taylor, tomar o partido do comunitarismo como "ontologia" e, não, como partidarismo normativo, ou seja, como uma opção pelo coletivo contra o individual. Este princípio implica, apenas, assumir a posição do holismo metodológico contra o atomismo, ou, até mesmo, contra posições mais sofisticadas como a habermasiana, que propõe incerta "simultaneidade" entre intersubjetividade e subjetividade. Este esclarecimento é importante para afastar a acusação algo simplista de conservadorismo para qualquer postura comunitarista, como se todas defendessem, da mesma forma, a subordinação normativa e, não, antes de tudo, metodológica, como é o caso de Taylor, do indivíduo em relação à cultura.

O pressuposto holista diz, apenas, que são as próprias práticas sociais e culturais que possuem, de forma implícita e inarticulada, interpretação do que deve ser considerado um "bem", ou seja, do que é valorável perseguir, do que é ser-se um ser humano, etc. Daí a necessidade do sujeito de se submeter ao exercício reflexivo de articular conscientemente os ideais anteriores e exteriores a ele e que o definem, em última instância, como indivíduo. Fins individuais só existem em relação a esse pano de fundo cultural. Nesse sentido, autonomia e liberdade individual são conceitos que exigem referência a uma "situação", a uma forma de vida cultural específica que dá conteúdo, ou seja, orientacão significativa à condução autônoma da vida. Uma "liberdade positiva", em contraposição à liberdade negativa liberal, significa, sempre, a realização seletiva de bens culturais dentro de um horizonte ético preexistente.

Esta concepção permite, a Taylor, definir o homem, em uma contraposição muito interessante e sintomática em relação ao *toolmaking animal* (o animal que fabrica instrumentos) de que fala Marx no primeiro livro de *O capital*, como um *self interpreting animal* (o animal que se auto-interpreta) que retira sua motivacão para a ação nas idéias-guia de sua época ou cultura, as quais podem ser trabalhadas de forma pessoal e seletiva pelos indivíduos concretos. São essas idéias-guia que Taylor, na sua linguagem típica, chama de "bens constitutivos", de modo a distingui-los dos bens da vida em geral, que são incontavelmente múltiplos e variáveis. Os bens constitutivos são as fontes morais, ou seja, as fontes motivacionais que inspiram nossa ação no mundo, sendo, portanto, a razão última que fazem os bens da vida dignos de serem perseguidos ou desejados.

Na sua obra fundamental *As fontes do self*,[13] Taylor inquire acerca dos bens constitutivos da cultura do ocidente moderno, concluindo pela oposicão entre o ideal da autonomia calculadora e o ideal da expressividade individual. São essas idéias-guia que permitem perceber a "topografia moral" de nossa época, ou seja, o "mapa" valorativo no qual as pessoas se orientam na sua prática diária. Ao contrário de Inglehart, não se trata aqui de necessidades como tais, mas, sim, de necessidades interpretadas cultural e simbolicamente a partir de uma gênese histórica específica.

A proposta de Taylor é perceber o fio condutor que levou à moderna concepção de indivíduo. Sua estratégia é compreender a gênese ou arqueologia das concepções de bem e de como essas evoluíram e adquiriram eficácia social. Este ponto é crucial. Não interessa, a Taylor, uma mera história das idéias, mas como e porquê estas lograram tomar o coração e as mentes das pessoas comuns. Daí sua empresa ser sociologicamente relevante. Ele se interessa, portanto, em primeiro lugar, pela eficácia das idéias e, não, por seu conteúdo. Este último só é importante na medida em que explica as razões da sua aceitação coletiva.

O pressuposto de sua estratégia é o de que a noção de individualidade e de bem, ou, dito de outra forma, as noções de identidade e de moralidade, são temas inextricavelmente relacionados. O alvo de Taylor, portanto, é explicitar a ontologia moral que articula as configurações e intuições que temos de nós mesmos. Nessa linha de raciocínio, a nossa identidade é, em certo sentido, uma hierarquia valorativa, a qual permite que possamos definir o que é e o que não é importante ou relevante para nós. O naturalismo

[13] TAYLOR, Charles. *As fontes do self*. São Paulo: Loyola, 1997. A discussão subseqüente remete, no essencial, a esse livro.

seria a negação dessa hierarquia. Ele faz, na esfera do pensamento, aquilo que o utilitarismo faz na dimensão da vida cotidiana: tornar invisível a configuração moral que nos guia.

Essa arqueologia da identidade moderna é, também, ao mesmo tempo, como não poderia deixar de ser, uma História da singularidade do ocidente. Fiel a seu ponto de partida culturalista, Taylor tende a ver a transição para a modernidade menos como um processo abstrato de racionalização e diferenciação, mas, antes de tudo, como uma "gigantesca mudança de consciência", no sentido de uma radical reconstrução da topografia moral dessa cultura. A topografia moral do ocidente tem dois aspectos fundamentais para Taylor: o princípio da interioridade; e o princípio da afirmação da vida cotidiana. Os dois deixam-se ver na sua especificidade a partir de uma contraposição com a antiguidade clássica. Platão é uma figura central nesse contexto. Ele é o sistematizador da idéia fundamental para a concepção moral do ocidente, qual seja, a idéia de que o eu é visto como ameaçado pelo desejo (em si insaciável), devendo, portanto, ser subordinado e regido pela razão. O criatianismo adotou a perspectiva platônica da dominância da razão sobre as paixões na medida em que a santidade e a salvação passaram a ser expressas nos termos da pureza platônica. Ao mesmo tempo, Santo Agostinho, ao se apropriar da tradição platônica, engendra novidade radical que vai ser fundamental para a especificidade do ocidente: a noção de interioridade.

Fundamental para a concepção platônica é a noção da inexistência da oposição dentro/fora. O bem é definido como uma conjunção, uma ligação indissolúvel entre o ser racional e a ordem mundana. A noção de razão é, portanto, substantiva, pressupondo uma intimidade entre o ser e o mundo não mais existente hoje em dia. A oposição exterior/interior é, ao contrário, fundamental para Agostinho. O exterior é o corporal; o interior é a alma. O conhecimento não é uma luz exterior lá fora, uma revelação, portanto, como era para Platão, mas é algo interior em nós mesmos, sendo, antes, mais uma criação que uma revelação. Agostinho muda o foco de atenção dos objetos conhecidos em favor da própria atividade do conhecer. Voltar-se para essa atividade é voltar-se a si mesmo, é adotar uma posição reflexiva. Como em todas as grandes revoluções morais do ocidente, também o princípio da subjetividade é inicialmente religioso. Agostinho dá o passo para a interioridade porque esse é um passo para a verdade divina. A verdade está dentro de nós e Deus é a verdade. Foi essa vinculação com a necessidade religiosamente motivada que tornou a linguagem da interioridade irresistível. Depois de Agostinho, Descartes, Kant e Locke são os grandes sistematizadores dessa nova topografia moral.

Essa mudança é radical visto que inverte a noção de virtude e de bem que imperava até então. Em vez da ética clássica da glória e da fama, as quais tinham de ser conquistadas no espaço público da Ágora, ou nos campos de batalha militares, as noções do que é virtuoso e bom internalizam-se. Segundo essa nova topografia moral, especificamente moderna e ocidental, resolução, determinação e controle – as virtudes do guerreiro e do aristocrata antigos – passam a ser os atributos mesmos da razão internalizada. A ética da honra da antiguidade é reinterpretada em termos do ideal cartesiano de controle racional. A racionalidade deixa, também, de ser substantiva e passa a ser procedural. Racional passa a significar pensar de acordo com certos cânones. É esse novo sujeito moral que Taylor chama de "*self pontual*". Locke vai ser o sistematizador do novo ideal de independência e autoresponsabilidade, como algo livre do costume e da autoridade local, transformando o "*self pontual*" no fundamento de uma teoria política sistemática.

O *self* é pontual, visto que "desprendido" de contextos particulares e, portanto, remodelável por meio da ação metódica e disciplinada. Por essa nova maneira de ver o sujeito, desenvolvem-se filosofia, ciência, administração, técnicas organizacionais, destinadas a assegurar seu controle e disciplina. Para Taylor, isso envolve aspectos indiscutivelmente positivos, como a possibilidade de maior riqueza social e novas possibilidades de aprendizado. Por outro lado, no entanto, seria um erro supor-se, como acontece efetivamente, um desprendimento total do *self*. A crise do *self* moderno é decorrente da radicalização da perspectiva do sujeito. Este é o ponto fundamental da crítica de Taylor. A noção de *self* desprendido, por estar arraigado em práticas sociais e instituições, é naturalizada. Essa é a razão última pela qual Taylor rejeita o conceito de sistema no sentido habermasiano. Ao desvinculá-lo das fontes morais que o constituiram, Habermas contribui para sua naturalização, para vê-lo como uma instância independente do controle humano. Temos *self* desprendido e disciplinado como temos cabeça.

Essas idéias germinadas durante séculos de razão calculadora e distanciada e da vontade como auto-responsabilidade, que, somadas, remetem ao conceito central de Taylor de *self pontual*, não lograram dominar a vida prática dos homens até a grande revolução da reforma protestante. Aqui, outro óbvio ponto em comum com Max Weber. Para os dois pensadores, a reforma foi a parteira tanto da singularidade cultural quanto da singularidade moral do ocidente. A revolução protestante realiza na prática, no espaço do senso comum e da vida cotidiana, a nova noção de virtude ocidental. Daí que, para Taylor, a noção de *self pontual* tenha de ser acrescida da idéia de "vida cotidiana" para a compreensão da configuração moral que nos domina hoje.

O tema da vida cotidiana está em oposição à concepção platônica ou aristotélica que exaltava a vida contemplativa por oposição à vida prática. A revolução de que fala Taylor é aquela que redefine a hierarquia social a tal ponto que, agora, as esferas práticas do trabalho e da família, precisamente aquelas esferas nas quais todos sem exceção participam, passam a definir o lugar das atividades superiores e mais importantes. Ao mesmo tempo, ocorre um desprestígio das atividades contemplativas e aristocráticas anteriores. A visão baconiana da ciência ilustra bem essa inversão de valores. Primeiro, a ciência não é superior à vida cotidiana. Ao contrário, só tem sentido se servir a ela. O humilde artesão contribui mais para a ciência que o filósofo ocioso. Uma indisfarçável simpatia pelo nivelamento social está implícito na afirmação da vida cotidiana.

Taylor percebe que as bases sociais para uma revolução de tamanhas conseqüências devem-se à motivação religiosa do espírito reformador.

De forma paralela à tese weberiana, está claro para Taylor que é a retirada de cena do mediador privilegiado do sagrado, a Igreja, que permite que toda a realidade possa ser sacralizada elevando o *status* da vida cotidiana e comum. Daí também o repúdio às vocações monásticas "fora do mundo cotidiano". Ao rejeitar a idéia do sagrado mediado, os protestantes rejeitaram, também, toda a hierarquia social ligada a ela. Este é o fato decisivo aqui. Como as gradações da maior ou menor sacralidade de certas funções são a base da hierarquia (religiosa) das sociedades tradicionais, desvalorizar a hierarquia baseada nesta ordem é retirar os fundamentos da hierarquia social como um todo, tanto da esfera religiosa em sentido estrito quanto das outras esferas sob sua influência.

Os suportes sociais dessa nova concepção de mundo são as classes burguesas da Inglaterra, dos EUA e da França, disseminando-se depois por diversos países com desvios e singularidades importantes. A concepção do trabalho dentro desse contexto vai enfatizar não o que se faz mas **como** se faz o trabalho (Deus ama advérbios). O vínculo social adequado às relações interpessoais vai ser de tipo contratual (e, por extensão, a democracia liberal contratual como tipo de governo). Em linguagem política, essa nova visão de mundo vai ser consagrada sob a forma de direitos subjetivos e, de acordo com a tendência igualitária, definidos universalmente. A própria sucessão histórica dos direitos de T.H. Marschall seria incompreensível sem essa pré-história que mostra porque sua efetivação progressiva, em um contexto crescentemente democrático, se deu de forma irresistível.

O princípio da vida cotidiana tem a ver com o potencial democrático da revolução ocidental, visto que implica os ideais da igualdade e da benevolência com relação aos outros homens. Essas são conquistas irrenunciáveis para os indivíduos modernos. Em seus textos mais recentes, Taylor vai chamar o conjunto de ideais que se articulam nesse contexto de princípio da "dignidade". Dignidade vai designar, portanto, a possibilidade de igualdade tornada eficaz, por exemplo, nos direitos individuais potencialmente universalizáveis. Ao invés da "honra" pré-moderna, que pressupõe distinção e privilégio, a dignidade pressupõe um reconhecimento universal entre iguais.[14]

[14] TAYLOR, Charles. "The politics of recognition". *In* GUTMANN, Amy (org.). *Multiculturalism*. Princeton: Princeton University Press, 1994.

O potencial patológico desse desenvolvimento, por outro lado, é que, paradoxalmente, seu próprio sucesso e a rápida institucionalização levaram a um "esquecimento" das fontes morais que o constituíram originalmente. Nesse sentido, o conjunto de práticas cotidianas e institucionais que o reproduzem foi "naturalizado". No naturalismo, o princípio do auto-controle define a forma especificamente moderna como as noções de autonomia e liberdade são percebidas: ligadas à noção de eficiência, poder, razão instrumental, neutralidade e proceduralismo puro. A "boa vida", nesse contexto, é definida como controle racional e eficiente de si, dos outros e da natureza.

A contradição desse tipo de estilo de vida é que o reconhecimento dos valores-guia que o produziram originariamente pressupõem, precisamente, engajamento e, portanto, a dispensa de neutralidade, autonomia total e proceduralismo puro. As teorias naturalistas são estruturalmente incapazes de reconhecer os valores-guia que lhe dão substância. O contexto patológico que se descortina a partir daí é o pressuposto hermenêutico e culturalista de Taylor que diz que, quando um bem constitutivo de uma cultura não é articulado, termina por perder sua força condutora e inspiradora do comportamento, ou seja, corre o risco de perder eficácia como fonte moral. O sentimento de "mal-estar na modernidade" analizado por Taylor tem a ver com uma constelação típica criada pelo naturalismo: 1) o individualismo vivido de tal modo que faz desaparecer o nexo da nossa relação com os outros; 2) a entronização da razão instrumental como padrão típico da eficiência e da complexidade modernas; e 3) finalmente, como "produto político específico" dos dois anteriores, a ameaça de "despotismo suave" anunciada por Tocqueville.[15]

Se toda a história do ocidente fosse a história do naturalismo, teríamos a ver aqui com mais uma narrativa da decadência do ocidente. No entanto, uma outra possibilidade aberta pelo mesmo princípio da interioridade que já havia forjado o naturalismo

---

[15] Taylor, Charles. *The ethics of authenticity*. Cambridge: Harvard University Press, 1991.

é o que Taylor chama de "expressivismo". Apesar de se alimentar da mesma fonte, o expressivismo nasce como uma reação e um protesto contra o naturalismo sob a forma de um mal-estar provocado pela razão instrumental e pelo atomismo gerado pela própria institucionalização do ideário da auto-responsabilidade. Dignidade e autenticidade são, portanto, princípios que lutam por legitimidade política como faces opostas da mesma moeda daquele lento processo secular que fez da busca pela interioridade o fundamento da própria singularidade do ocidente, como já vimos.

Essa nova dimensão da interioridade representa, de algum modo, a transição de uma concepção de identidade individual como meio (para fins) em favor de uma concepção finalística da identidade. A diferença essencial em relação ao tipo de interioridade anterior é a noção de que cada indivíduo tem uma medida própria que é só sua (Herder). Ao contrário de individualidade universalizável, estamos lidando, aqui, com uma "individualidade específica". Antes do fim do século XVIII, ninguém imaginava que as diferenças entre os seres humanos pudesse ser tão grande. Em vez da uniformização e da generalização de uma perspectiva instrumental em relação ao próprio eu, passa a ser, a articulação da minha originalidade com os outros, o que nos define como pessoas.

Ante a concepção dialógica e intersubjetiva de inspiração meadiana (George Herbert Mead) que Taylor defende, nossa identidade é vista como formada pelo diálogo com os nossos "outros significativos" internalizados dentro de nós mesmos. Já esse ponto de partida radicalmente intersubjetivo não permite uma definição de identidade (por autenticidade) que implique uma quebra de nossos vínculos com os outros ou demandas que têm a ver, meramente, com "desejos" e não também com ideais já internalizados – se bem que nem sempre articulados – que nos inspiram sob como **devemos** viver. O nosso mero desejo é incapaz de produzir gradações sobre o que é significativo e essencial, ou seja, sobre o que – independentemente de minha vontade – define o que é nobre e distinto.

Individualismo é, nesse sentido, tanto no contexto das lutas por dignidade como por autenticidade, um princípio moral, devendo ser distinguido do individualismo anômico – um fenômeno social nos países do terceiro mundo. No entanto, apenas a identidade definida com base no princípio da autenticidade é radicalmente moderna, rompendo com a determinação externa de papéis sociais preestabelecidos. Essa determinação pode, ainda, ocorrer em uma ordem democrática, em que o princípio da dignidade está solidamente estabelecido. Apenas a identidade baseada no princípio da autenticidade mina a determinação a *priori* das identidades individuais. Autenticidade, por definição, não pode ser derivada socialmente, mas precisa de ser gerada e construída **internamente**.

Que Taylor tenha tocado em um ponto nevrálgico para a compreensão da constelação moral e política específica da modernidade tardia com sua genealogia da topografia moral do ocidente fica claro se pensarmos nas grandes lutas e contradições sociais dessa última metade de século. Desde as lutas da contra-cultura da década de sessenta, passando pelas novas definições de papéis sexuais, pela influência do movimento ecológico, pela radicalização da oposição entre espaço privado e público, até as lutas das minorias contemporâneas, pode-se observar a entrada em cena de novo tipo de aspiração política e existencial específica com genealogia, objetivos e lógica próprios.

Essa mesma oposição entre dignidade e autenticidade foi, de resto, o principal resultado das quase três décadas de estudos empíricos levados a cabo por Ronald Inglehart – com as limitações já apontadas do seu instrumental conceitual "naturalista"– e sua equipe. Desde a Segunda Guerra Mundial, pesquisas anuais acerca de valores subjetivos em todas as grandes nações capitalistas da América do Norte e Europa Ocidental ajudaram a montar um padrão significativo do que Inglehart costuma chamar uma "revolução silenciosa" que mudou decisivamente a forma e o conteúdo da política na segunda metade do século XX. É como se mudanças culturais realizadas, no começo, apenas por vanguarda de artistas, pensadores e por um pequeno público intelectualmente mais elitizado, tivesse, no nosso século, tomado as ruas e ajudado a definir alguns dos grandes temas da política prática contemporânea.

Nosso objetivo no Distrito Federal foi – apesar de toda a dificuldade e limitação que a transposição de idéias para um questionário, inevitavelmente, implicam – procurar perceber, de forma aproximativa e tentativa que seja, de que modo essa nova constelação afeta a um país na "fronteira do ocidente" como o nosso. De certo modo, ao tentarmos perceber em que medida os princípios da dignidade e da autenticidade foram efetivamente internalizados entre nós, interessava-nos compreender nossa singularidade cultural, partindo da aproximação e distância relativa em relação aos valores fundantes do ocidente moderno.

Os dados empíricos referem-se a duas pesquisas sobre atitudes políticas e sociais realizadas no Distrito Federal nos anos de 1996 e 1997, tomando, como referência teórica principal, os trabalhos de Taylor. Separamos, nessas pesquisas, dois grandes grupos de questões: a) questões referentes a valores políticos universais típicos da demanda de reconhecimento por dignidade; e b) a questão da diferença e da aceitação da alteridade, ou, nos termos de Taylor, a busca do reconhecimento da autenticidade. Quanto ao primeiro grupo, delimitamos três subdimensões: 1) participação política; 2) confiança na democracia e nas leis; e 3) os conceitos de justiça e igualdade social. Quanto ao segundo grupo de questões, as subdimensões foram: 1) autonomia *versus* heteronomia; 2) preconceitos sociais; e 3) machismo.

Uma limitação desse texto é a inexistência de estudos longitudinais feitos com as mesmas perguntas em certos intervalos de tempo, os quais permitiriam identificar mudanças dos valores. Desse modo, os resultados das nossas pesquisas não permitem conclusões a respeito de tendências de mudanças de valores a longo prazo. O objetivo da presente análise limita-se a demonstrar diferenças de valores segundo algumas categorias demográficas e sociais e, a partir destes resultados, delinear possíveis tendências.

Nos dois anos nos quais as pesquisas foram realizadas, foi aplicado um questionário a uma amostra da população adulta do Distrito Federal. Cada amostra continha cerca de 500 casos, escolhidos por meio da técnica de amostragem por conglomerados. Dentro de cada conglomerado (bloco ou rua, por exemplo), os entrevistados foram selecionados aleatoriamente. Os questionários foram aplicados por um grupo de estudantes que trabalharam em conjunto com os coordenadores durante todo o tempo.

Em geral, valores políticos e socioculturais tendem a variar de acordo com as classes sociais. Em nosso estudo, escolhemos as variáveis renda e escolaridade como indicadores das classes sociais. Outra variável importante para a análise de valores é a idade. Novos valores alastram-se muitas vezes inicialmente nas gerações jovens e esta mudança não é compartilhada pelas gerações mais velhas. Por isso, diferenças de valores com respeito a faixas etárias podem indicar uma mudança de valores (estas diferenças também podem indicar mudanças no curso da vida das pessoas). No caso do Brasil, os valores poderiam, também, estar relacionados com as diferenças étnicas e raciais. A esse respeito, a diferença entre brancos, morenos e negros foi, também, considerada.

Na análise das correlações entre valores e as variáveis citadas, deve-se considerar ainda que as variáveis idade, educação, renda e cor são correlacionadas entre si: pessoas com renda elevada, jovens e brancas têm, em média, um nível educacional mais alto do que pessoas com renda baixa, idosas e morenas/negras. Assim, por exemplo, um grau maior de consciência democrática nos grupos com maior renda poderia ser causada, parcialmente, pelo fato de que, nestes grupos, as pessoas têm um maior grau de escolaridade. Assim, essas variáveis sociodemográficas foram submetidas a uma análise de classificação múltipla para averiguarmos o efeito diferenciado de cada uma delas.[16] Na Tabela 1, apresentamos os resultados relativos a quatro questões. As tendências verificadas nestas quatro questões foram as mesmas para a maioria das questões dos questionários.

---

[16] A Tabela 1 contém os resultados desta análise para quatro questões selecionadas. Para cada questão, apresentamos a porcentagem de concordância à questão e também a porcentagem adaptada, isto é, o resultado que teríamos se não houvesse uma correlação entre as variáveis independentes. Por exemplo, no caso da variável renda, a porcentagem adaptada significa o resultado que as três faixas de renda teriam se as outras três variáveis (Idade, Educação, Cor) tivessem a mesma distribuição nestas três faixas. Os valores eta e beta indicam a força da correlação das variáveis independentes (Idade, Educação, Cor e Renda) com a variável dependente; eta mostra a força da correlação de uma variável singular (por exemplo, Idade) independentemente das outras variáveis (Educação, Renda, Cor); beta corresponde à força da correlação na análise multivariada.

Como se pode observar na Tabela 1, os valores sociopolíticos dependem mais do grau de escolaridade. As pessoas mais escolarizadas apresentam uma consciência democrática nitidamente mais alta, rejeitam as hierarquias sociais mais freqüentemente e têm menos preconceitos étnicos e sociais. As diferenças nas faixas de renda seguem a mesma direção, porém são menores na maioria das variáveis. As porcentagens adaptadas e os valores beta da análise de classificação múltipla mostram, além disso, que o efeito da renda sobre os valores diminui quando o nível de renda e o grau de escolaridade são considerados conjuntamente. Isso significa que as faixas de renda mais elevada têm uma quantidade maior de pessoas com alto grau de consciência democrática, respectivamente, uma quantidade menor de pessoas com preconceitos sociais, porque a parcela de pessoas com nível educacional elevado é muito maior nas faixas de renda alta do que nas faixas baixas. Assim, vemos, por exemplo, com respeito ao preconceito contra negros (questão "c)" na Tabela 1), que o efeito da variável renda (eta = .14) quase desaparece na análise multivariada (beta = .03). Em outras palavras, dentro dos três níveis educacionais, praticamente não há correlação entre renda e preconceito. Pessoas com educação baixa têm preconceitos mais fortes, independentemente da renda. Inversamente, pessoas com grau superior têm menos preconceitos mesmo se têm uma renda baixa.

Apenas em relação a poucas variáveis, o efeito da renda é mais forte que o da educação. Este é o caso, por exemplo, da questão "b)", da Tabela 1, que trata da justiça social. Pessoas com renda mais baixa são mais favoráveis a uma redistribuição material do que pessoas com renda mais alta.

Com respeito à idade, achamos diferenças relativamente pequenas na maioria das perguntas. Este é o caso particularmente das perguntas sobre consciência democrática e conceitos de justiça social. Diferenças um pouco maiores foram encontradas a respeito de preconceitos e machismo. Pessoas jovens têm menos preconceitos contra negros e nordestinos e rejeitam valores machistas mais freqüentemente. Mas também aqui, as diferenças quanto à idade são menores do que as referentes à educação. Isto significa que uma mudança dos valores, caso haja alguma, não

TABELA 1

Atitudes políticas e sociais com respeito à idade, escolaridade, renda e cor (porcentagem de concordância, porcentagem adaptada; coeficientes eta, beta e R múltiplo da análise de classificação múltipla)

	a) Se o voto não fosse obrigatório, você votaria? "sim"		b) Para você o que é justo? "privilegiar os desfavorecidos"		c) O negro só é bom para música e esporte. "concordo"		d) O Brasil é um dos países mais liberais para homossexuais. "concordo"	
	%	% adapt.	%	% adapt.	%	% adapt.	%	% adapt.
Total	42	42	60	60	27	27	53	53
Idade								
até 29 anos	38	40	61	60	24	23	56	54
30 – 49 anos	44	41	56	59	27	28	49	50
50 anos e mais	38	40	65	62	33	33	55	57
Escolaridade								
até primeiro grau	30	33	71	67	42	42	69	66
segundo grau	41	40	52	54	17	17	51	53
terceiro grau	68	61	45	51	10	9	21	24
Renda								
até 4 sal. min.	30	34	71	68	32	26	64	58
5 –10 sal. min.	46	46	42	43	26	29	44	45
acima 10 sal. min.	61	52	49	55	15	27	32	49
Cor								
branco	41	38	56	58	24	26	50	55
moreno	39	42	63	62	29	27	56	53
negro	43	46	65	62	24	22	26	27
	eta	beta	eta	beta	eta	beta	eta	beta
Idade	.06	.00	.07	.03	.08	.08	.07	.05
Escolaridade	.28	.21	.22	.14	.32	.32	.35	.31
Renda	.26	.16	.25	.19	.14	.03	.26	.11
Cor	.02	.06	.07	.03	.05	.02	.12	.11
R múltiplo	.32		.28		.33		.38	

começa com a geração jovem, mas, principalmente, nas camadas mais educadas. Pode-se esperar uma difusão dos valores da camada média educada sobre círculos mais amplos da população apenas quando, no futuro, mais pessoas tenham acesso à educação média e superior.

Como a idade, também o grupo étnico (Cor) tem pouca influência sobre os valores. Isto é válido mesmo para as questões referentes a preconceitos e estereótipos étnicos: a parcela das pessoas que concordam com o enunciado francamente racista "o negro só é bom para música e esporte" é de 25% e é quase igual entre negros e brancos.

Como os valores dos nossos informantes dependem principalmente do nível de escolaridade, vamo-nos limitar a analisar, na apresentação dos dados a seguir, as principais diferenças relativas à educação.

Participação Política e Confiança na Democracia e nas Leis

Os resultados apresentados no Gráfico 1 mostram que pessoas com grau de escolaridade mais elevado não apenas participam mais das eleições como também consideram a participação política um valor mais importante do que as pessoas com menor grau de escolaridade. O interesse mais acentuado na participação política por parte das pessoas com maior grau de escolaridade manifesta-se, também, no fato de que quase todos os informantes com nível superior consideram a democracia como o melhor regime político, enquanto mais do que a metade dos informantes que têm até o 1º grau marcou outras respostas, tais como: "ditadura", "monàrquia" ou "tanto faz" (ver Gráfico 2).

À baixa consciência democrática das pessoas com pouca escolaridade corresponde uma baixa confiança na ordem legal. Isso, talvez, possa ser explicado pelo fato de que tais pessoas geralmente não dispõem dos meios para uma adequada proteção da lei. Esse ponto é fundamental para uma institucionalização dos valores ligados ao princípio da "dignidade", o qual, supõe, precisamente, universalização de direitos. Discussão mais detida desse

GRÁFICO 1
Participação

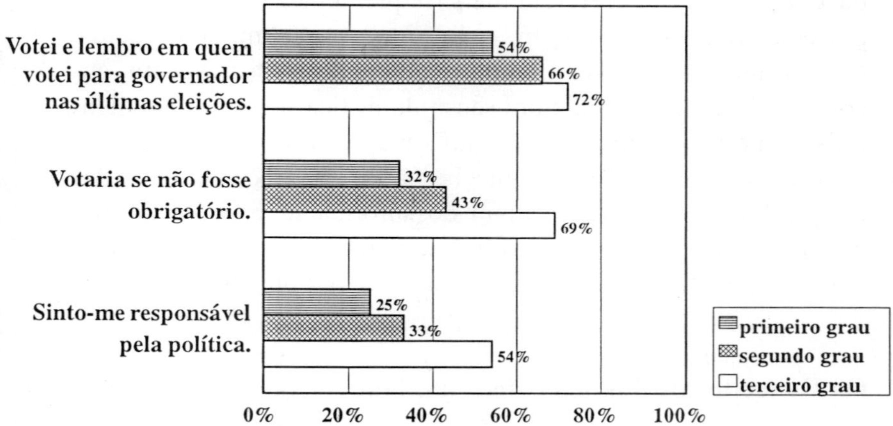

Fonte: Pesquisa *Valores Políticos no Distrito Federal* 1996 e 1997

GRÁFICO 2
Confiança na democracia e nas leis

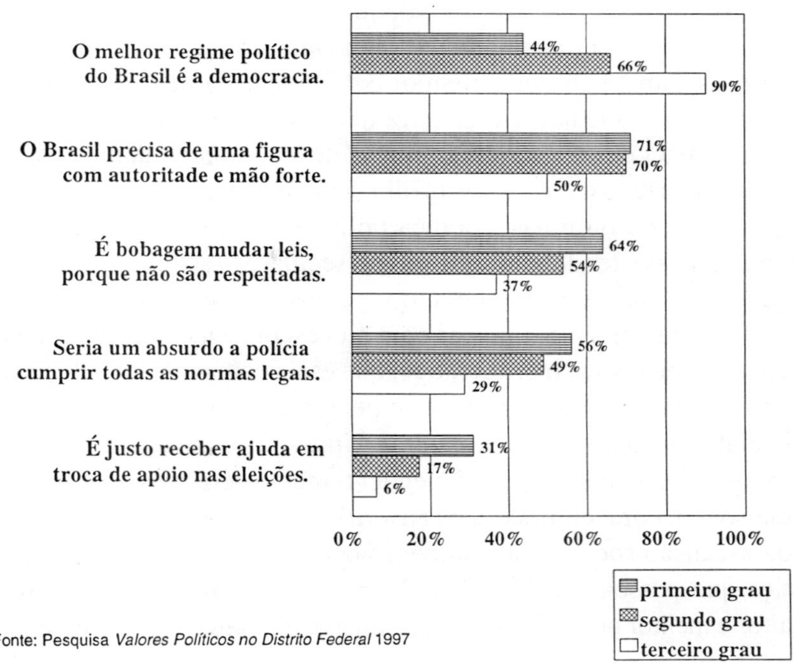

Fonte: Pesquisa *Valores Políticos no Distrito Federal* 1997

aspecto basilar será realizada na conclusão. Em conformidade com essa pouca confiança na ordem democrática, pessoas com baixa escolaridade preferem mais freqüentemente uma liderança política autoritária que, com "mão forte", possa impor a ordem e fazer valer seus direitos. Ainda relacionado a esse aspecto, encontra-se, na classe baixa, um senso de justiça favorável ao clientelismo político: um terço dos informantes com baixa escolaridade concorda que "é justo receber ajuda em troca de apoio nas eleições", enquanto quase nenhum dos informantes com 3º grau concorda com esta afirmação. A influência do personalismo e a ênfase nas relações verticais será analisada mais detidamente a seguir.

Os Conceitos de Justiça e de Igualdade Social

Este ponto é de particular importância para o tema de nosso estudo. Como demonstra o Gráfico 3, informantes da classe baixa são mais favoráveis ao conceito de igualdade substancial, isto é, uma redistribuição de cima para baixo e a proteção dos grupos desfavorecidos. Este conceito de justiça, porém, como vimos anteriormente, vem acompanhado por opções que se vinculam ao autoritarismo e ao clientelismo. Isso significa que o conceito de justiça da classe baixa brasileira não se baseia na concepção individualista e meritocrática, típicas do liberalismo democrático, como ocorre com a classe média, mas tem uma expectativa de que o Estado ou uma liderança política forte ajude e proteja os pobres. Essa tendência tem raízes seculares nas classes menos "europeizadas" do Brasil como veremos a seguir.

Diferentemente, pessoas com alta escolaridade defendem um conceito de justiça meritocrático, que está acompanhado pelo ideal da igualdade de oportunidades e pela rejeição de uma hierarquia social tida como um dado natural. Uma sociedade é justa quando todos os seus membros, independentemente de gênero, ascendência social, cor e outros traços adscritivos, têm as mesmas chances de ascensão social. Mas também faz parte deste conceito de justiça que pessoas com melhor desempenho tenham salários mais altos e melhor prestígio social. Assim, pessoas com alta escolaridade tendem a explicar a riqueza e o prestígio social como um merecimento pessoal, enquanto pessoas com baixa escolaridade tendem a acreditar que é preciso sorte para "subir na vida", tendendo, portanto, a rejeitar o conteúdo legitimador do discurso do esforço individual.

GRÁFICO 3
Conceitos de justiça e igualidade

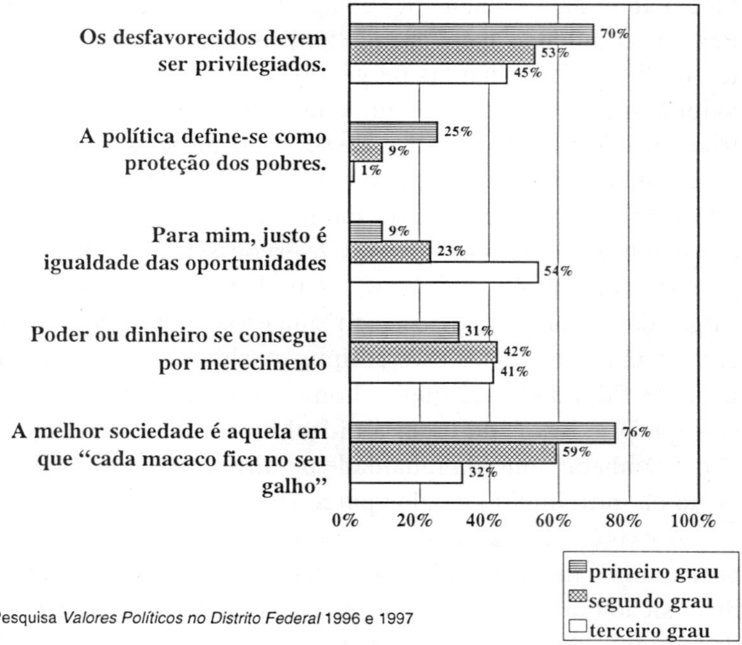

Fonte: Pesquisa *Valores Políticos no Distrito Federal* 1996 e 1997

Reconhecimento da Autenticidade e da Individualidade

Como se vê no Gráfico 4, pessoas com alta escolaridade valorizam mais a autodeterminação e a realização individual no que se refere à família, à religião e ao trabalho, enquanto pessoas com baixa escolaridade têm uma tendência a aceitar que sua vida seja guiada por valores tradicionais. Isso é particularmente visível na questão sobre o valor mais importante na educação das crianças. Dois terços dos informantes com baixa escolaridade assinalaram como valor mais importante o "respeito aos mais velhos", enquanto apenas um quarto dos informantes com grau superior marcou esta alternativa. Na opinião destes últimos, o valor mais importante é o "amor". Pode-se interpretar esta resposta como sendo uma expressão da valorização da personalidade autônoma da criança.

Tendências parecidas foram verificadas também com referência ao tema do machismo e papéis de gênero (ver Gráfico 5). Pessoas com baixa escolaridade tendem a internalizar os conceitos tradicionais de papéis de gênero e casamento: elas dão alto valor à virgindade (para Freud, o tabu fundante da sociedade patriarcal) e à fidelidade. Além disso, estas pessoas tendem a concordar mais com a afirmação de que "os homens só se interessam por sexo", explicitando certa naturalização de uma atitude instrumental entre os dois sexos. Observou-se, também, que estas pessoas concordam mais que "as mulheres não são aptas para cargos de comando". Pessoas com alta escolaridade distanciam-se, em sua maioria, destes estereótipos machistas. No casamento, o ideal de fidelidade, no qual o homem considera a mulher como sua "propriedade", dá lugar ao ideal do "companheirismo", isto é, o reconhecimento da igualdade de direitos da mulher e a aceitação da individualidade dos parceiros.

A exigência das pessoas com alta escolaridade de gozar de autonomia e individualidade em sua conduta de vida e sua maior disposição em aceitar os parceiros e as crianças como personalidades individuais refletem-se, também, na maior tolerância de outros grupos sociais. Quanto maior o grau de escolaridade, tanto maior a tendência a rejeitar afirmações preconceituosas sobre certos grupos sociais, como, por exemplo, "o negro só é bom para música e esporte" e "a preguiça do nordestino é causa do atraso do nordeste". Em relação à homossexualidade, não se observou diferença de atitudes na pergunta mais direta "eu não tenho nada contra um homossexual na família". Mas, na afirmação formulada mais indiretamente – "o Brasil, pelo seu espírito permissivo e

GRÁFICO 4
Autonomia *versus* heteronomia

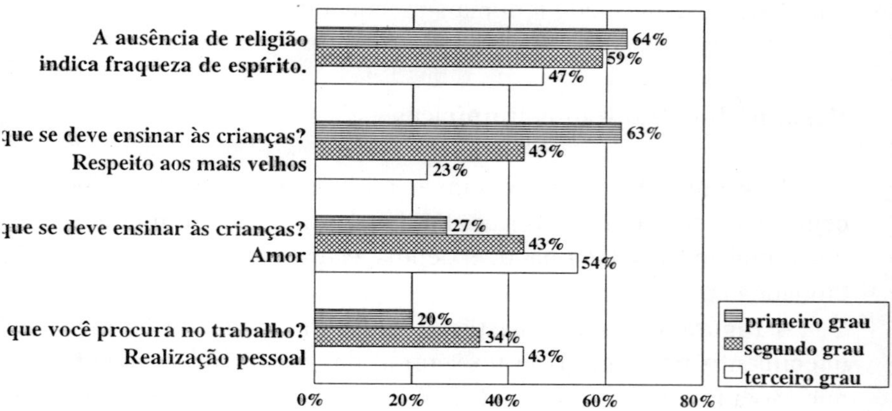

GRÁFICO 5
Machismo

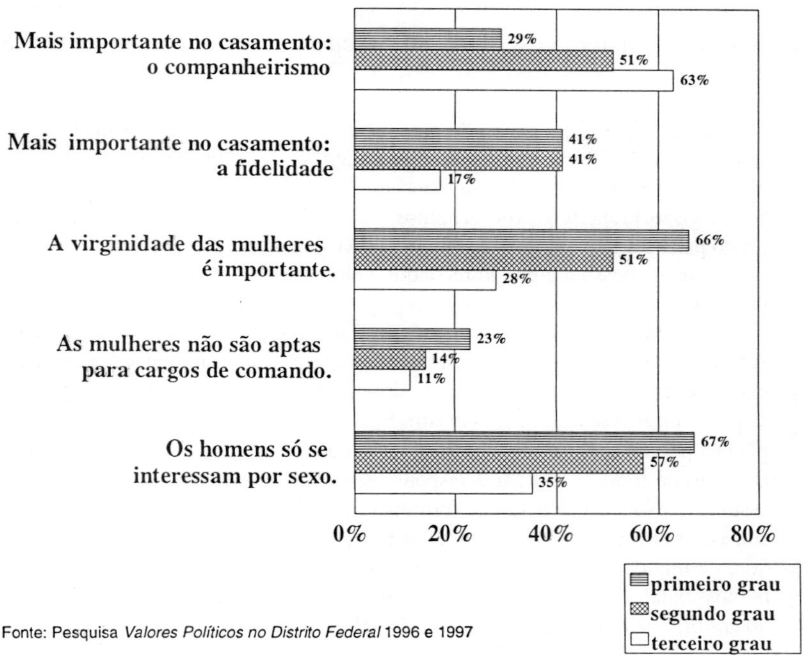

Fonte: Pesquisa *Valores Políticos no Distrito Federal* 1996 e 1997

brincalhão, é um dos países mais liberais para os homossexuais" –, observa-se a mesma tendência verificada anteriormente: pessoas com baixa escolaridade têm mais preconceitos.[17]

Resumo dos Resultados Empíricos

As Figuras 1 e 2 apresentam as relações entre as dimensões centrais deste estudo empírico. Para cada dimensão, um item do questionário foi selecionado, e, depois, estes itens foram correlacionados entre si.

A Figura 1 contém questões relativas ao conceito de reconhecimento por dignidade no sentido de Taylor. Respondentes que são a favor do regime político democrático e para os quais a participação política é um valor importante tendem a acreditar no contrato social estabelecido pela ordem legal. Eles rejeitam tanto as hierarquias sociais imutáveis e tomadas como naturais como o sistema político do clientelismo. Além disso, são a favor do conceito de igualdade social meritocrática ou liberal, o qual garante iguais chances para todos (por exemplo, no que se refere ao acesso ao sistema escolar), mas recusa a redistribuição de renda

[17] No tocante à parte que cuida do preconceito, muito aproveitamos do trabalho seminal de T.W. Adorno e sua equipe realizaram em *The authoritarian personality*, uma pesquisa empírica sobre preconceito realizada na década de 40 na área da baía de São Francisco. Aproveitamos, acima de tudo, a técnica adorniana de fundo psicanalítico das questões indiretas. Resumidamente, esta técnica desconfia de que o acesso a algo tão recôndito como preconceito seja possível diretamente. Como preconceito tem a ver com imagem pública e auto-imagem, a mentira para um público ou para si próprio é um perigo constante. A técnica de Adorno é formular as questões de tal modo que a responsabilidade e a culpa do entrevistado sejam suficientemente minimizadas para que este possa expressar seu preconceito se este de fato existir. Basicamente, nas duas orações que compõem a pergunta, a primeira cuida de dar uma aparência de objetividade ao preconceito de modo a mitigar a responsabilidade pessoal do preconceituoso em assumi-lo. No caso da pergunta formulada acima, a homossexualidade é associada a dois atributos aparentemente positivos (permissividade e brincadeira), mas que, na realidade e combinados, contribuem para retirar a seriedade da opção homossexual associando-a a um comportamento exótico e estigmatizável. ADORNO *et alii*. *The authoritarian personality*, New York: Norton, 1993.

GRÁFICO 6
Preconceitos sociais

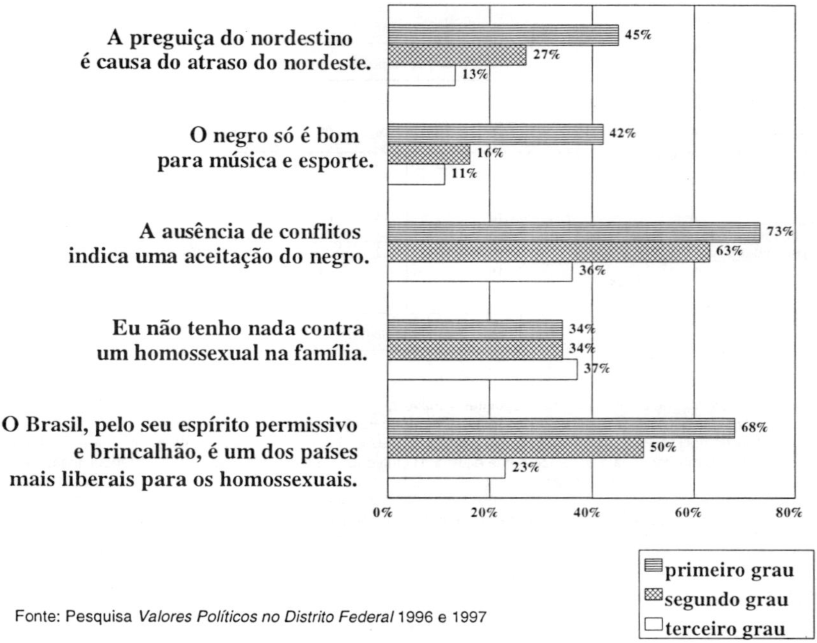

Fonte: Pesquisa *Valores Políticos no Distrito Federal* 1996 e 1997

dos ricos aos pobres. Este padrão de atitudes é característico da classe média brasileira mais escolarizada. O padrão oposto é com base na imagem hobbesiana de sociedade: a sociedade como uma luta de todos contra todos. Como conseqüência, tais pessoas têm pouca confiança na democracia e na ordem legal da sociedade moderna. Elas são a favor de um líder político forte e tendem a aprovar o sistema do clientelismo, esperando que o Estado ou os líderes políticos os protejam e melhorem sua situação material. Este padrão tende a ser mais freqüente na classe mais baixa, entre pessoas com baixa escolaridade. Os valores diversos revelam-se, portanto, possuidores de afinidades significativas importantes, podendo-se falar de "concepções de mundo" coerentes e díspares nos dois casos.

FIGURA 1
Correlações entre as dimensões de comportamentos e atitudes políticas

Nota: As correlações baseiam-se nas seguintes variáveis:
Participação política: Se o voto não fosse obrigatório você votaria? 1) Sim; e 2) Não.
Pró-democracia: Qual o melhor regime político do Brasil: 1) democracia; e 2) ditatura + monarquia + tanto faz. Pró-meritocracia: Para você o que é justo: 1) igualdade de oportunidades; e 2) assistência aos necessitados + direitos iguais. Imagem hobbesiana: É bobabem mudar as leis no Brasil, porque elas não são respeitadas: 1) concordo; e 2) discordo. Aceitação das hierarquias sociais: A melhor sociedade é aquela em que todos sabem o seu lugar e "cada macaco fica no seu galho": 1) concordo, e 2) discordo. Clientelismo: É justo receber ajuda em troco de apoio nas eleições: 1) concordo; e 2) discordo.

A Figura 2 é composta de itens que estão relacionados com o conceito de reconhecimento por autenticidade de Taylor. Aqui, o padrão é o seguinte: pessoas para as quais o respeito aos mais velhos é um valor central tendem, também, a dar mais ênfase ao respeito por valores religiosos como única fonte de vida espiritual; ao mesmo tempo, estas pessoas são mais propensas a ter preconceitos contra homossexuais e contra outras raças e grupos étnicos.[18] Este padrão de atitudes é mais freqüente entre pessoas com baixo nível educacional, enquanto o padrão oposto tende a ser encontrado mais freqüentemente entre as pessoas com alto grau de escolaridade.

[18] A questão sobre auto-realização no trabalho definitivamente deveria também inserir-se neste padrão. Porém, como esta questão estava no questionário de 1997 enquanto todos os outros itens da Figura B são do estudo de 1996, não foi possível incluir este item na matriz de correlações.

FIGURA 2
Correlações entre as variáveis medindo autoritarismo, preconceitos sociais e machismo

Nota: As correlações baseiam-se nas seguintes variáveis:
Respeito aos velhos: O que se deve ensinar às crianças: 1) respeito aos mais velhos; e 2) amor + virtude do trabalho + levar vantagem na vida. Autoritarismo: Do que o Brasil precisaria no momento seria uma figura com autoritade e mão forte: 1) concordo; e 2) discordo. Respeito com a religião: A ausência de religião indica uma franqueza de espírito: 1) concordo; e 2) discordo. Preconceitos raciais: O negro só é bom para música e esporte: 1) concordo, e 2) discordo. Preconceitos contra homossexuais: O Brasil, pelo seu espírito permissivo e brincalhão, é um dos países mais liberais para os homossexuais: 1) concordo; e 2) discordo. Machismo: a virginidade das mulheres é importante? 1) é importante; e 2) não é importante.

A fim de mostrar a relação entre estes padrões de atitudes e as atitudes relativas à política, também foi incluído um indicador para autoritarismo político na Figura 2. A correlação positiva entre a aprovação do autoritarismo político e o respeito aos mais velhos, o preconceito social e racial, etc. indica que os padrões da Figura 1 e da Figura 2 estão inter-relacionados. Atitudes igualitárias meritocráticas e democráticas caminham lado a lado com a tendência ao individualismo e à tolerância a outros grupos sociais. Por outro lado, atitudes antidemocráticas e expectativas clientelistas de uma redistribuição dos ricos aos pobres são acompanhadas pela aceitação das hierarquias tradicionais e dos valores e dos preconceitos contra grupos étnicos e minorias sociais.

Conclusões

O termo conclusões que serve de subcapítulo a parte final deste texto deve ser entendido no sentido hipotético e provisório do termo. Não acreditamos que nosso estudo possa oferecer mais do que algumas hipóteses de trabalho a serem verificadas com melhor precisão no futuro. Algumas dessas hipóteses, no entanto, não nos parecem completamente destituídas de interesse. O tema da abissal desigualdade social brasileira – tão felizmente expressa no nome "Belíndia" – foi e é um dos fios condutores principais do nosso pensamento social. O tema da superação do atraso e da ânsia por rápida modernização galvaniza os nossos melhores espíritos teóricos e práticos há séculos. Uma interpretação que nos parece especialmente interessante para nossos propósitos é aquela que podemos depreender de alguns trabalhos de Gilberto Freyre. Não se deve, no entanto, aproximar-se de um espírito tão rico e controvertido quanto o de Gilberto sem algumas palavras iniciais que contextualizem a aproximação.

Primeiro, a obra de Gilberto Freyre é extremamente desigual. E aqui encontramos um fato singular. Enquanto, normalmente, na maioria dos grandes autores, a obra de maturidade intelectual representa uma condensação intelectual que propicia maior grau de coerência e elaboração dos temas que marcaram a trajetória intelectual desses autores, Gilberto parece ser uma exceção a essa regra. Seus melhores livros são escritos ainda na década de trinta, quando o autor ainda era muito jovem, e, entre eles, especialmente *Sobrados e mocambos*, a sua obra-prima no nosso ponto de vista.

É antes de tudo sua reflexão sociológica em *Sobrados e mocambos* (a partir de agora simplesmente SM) que nos irá interessar aqui. Enquanto em *Casa grande e senzala* (a partir de agora CGS) temos, ainda, certa dominância do elemento narrativo sobre o analítico, em SM esses dois elementos estão admiravelmente proporcionados e se reforçam mutuamente. A posição de Freyre no pensamento social brasileiro parece-nos extremamente singular. Em vez de enfatizar a continuidade entre o legado ibérico e o Brasil – seja na vertente institucionalista que se produz na crítica ao conceito de patrimonialismo, seja na vertente culturalista que atenta para os obstáculos valorativos implicados nessa continuidade –, Gilberto enfatiza a especificidade das condições históricas brasileiras. O que confere singularidade à situação brasileira na sua visão não foi primariamente um mero transplante das raízes ibéricas ou, menos ainda, nossa inserção econômica no quadro do capitalismo da época como a historiografia de inclinação marxista afirma. Gilberto concentra-se na construção de uma visão da formação social brasileira que gostaríamos de denominar de "hermenêutica", para dar conta de sua novidade.

De forma paralela à intenção de Taylor com relação à modernidade ocidental, Gilberto tenta reconstruir o conjunto de valores e idéias constitutivos da nossa sociedade. E acreditamos que sua idéia básica o inclinava a privilegiar a nossa descontinuidade em desfavor da continuidade com relação à culturas já existentes. A descrição dessa semente inicial é o tema de CGS. Fundamental nesse aspecto é a situação social específica do Brasil colônia. De certa forma, Gilberto retira todas as conseqüências do fato de que **a família é a unidade básica**, dada a distância, do Estado português e de suas instituições, da formação brasileira, e interpreta o drama social da época sob a égide de um conceito psicoanalítico: o de sadomasoquismo.[19] Temos, aqui, um conceito limite de sociedade, em que a ausência de instituições intermediárias faz que o elemento familístico seja seu componente principal. Daí que o drama específico dessa forma societária possa ser descrito a partir de categorias social-psicológicas cuja gênese aponta para as relações sociais ditas primárias.

É precisamente como uma sociedade constitutiva e estruturalmente sado-masoquista, no sentido de uma patologia social específica, em que a dor alheia, a perversão do prazer se transforma em objetivo máximo das relações interpessoais, que Gilberto interpreta a semente essencial da formação brasileira. De forma distinta aos teóricos da primeira fase da Escola de Frankfurt,[20] os quais, também na mesma década de trinta, procuravam, com a

[19] Para Freud, tanto o sadismo quanto o masoquismo são componentes de toda relação sexual "normal" desde que permaneçam como componentes subsidiários. É apenas quando o inflingir ou receber a dor transforma-se em componente principal, ou seja, passa a ser o objetivo mesmo da relação, que temos o papel determinante do componente patológico.

[20] Ver, especialmente, a contribuição de Erich Fromm na coletânea: "Studien Über Authorität und Familie". Dietrich zu Klampen, Lüneburg 1987.

ajuda do mesmo conceito, explicar o nazismo partindo de um quadro categorial que pressupunha uma rígida estrutura hierárquica preexistente, em que a obediência acrítica em relação aos estratos superiores possuia uma conexão estrutural com o despotismo em relação aos grupos mais passíveis de estigmatização, Gilberto, enfatiza o elemento personalista.

É que patriarcalismo – conceito central da sua interpretação da especificidade brasileira –, para ele, tem a ver com o fato de que não existem limites à autoridade pessoal do Senhor de terras e escravos. Não existe justiça superior a ele, como em Portugal era o caso da justiça da Igreja que decidia em última instância querelas seculares, não existia também poder policial independente que lhe pudesse exigir cumprimentos de contrato, como no caso das dívidas inpagáveis de que fala Gilberto, não existia, ainda, poder moral independente visto que a capela era uma mera extensão da casa grande.

O Senhor de terras e escravos era, nesse sentido, um hiper-indivíduo, não o super-homem futurista nietzscheano que obedece aos próprios valores que cria, mas o super-homem do passado, o bárbaro sem qualquer noção internalizada de limites em relação aos seus impulsos primários. Sem limites externos que pudessem inibir e controlar a atuação social do Senhor de terras e escravos (e, por extensão, da unidade familiar representada por ele), o sadismo pode-se transformar de inclinação privada em forma social. Foi sádica a relação do homem português com as mulheres índias e negras. Era sádica a relação do senhor com suas próprias mulheres brancas, as bonecas para reprodução e sexo unilateral de que nos fala Gilberto.[21] Era sádica, finalmente, a relação do senhor com os próprios filhos, os seres que mais sofriam e apanhavam depois dos escravos.[22]

Este ponto não me parece um aspecto isolado e pitoresco da reflexão gilbertiana. Ao contrário, ele dá conta da dinâmica de um

---

[21] Freyre, Gilberto. *Casa grande e senzala*. Lisboa: Livros do Brasil, [s/d.]. p. 60, 326, 332. (a partir de agora, CGS)

[22] Freyre, Gilberto. *Sobrados e mucambos*. p. 68, 71. (a partir de agora, SM)

dos dois princípios estruturantes que dão compreensibilidade ao seu conceito de patriarcalismo e, portanto, a toda a empresa gilbertiana. Afinal, é o sadismo transformado em mandonismo que irá, mais tarde, sair da esfera familiar e invadir a esfera pública, inaugurando uma dialética profundamente brasileira de lidar com as noções de público e de privado. A conseqüência política e social dessas tiranias privadas, quando se transmitem da esfera da família e da atividade sexual para a esfera pública das relacões políticas e sociais, tornam-se evidente na dialética de mandonismo e autoritarismo de um lado, no lado das elites mais precisamente, e no populismo e no messianismo das massas por outro. Dialética essa que assume formas múltiplas e mais concretas nas oposições entre doutores e analfabetos, grupos e classes mais europeizadas e a massa ameríndia e a massa africana e assim por diante.

A explicação sociológica para a origem desse "pecado original" da formação social brasileira, para Gilberto, exige a consideração da necessidade objetiva de um pequeno país como Portugal solucionar o problema de como colonizar terras gigantescas: pela delegação da tarefa a particulares, antes estimulando do que coibindo o privatismo e a ânsia de posse. Para Gilberto, é de fundamental importância para a compreensão da singularidade cultural brasileira a influência continuada e marcante dessa semente profundamente singular e original.

A decadência do patriarcado rural brasileiro está ligada, diretamente, à ascendência da cultura citadina no Brasil. Esse processo, que a vinda da família real portuguesa ao Brasil veio consolidar, já estava prenunciado na descoberta das minas, na presença de algumas cidades coloniais de expressão, na necessidade de maior vigilância sobre a riqueza recém-descoberta e no maior controle, a partir de então, sobre o mandonismo privado. Exemplo típico e sintomático da mudança do poder do campo para as cidades é o caso das dívidas dos patriarcas rurais, antes incobráveis, e a partir de então sendo pagas sob força policial. Tão importante quanto a mudança do centro economicamente dinâmico foi a transformação social de largas proporções implicando novos hábitos, novos papéis sociais, novas profissões, nova hierarquia social.

A época de transição do poder político, econômico e cultural do campo para a cidade foi também em vários sentidos, a época do campo **na** cidade. De início, o privatismo e o personalismo rural foram transpostos, tal qual eram exercidos no campo, para a cidade. A metáfora da Casa e da Rua em Gilberto assim o atesta. O sobrado, a casa do senhor rural na cidade, é uma espécie de prolongamento material da personalidade do senhor. Sua relação com a rua, essa espécie arquetípica e primitiva de espaço público, é de desprezo, a rua é o lixo da casa, representa o perigo, o escuro, era simplesmente a não-casa, uma ausência. O sadomasoquismo social muda de habitação. Seu conteúdo, no entanto, aquilo que o determina como conceito para Gilberto Freyre, ou seja, o **seu visceral não-reconhecimento da alteridade**, permanece.

A passagem do sistema casa grande e senzala para o sistema sobrado e mocambo, fragmenta, estilhaça em mil pedaços uma unidade antes orgânica, antagonismos em equilíbrio, como prefere Gilberto. Esses fragmentos espalham-se, agora, por toda a parte, completando-se mal e acentuando conflitos e oposições. Da casa grande e senzala, depois sobrados e mucambos, e, talvez, hoje em dia, bairros burgueses e favelas, as acomodações e complementaridades ficam cada vez mais raras.

No entanto, a urbanização também representou uma mudança lenta mas fundamental na forma do exercício do poder patriarcal: ele deixa de ser familiar e abstrai-se da figura do patriarca passando a assumir formas impessoais. Uma dessas formas impessoais é a estatal que passa, por meio da figura do imperador, a representar uma espécie de pai de todos, especialmente dos mais ricos e dos enriquecidos na cidade, como os comerciantes e financistas. O estado, ao mesmo tempo, mina o poder pessoal pelo alto, penetrando na própria casa do senhor e lhe roubando os filhos e tranformando-os em seus rivais. É que as novas necessidades estatais por burocratas, juízes, fiscais, juristas, etc., todas indispensáveis para as novas funções do estado, podem ser mais bem exercidas pelo conhecimento que os jovens adquirem na escola, especialmente se essa fosse européia, o que lhes conferia ainda mais prestígio.

Também a relação entre os sexos mudou. A urbanização mitiga o excesso de arbítrio do patriarca ao retirar as precondições sob a influência das quais ele exercia seu poder ilimitado. O médico de família, por exemplo, insere, no lar doméstico, uma influência incontrolável pelo patriarca. É ele que irá substituir o confessor. O teatro, o baile de máscaras, as novas modas de vestir e os romances tornam-se mais importantes que a Igreja. Novo mundo abre-se para as mulheres, apesar do sexismo ter sido, para Gilberto, o nosso preconceito mais persistente.

De qualquer modo, as mudanças acima representam transformações importantes, porém limitadas, da autoridade patriarcal. Esta é obrigada a limitar-se na sua própria casa, mas a real mudança estrutural e "democrática" ainda estava por vir. Em SM, essa mudança recebe o nome de reeuropeização, ou até, dado o caráter difusamente oriental da sociedade colonial brasileira, de europeização do Brasil.

Impacto verdadeiramente democratizante parece ter sido, nesse contexto, o advento mais ou menos simultâneo do "mercado" e da constituição de um "aparelho estatal autônomo", com todos as suas conseqüências sociais e culturais. A reeuropeização teve um caráter de reconquista, no sentido da revalorização de elementos ocidentais e individualistas em nossa cultura pela influência de uma Europa, agora já francamente burguesa, nos exemplos da França, Alemanha, Italia, e, especialmente, da grande potência imperial e industrial da época e terra natal do individualismo protestante, a Inglaterra.

Tal processo realizou-se como uma grande revolução de cima para baixo envolvendo todos os estratos sociais, mudando a posição e o prestígio relativo de cada um desses grupos e acrescentando novos elementos de diferenciação. São esses novos valores burgueses e individualistas que se irão tornar o núcleo da idéia de "modernidade" como princípio ideologicamente hegemônico da sociedade brasileira a partir de então. Para além das mudanças econômicas, portanto, houve as culturais e políticas, com o advento das novas idéias liberais e individualistas, que logo conquistaram setores da imprensa e as tribunas parlamentares.[23] No entanto, nenhuma dessas mudanças importantes teve o impacto da entrada em cena, no nosso País, do elemento burguês democratizante por excelência: o conhecimento e, com ele, a valorização do talento individual, que tanto o novo mercado por artífices especializados, quanto as novas funções estatais exigiam. No âmbito do mercado, fundamental foi a introdução da máquina, a qual, como de resto sabia Karl Marx, não é mais do que conhecimento materializado. Gilberto está perfeitamente consciente da enorme repercussão social dessa inovacão técnica.[24] É que a máquina veio desvalorizar a base mesma da sociedade patriarcal, diminuindo tanto a importância relativa do senhor quanto do escravo, agindo como principal elemento dissolvente da sociedade e da cultura patriarcais.

Na nova sociedade nascente, são as antigas posições polares que perdem peso relativo, vindo beneficiar o elemento intermediário do sistema escravocrata, os ex-escravos livres, os "agregados" e protegidos da família patriarcal. Esses indivíduos, quase sempre mestiços, sem outra fonte de riqueza que não sua habilidade e disposição de aprender os novos ofícios mecânicos, quase sempre como aprendizes de mestres e artesãos europeus, passaram a formar o elemento mais tipicamente burguês daquela sociedade em mudança: o elemento médio, sob a forma de uma meia-raça. Em vez, apenas, dos apanágios exteriores de raça, dentro da complexa ritualística que, como consequência da maior proximidade social entre os diversos extratos sociais que a urbanização enseja, se instaura, no País, nessa época, como a forma da vestimenta, a comida, o modo de transporte, o jeito de andar, o tipo de

[23] É esse ambiente que cria o contexto da interpretação machadiana de Roberto Schwartz acerca das idéias fora de lugar, no caso, idéias liberais numa sociedade ainda escravocrata. A teoria das "idéias fora do lugar" guarda sua plausibilidade, certamente, apenas em um registro sincrônico. A partir de uma ótica diacrônica, percebemos que essas idéias seriam mais bem designadas como "a procura de um lugar", o qual, aliás, logo encontraram, sendo o individualismo e, por conseqüência, o liberalismo, um componente constitutivo da realidade brasileira desde então.

[24] SM, p. 489–508.

sapato, etc., temos um elemento diferenciador novo. Esse elemento é revolucionário no melhor sentido burguês do termo, visto que "interno" e, não, externo, sendo, antes, uma substância e um conteúdo do que uma aparência, mais ligados, portanto, mais a qualidades e talentos pessoais que a privilégios herdados.

O conhecimento, a perícia, passa a ser o novo elemento que passa a contar de forma crescente na definição da nova hierarquia social. Nesse sentido, serve de base para a introdução de um elemento democratizante, pondo de ponta cabeça e redefinido revolucionariamente a questão do *status* inicial para as oportunidades de mobilidade social na nova sociedade, uma democratização que tinha, como suporte, o mulato habilidoso. Do lado do mercado, essas transformações operam-se segundo uma lógica de "baixo para cima", ou seja, pela ascensão social de elementos novos em funções manuais, as quais, sendo o interdito social absoluto em todas as sociedades escravocratas, não eram percebidas pelos brancos como dignificantes.

O outro caminho de ascensão social do mulato, do mulato bacharel para Gilberto, de cultura superior e, portanto, mais aristocrático do que o mulato artesão, é o símbolo de uma modernização que se operou não apenas de "fora para dentro" e de "baixo para cima", mas também de "cima para baixo". O mestiço bacharel constitui uma nobreza associada às funções do estado e de um tipo de cultura mais retórico e humanista do que a cultura mais técnica e pragmática do mestiço artesão. O estado, portanto, e não apenas o mercado como semente de uma incipiente sociedade civil, foi também um *locus* importante dessa nova modernidade híbrida, já burguesa, mais ainda patriarcal, se bem que de um patriarcalismo já sublimado e mais abstrato e impessoal na figura do imperador pai de todos, e já mais afastado, portanto, do patriarcalismo familístico todo dominante na colônia.

O aspecto essencial dessa mudança e que nos interessa mais de perto é o fato de que o patriarcalismo não apenas se torna impessoal e se institucionaliza mas também passa a competir com um outro sistema de valores, o individualista e meritocrático, em uma complexa relação de oposição e complementariedade. A partir desse instante, a tradição ocidental européia, da Europa já individualista e burguesa bem entendido, já é, em parte, um componente intrínseco da realidade brasileira. O extraordinário esforço de absorção desses valores produz-se, portanto, tanto em um contexto de verdadeira assimilação e de sóbrio aprendizado cultural, quanto de imitação superficial e arrivista (o contexto do "para inglês ver"), seja para fins de ascenção social, seja para a satisfação de necessidades de autocomplacência provinciana. Nossa história é abundante em exemplos dos dois casos.

É esse o contexto que permite a Roberto DaMatta empreender sua análise das ambigüidades envolvidas no encontro entre dois sistemas valorativos concorrentes. Vale notar que a própria idéia damattiana de um "dilema brasileiro", a partir do confronto entre dois sistemas de valores rivais, um personalista e outro individualista, reflete clara influência gilbertiana. Em SM, encontramos a reconstituição da gênese mesma desse processo no embate entre patriarcalismo, como herança colonial brasileira e base do personalismo, por um lado, e reeuropeização, com a introdução dos novos valores da modernidade, no sentido burguês e individualista deste último termo, por outro. Análise mais detida desse ponto nos dois autores será feita mais tarde.

Nesse sentido, podemos compreender o argumento gilbertiano, em SM, como uma espécie de genealogia do Brasil moderno. Todos os elementos do Brasil moderno já estão em jogo no período histórico que começa com a abertura dos portos e a chegada da família real: urbanização crescente (e desordenada) e desenvolvimento de um mercado e aparato estatal incipiente, na dimensão macrossociológica e institucional; e o contexto de luta e concorrência, por um lado, e acomodação e compromisso, por outro, entre os dois sistemas de valores concorrentes, no plano microssociológico da socialização e da reprodução simbólica na competição entre patriarcalismo e individualismo.

Importante para nosso argumento, no entanto, é que a dinâmica social dessa sociedade híbrida irá reproduzir uma constelação muito peculiar. Os valores individualistas e meritocráticos tendem a ter, como suportes, os estratos médios, tanto no período histórico tratado por Gilberto, assim como hoje, como os nossos dados sugerem. Os valores tradicionais e personalistas, ao contrário, tendem a se localizar, preponderantemente, nos estratos populares e despossuídos.

Importante para perceber como essa dualidade valorativa se vincula ao tema da estratificação social de forma orgânica e íntima é pensarmos outro aspecto do processo de modernização freqüentemente esquecido, seja pelos grandes teóricos da modernidade, como Marx ou Weber, seja pelo nosso próprio pensamento social. Também aqui Gilberto se mostra uma exceção. É que Gilberto tinha clara consciência de que, com a reeuropeização do Brasil, o primado cultural não-despótico do português, que não só admitia como até estimulava compromissos e acomodações com as tradições culturais dominadas, foi substituído pela dominação de valores culturais percebidos como absolutamente superiores em relação a valores culturais tidos, agora, como absolutamente inferiores.

As leis citadinas da primeira metade do século XIX documentam incontável número de sanções, algumas absurdas, contra valores não-europeus ou rurais. Comportamentos estes, como diziam os jornais da época, "que nos fariam parecer selvagens aos olhos dos europeus", o nosso ubíquo *panopticum*, todo vigilante e cioso, desde então.[25] A estigmatização de valores portugueses, mouros, judeus e negros, que, no final do século XVIII já eram "brasileiros", seria uma conseqüência dessa nova e rígida hierarquia valorativa. Para além da estigmatização, Gilberto pensa na criminalização de ritos e festas africanas, como a capoeira, por exemplo, que foi proibida pela polícia, ajudando a sua transformação, na época, de jogo e dança em arma de vingança e revolta.

Esse aspecto é fundamental para nosso raciocínio como veremos em breve. Essa idéia parece estar na base também do peculiar diagnóstico de Norberto Elias acerca do processo de modernização na Europa. Elias percebe o processo civilizatório ocidental não apenas e não principalmente como o desabrochar de mudanças racionais e refletidas visando ao melhoramento da vida social. Antes disso, temos, como decisiva, a necessidade de os

[25] SM, p. 426, 433, 462, 464.

setores mais abastados se distinguirem dos menos favorecidos, de modo a se perceberem legitimados na sua superioridade. Essa é uma necessidade que nasce com a própria modernidade. Anteriormente, na Idade Média, por exemplo, o estrato superior não tinha necessidade deste tipo de legitimação. O cavaleiro medieval exercia a dominação sem subterfúgios das armas, prescindindo de outro tipo de invólucro legitimador. A diferença social, neste estágio, é evidente para todos e garantida pela força.

O aumento da competição social, no entanto, provoca a necessidade de distinção social por outros meios. Nesse novo contexto, nasce uma nova necessidade social no sentido da construção de uma "estilização" da condução da vida como um todo, segundo certos padrões tidos como superiores, mais nobres, mais sofisticados, etc. Como a "estilização" tende a dominar toda a personalidade individual, o controle racional internalizado, o *self pontual* de que fala Taylor, é um pressuposto do próprio processo. O movimento mostra-se, tipicamente, como um meio de auferir distinção social por parte do estrato dominante. Assim, na medida em que o novo comportamento é assimilado, este perde seu caráter diferenciador e novos refinamentos têm de ser produzidos.

O interesse genético de Elias, nesse sentido, não se dirige à determinação da especificidade ocidental por oposição a outras culturas, como, por exemplo, Max Weber. Sua atenção concentra-se na direção desse processo e na determinação da sua dinâmica intrínseca. Como vimos, a necessidade de distinção social não é intrinsecamente "racional", ou seja, baseada em alguma espécie de necessidade social fundamental. Ao contrário, ela é também, em grande medida pelo menos, arbitrária, estigmatizando alguns comportamentos e favorecendo outros de acordo com as necessidades de legitimação dos estratos sociais superiores. A justificação destes comportamentos como mais racionais, mais saudáveis ou higiênicos é **posterior** a sua estigmatização.

Na medida em que se consolida o poder dos estratos sociais em benefício dos quais o processo civilizatório se fez, temos a expansão e a tradução da visão de mundo destes à nação como um todo. Referindo-se ao exemplo francês, Elias nota que o conceito de *civilisation* deixa, paulatinamente, de significar o destino social específico da burguesia francesa para representar a autoconsciência (de superioridade) da nação como um todo. O objetivo legitimador agora se refere ao expansionismo e ao esforço colonizador do País como um todo.[26] O interesse de Elias é marcadamente desmistificador. A ele, interessa apontar o caráter arbitrário e derivado de justificações aparentemente neutras com respeito a valor.

Normalmente, costuma-se opor as genealogias da modernidade que enfatizam o elemento pedagógico e, portanto, de validade universal desse processo, às genealogias que enfatizam, ao contrário, a dimensão do poder e, portanto, os seus elementos arbitrários e contingentes. Mais interessante seria, talvez, unir as duas perspectivas que não são de modo algum incompatíveis. O fato de o desenvolvimento ocidental apresentar, pelo menos para alguém "filho" dessa cultura como diria Weber, aspectos irrenunciáveis para a relação dos homens com seu ambiente natural e social não prejudica a percepção do mesmo processo como fundamentador e legitimador de formas de dominação intergrupais e interculturais mais ou menos injustas ou arbitrárias. Os dois aspectos já estão combinados em Taylor. O princípio da dignidade que implica igualdade, por um lado, logra ser internalizado como um valor na medida em que representa, ao mesmo tempo, um aumento da "auto-estima", ao separar e privilegiar os homens em relação à natureza e à "grande cadeia de seres vivos". Desse passo à arrogância em relação aos homens e culturas estranhas e que

[26] Elias cita o discurso de Napoleão à sua tropa pouco antes de ocupar o Egito em 1798: "Soldados, vocês estão prestes a empreender uma conquista, cujas conseqüências para a civilização são imprevisíveis" (Elias, 1990, p. 63). Ao contrário do que ocorreu por ocasião da formação do conceito de civilização, este seria usado agora como representando a nação como tal e seu direito e legitimidade de conquistar outros povos. Toma-se agora o resultado do processo civilizatório simplesmente como expressão da própria capacidade e superioridade. O fato de se perguntar como e por quê, ao longo de muitos séculos, se chegou ao comportamento civilizado não mais interessa. E a consciência da própria superioridade presta, agora, às nações colonizadoras e conquistadoras, o mesmo serviço que já havia prestado ao interesse legitimador dos estratos superiores (Elias, 1990, p. 63–64.).

não participam do mesmo horizonte valorativo é uma diferença de grau e não mais de qualidade. São contextos como esses que nos aconselham na direção de uma perspectiva que contemple a ambivalência das formações culturais particulares e, portanto, a consciência de suas contradições e aporias.

A consideração simultânea da visão peculiar de Elias sobre o processo civilizatório permite-nos introduzir um elemento de determinação de classe na problemática da dualidade valorativa brasileira, elemento esse que não é visível, em toda a sua riqueza e extensão, por exemplo, na visão damattiana do mesmo tema. Na visão de DaMatta, teríamos a existência de dois sistemas valorativos concorrentes, sendo o elemento individualista simultâneamente mais visível e mais superficial, e o elemento personalista simultâneamente menos perceptível (porquanto, em um contexto individualista, ele é tido como ilegítimo) e mais eficaz, visto que na lógica do "você sabe com quem está falando?" seria o discurso personalista e hierarquizador que teria a última palavra, de modo a, precisamente, poder dirrimir, em última instância, o conflito entre desiguais e restaurar a paz hierárquica.

Nossos dados apontam para uma outra dinâmica social do conflito valorativo. É verdade que o discurso moderno do individualismo como moralmente superior é o único aceito como legítimo. Mas não no sentido de que ele é meramente superficial e encobridor das "reais relações", da gramática social mais profunda, a qual, efetivamente, regeria o contato social no mundo híbrido brasileiro. Essa leitura da dualidade valorativa brasileira tem, como pressuposto, a idéia de que o individualismo como sistema valorativo não foi efetivamente "assimilado", mas possuiria, antes de tudo, uma dimensão "instrumental", *ad hoc*, "para inglês ver" no nosso País. Essa não nos parece ser a melhor maneira de perceber a articulação desses dois sistemas valorativos.

Ao contrário, é a assimilação efetiva (e necessariamente incompleta como veremos adiante) pelo estrato dominante do ideário ocidental que permite compreender tanto a enorme força social e arregimentadora desses valores entre os brasileiros, como o fato de que a desigualdade social abismal entre nós seja, em tão grande medida, "justificada" e naturalizada. Teríamos, assim, uma cultura marcada por uma singularidade perversa: uma ocidentalização com desigualdade. A lógica da esfera jurídica e da esfera política parece confirmar esses dados do sistema valorativo, como teremos ocasião de analisar adiante.

Já Gilberto Freyre percebia que o processo de "reeuropeização" no Brasil do século XIX, tinha elementos meramente imitativos do tipo para "inglês ver", mas que tinha, também, elementos importantes de real assimilação e aprendizado cultural, como um processo que marcaria uma oposição fundamental na sociedade brasileira a partir de então entre o segmento europeizado superior e o elemento não-ocidental, que ele designa vagamente como "oriental" para se referir ao conjunto de influências culturais africanas, árabes, ameríndias, etc., socialmente inferior.

Em Freyre, a lógica da assimilação/imitação dos valores individualistas ocidentais vai, de certa forma, substituir, na nascente sociedade urbana brasileira, o princípio hierarquizador operante na sociedade escravocrata colonial. Em vez da oposição senhor/escravo, passa a ser determinante a filiação do indivíduo ou grupo aos novos valores ocidentalizantes, especialmente do individualismo, como fica claro na nova possibilidade de alcançar projeção social por meio do conhecimento, como vimos, da forma burguesa e individualista por excelência, dada sua independência em relação à critérios adscritivos de estamento e raça e sua determinação interna, envolvendo necessariamente os elementos de vontade e responsabilidade individual.

Paralelamente a essa dimensão "racional" da assimilação valorativa do ocidente no nosso País no século passado, o raciocínio de Gilberto percebe um "outro" componente semelhante àquele desenvolvido por Elias nesse aspecto. A "posse" real ou fictícia desses novos valores que tomam a nação de assalto vai ser o fundamento da identidade de grupos e classes sociais e a base do processo de separação e estigmatização dos grupos percebidos como não-participantes dessa herança. A "ânsia de modernização", de resto estampada na bandeira da nação nas palavras de ordem de "ordem e progresso", passa, a partir dessa época, a dominar a sociedade brasileira como o princípio unificador das diferenças sociais, o princípio em relação ao qual todas as outras divisões devem ser secundarizadas.

É em nome dela também que passa a operar a distinção entre os estratos europeizados dos africanos e ameríndios, com toda a sua lista de distinções derivadas tipo doutores/analfabetos, homens de boas maneiras/joão-ninguém, competentes/incompetentes, etc. A "posse" de valores europeus individualistas vai, dessa forma, legitimar a dominação social de um estrato sobre o outro, vai justificar os privilégios de um sobre o outro, vai calar a consciência da injustiça ao racionalizá-la, e vai permitir a "naturalização" da desigualdade como a percebemos e vivenciamos hoje. A assimilação dos valores da modernidade individualista ocidental não é, portanto, dominada por valores personalistas como pressupõe a interpretação damattiana. Ela é o próprio veículo que preside a hierarquia social e suas subdivisões. Nesse novo contexto, a estratificação social vai ser determinada a partir da perspectiva de quem contribui para o progresso social segundo uma hierarquia valorativa cujo suporte social são as classes dominantes.

Nossos dados sugerem uma surpreendente continuidade desse padrão. Enquanto as expectativas valorativas da classe média brasileira se aproximam daquelas vigentes nos mesmos setores em alguns dos países mais tipicamente individualistas do ocidente (no sentido do pós-materialismo de Ronald Inglehart ou segundo a noção de autenticidade em Taylor), a expectativa dos setores populares reflete uma concepção de mundo que poderíamos designar como "não-ocidental", ou difusamente "oriental" no sentido empregado por Freyre. Esse mundo do personalismo, dos valores tradicionais e do predomínio das relações verticais sobre as de solidariedade horizontal mostrou-se resistente durante todo o século XIX, por exemplo, a participar de qualquer uma das inúmeras rebeliões que agitaram o País em nome de ideais abstratos universalizantes, os quais, se efetivados, teriam permitido melhor posição social precisamente para esses estratos privilegiados negativamente. Ao contrário, os pobres e os negros lutaram quase sempre ao lado das instituições tradicionais e personalistas, preferindo o ganho concreto prometido pela relação de lealdade/proteção.[27]

É como se a dimensão da "dignidade" no sentido tayloriano, ou seja, as conquistas que têm a ver com a universalização de direitos e com a noção de igualdade (ou de segurança social no registro mais concreto de Inglehart) não tivessem encontrado espaço para institucionalização. A dimensão da autenticidade, no entanto, que não contempla a universalização e igualdade, mas a diferenciação e uma individualização mais conteudística e finalística, a qual, temporalmente, se difundiu mais tarde nos países centrais, mostra-se plenamente desenvolvida no nosso País, como os dados sugerem. Os estratos populares, ao contrário, apegam-se ao valor político pré-moderno de justiça substancial e da definição tradicional de papéis sociais.

Comparando-se com os países centrais, teríamos um quadro aproximadamente como o seguinte. Nesses países, os estratos menos educados apegam-se, tipicamente, a temas e valores da segurança social no sentido moderno, ou seja, temas derivados da universalização de direitos e demandas por igualdade formal e efetiva (dignidade para Taylor). A diferença em relação aos estratos mais educados mostra-se evidente na medida em que se concentram em temas que tem a ver com uma individualização mais conteudística, mais estetizante e diferenciada, por um lado, assim como pela recusa de uma relação instrumental em relação a si, aos outros e ao meio ambiente, por outro.

No Brasil, é como se tivéssemos uma concepção de mundo pré-moderna ou oriental, nos estratos populares, e uma concepção de modernidade tardia nos estratos mais educados e como se faltasse esse campo intermediário comum, que se materializa nas demandas por igualdade e direitos universalizáveis, espaço esse que historicamente foi produto das lutas políticas das classes trabalhadoras e menos favorecidas na Europa do século XIX.

A surpresa inicial diminui proporcionalmente quando examinamos não apenas a lógica do subsistema valorativo, responsável

[27] SM, p. 365–366.

pela reprodução simbólica dos padrões culturais e normativos, mas também sua relação com outras esferas sociais mais formalizadas. O direito é uma esfera fundamental nesse sentido. Como vários pensadores modernos crescentemente reconhecem, cabe, ao direito, em uma sociedade do tipo da moderna, precisamente, estabelecer o papel de mediação entre as expectativas valorativas sociais difusas – em parte levadas a cabo pela formação democrática da vontade – e as esferas mais institucionalizadas da sociedade como a economia e a política.[28] Esse aspecto é fundamental considerando-se que são as instituições que seletivamente contribuem para criar uma certa expectativa de comportamento, a qual tende a se generalizar em dada sociedade, privilegiando certas expectativas em detrimento de outras.

Para o caso brasileiro, o sociólogo do direito Marcelo Neves pleiteia uma interpretação interessante e complementar ao nosso argumento nesse ponto.[29] Na modernidade dos países centrais, a conquista de dimenções crescentes de cidadania – a noção central do tema da universalização de direitos – esteve relacionada a um processo de autonomização e diferenciação interna da esfera jurídica. Apenas quando a esfera jurídica logrou subordinar todo o conjunto de influências políticas e econômicas segundo critérios próprios, foi possível ocorrer generalização includente de toda a população no direito, significando acesso tanto às vantagens quanto aos deveres da cidadania. No sentido de Marshall, cidadania pressupõe igualdade de direitos e deveres, e apenas um sistema jurídico autônomo permite esse tipo de reciprocidade.

No caso da modernidade periférica do tipo da brasileira, inexiste autonomia da esfera jurídica inexistindo, portanto, também a relação de reciprocidade. Nesse sentido, Neves refere-se aos conceitos de subcidadania e sobre-cidadania para especificar o sentido dessa não-reciprocidade. O subcidadão não está simplesmente

---

[28] HABERMAS, Jürgen. *Faktizität und Geltung*. Frankfurt, Suhrkamp, 1992.

[29] NEVES, Marcelo. "Entre integração e sobreintegração: a cidadania inexistente". *In* SOUZA, Jessé (org.). *A diferença democrática: multiculturalismo, democracia e singularidade cultural brasileira.* Rio de Janeiro: Contracapa, 1999. (no prelo)

excluído. Embora a ele falte condições de exercer a dimensão positiva dos direitos fundamentais, ele é obrigado a arcar com todos os deveres e todas as responsabilidades impostos pelo poder do Estado. A sua "integração" ao sistema jurídico dá-se como devedor, indiciado, réu, etc. Nesse sentido, a subintegração das massas é apenas a outra face da sobreintegração do sobrecidadão que tem a "escolha" de lançar mão, ou não, do estatuto jurídico para suas finalidades, estando nesse sentido, de certa forma, "acima da lei", sendo a impunidade a forma mais conspícua de sobreintegração.

A lei nesse sentido, e a Constituição em particular, não agem como mecanismo de garantia da autonomia da esfera jurídica ante interesses particularistas. A "desjuridificação", resultante desse estado de coisas, implicaria uma modernidade negativa, em que a complexidade mostra sua face apenas desagregadora e desestruturante e em que a superação da moralidade convencional é apenas descontruída, sem que ocorra a constituição do meio por excelência da garantia da moralidade pós-convencional, precisamente pela eficácia de um sistema jurídico autônomo no sentido delineado acima.

O ponto central do argumento de Neves refere-se, portanto, ao elemento da ausência da institucionalização da dimensão da "dignidade", no sentido de Charles Taylor, ausência essa que havíamos encontrado também na nossa pesquisa na dimensão valorativa. O direito, nesse caso, funciona como um mecanismo que mantém e perpetua uma expectativa de comportamento que reforça o tipo de horizonte valorativo das massas despossuídas, seja na manutenção do tradicionalismo, seja, no pior dos casos, na anomia destrutiva que encontramos nos subúrbios de nossas grandes cidades. Cria-se, dessa forma, um círculo vicioso em que as expectativas na dimensão simbólica da reprodução de padrões normativos e dos valores culturais se confirmam na dimensão institucional, a qual, por sua vez, reforça, com prêmios e castigos seletivos, dialeticamente, a manutenção do padrão valorativo e normativo desigual.

No entanto, o quadro pessimista desenvolvido acima precisa de ser contrabalançado, pelo menos parcialmente, por novidades políticas importantes que têm ocorrido no nosso País nas últimas décadas. O movimento pelas Diretas já em meados da década de 80 e o movimento pelo *impeachment* do presidente Fernando Collor no começo da atual década mostraram que as demandas por "dignidade", no sentido da universalização de direitos – no caso das Diretas Já, a demanda por participação política generalizada e, na campanha pelo *impeachment*; a demanda de que **ninguém** deve estar acima das leis – passaram a ser um tema político de alta relevância no Brasil. Esse dado é fundamental porque apenas a institucionalização do princípio da "dignidade" pode possibilitar o encurtamento do fosso social e cultural que dilacera nossa sociedade.

Preocupante por outro lado, é o fato mesmo de que, precisamente como os dois movimentos populares mencionados acima demonstram, a classe média foi o setor mais diretamente envolvido na memorável mobilização popular ocorrida nessas duas ocasiões. O problema é que, ao contrário das demandas por autenticidade, as demandas por dignidade pressupõem políticas majoritárias e engajamento conseqüente da imensa maioria de despossuídos e não apenas intervenção episódica de uma minoria. A própria forma de protesto, como os buzinaços e as passeatas motorizadas, apontam para a característica de classe dos protestos.[30]

Não se trata aqui de culpabilizar as vítimas do processo de modernização brasileiro pelo seu próprio abandono. Ao contrário, trata-se de lembrar que modernização ocidental sempre representou não apenas a procura de desenvolvimento econômico e

[30] Lembramo-nos, nesse sentido, de um fato muito significativo ocorrido praticamente na mesma época das passeatas dos caras-pintadas dos colégios secundaristas de classe média: os "arrastões" realizados por jovens da periferia do Rio de Janeiro. O deputado José Genoíno, do PT, em debate realizado no Congresso Nacional na ocasião, propôs uma interpretação muito interessante dessa estranha simultaneidade temporal. Para Genoíno, os arrastões seriam uma forma pré-política de protesto, no caso, um grito desesperado de existência daqueles jovens desafortunados, uma espécie de resposta à celebração da mídia ao engajamento dos garotos de classe média. Essa forma pré-política de revolta do individualismo anômico que grassa nas nossas grandes cidades é, de resto, o estofo da admirável literatura urbana de um Rubem Fonseca.

bem-estar material, mas também a expansão de educação e do hábito da reflexão para amplos setores sociais. Democracia política parece depender tanto (ou até mais) do segundo aspecto quanto do primeiro. Nosso debate político e intelectual, no entanto, sempre se concentrou no primeiro aspecto, o da racionalidade instrumental, e descurou do segundo, a da constituição de uma cultura do diálogo e da reflexão públicas. O descaso pela função pedagógica da televisão no nosso País, por exemplo, demonstra esse esquecimento. Desse modo, podemos perceber o abismo valorativo institucionalmente reproduzido como o desafio em aberto para a construção de uma sociedade democrática no nosso País nesse século que se inicia.

Indivíduo, Comunidade e Cultura: Fronteiras do Debate entre Liberalismo e Comunitarismo no Brasil*

Lúcio R. Rennó Júnior

Comunidade, indivíduo, bem comum e procedimentos de justiça são conceitos centrais da teoria da democracia, principalmente quando se enfoca a discussão entre a perspectiva liberal e a perspectiva comunitarista. Qualquer tentativa de contribuir para esse debate exige a identificação da relação entre esses conceitos nas distintas correntes.

Um possível eixo de estruturação dessa relação, tanto na visão liberal quanto na comunitarista, é a autonomia individual ante a influência da comunidade. Dependendo da forma como se encara a interação entre indivíduo e sociedade, as interpretações sobre os fins do regime democrático tornam-se distintas. Uma das principais diferenças entre comunitarismo e liberalismo político é fruto da discordância entre essas correntes sobre o papel do indivíduo em interação com a sociedade.

O objetivo deste texto é duplo. Primeiro, discutir apenas um dos aspectos do debate corrente entre comunitarismo e liberalismo, qual seja, a relação entre indivíduo e comunidade e suas conseqüências para a definição dos fins do regime político. Não se trata, portanto, de uma revisão da literatura sobre o tema, mas apenas o enfoque

* Gostaria de agradecer a Jessé Souza e Luis Felipe Miguel pela leitura atenta de versões preliminares deste texto e pelas valiosas sugestões.

em um de seus aspectos centrais, de acordo com a abordagem de alguns dos principais expoentes de ambas as correntes.[1] Será feita uma exposição esquemática da discussão liberal e comunitarista, visando a destacar as diferenças essenciais entre essas correntes. Em seguida, pretendem-se apresentar dados sobre a realidade brasileira, de forma a situá-la em relação a essa discussão sobre democracia. Portanto, o segundo objetivo do texto é identificar, por meio de dados individuais sobre o comportamento associativo do cidadão brasileiro, qual perspectiva mais se aproxima de nossa realidade; qual dos dois projetos políticos é mais viável, levando em consideração o padrão cultural brasileiro, ou ainda, se a realidade brasileira permite que o problema seja colocado dessa forma, como uma opção entre políticas liberais e comunitaristas. Trata-se de uma tentativa de trazer a discussão entre liberalismo e comunitarismo – que, tradicionalmente, se dá em um nível filosófico, entendido como "explicitação dos pressupostos de qualquer análise teórica",[2] –para um nível embasado em dados empíricos. Tal empreitada é importante porque ambas as perspectivas resultam em preferências políticas práticas, com características próprias distintas, que visam a influir na realidade concreta, cotidiana. Por conta disso, é indispensável que o debate se volte para a empiria.

Será testada a hipótese de que a lógica da desconfiança, prevalecente na cultura política brasileira, dificulta a formação de comunidades e o fortalecimento de elos associativos entre os cidadãos, o que apresenta obstáculos sérios tanto para a perspectiva liberal, quanto, e principalmente, para a comunitarista.[3]

---

[1] Para uma revisão bibliográfica mais completa sobre o debate entre comunitaristas e liberais, veja: COSTA, Sérgio, WERLE, Denilson Luis, "Liberais, comunitaristas e as relações raciais no Brasil". *Novos Estudos Cebrap*, n. 49, nov. 1997.

[2] SOUZA, Jessé "Multiculturalismo, racismo e democracia: por que comparar Brasil e Estados Unidos?". *In* SOUZA, J. (org.). *Multiculturalismo e racismo: uma comparação Brasil/Estados Unidos*. Brasília: Paralelo 15, 1997.

[3] Para uma discussão aprofundada sobre cultura da desconfiança, veja: RENNÓ JR., Lúcio R. *Cultura política da desconfiança e racionalidade cultural: o estudo do DF em 1995*. Brasília: Universidade de Brasília/Departamento de Ciência Política, 1997, Dissertação de Mestrado. Sobre cultura política ver: ALMOND, G., VERBA, S. *The civic culture revisited*. Boston: Little, Brown & Company, 1981, e RENNÓ JR., Lúcio R. "Revisitando a corrente dominante da teoria da cultura política". *Pós – Revista Brasiliense de Pós-Graduação em Ciências Sociais*, ano 1, v. 1, n. 1, 1997.

Defende-se, aqui, que a cultura é como um molde da formação de preferências dos indivíduos. Cultura política, segundo Almond e Verba, é o conjunto de orientações subjetivas dos cidadãos. O conceito é uma herança direta da preocupação weberiana de interpretação das ações individuais a partir do sentido atribuído a elas pelo agente, ou seja, o estudo da cultura política é uma maneira de identificar o sentido dado à ação pelo sujeito; "o ponto de partida são sempre as vivências e representações subjetivas dos indivíduos atores" como bem coloca Souza.[4]

Dessa forma, a cultura política pode ser vista como ligação entre indivíduo e sociedade, permitindo até mesmo a constatação das formas de interação preferenciais dos indivíduos por meio de dados coletados por levantamentos de opinião pública. Logo, a relação entre sociedade e indivíduo pode ser analisada com o auxílio do estudo da cultura política, possibilitando a indicação da existência de possíveis entraves à adoção dos pressupostos e das propostas políticas defendidas pela visão filosófica liberal e comunitarista. Contudo, vale deixar claro que não se nega a influência da filosofia política liberal na formação do modelo político-institucional brasileiro. Pretende-se apenas, e de forma modesta, apontar a existência de obstáculos culturais ao exercício pleno dos ideais liberais e, principalmente, de idéias mais radicais, como propõe a perspectiva comunitarista.

A visão rawlsoniana de primazia da justiça e seus procedimentos sobre o bem comum é o estopim da reação comunitarista à perspectiva liberal sobre democracia.[5] Para Rawls, o papel destinado à comunidade é de coordenadora dos distintos conceitos de bem, os quais são definidos individualmente.

[4] Souza, Jessé, "O malandro e o protestante", 1998.

[5] Veja: Rawls, John. *A theory of justice*. Cambridge: Harvard University Press, 1971, e Joas, Hans, "Comunitarismo: uma perspectiva alemã".

Uma crítica fundamental do comunitarismo ao liberalismo político refere-se à visão de indivíduo como descolado de laços sociais, implícita no papel atribuído à comunidade por Rawls. Já que a comunidade é mera juíza da justa execução dos fins privados, o fim do regime democrático passa a ser as regras em si e, não, as conseqüências destas para a vida prática dos indivíduos em comunidade. O que define a democracia, portanto, são os seus meios e, não, os fins coletivos. Para os comunitaristas, o liberalismo é uma visão de fins neutros.

Essa crítica ao enfoque liberal nos procedimentos de justiça está na essência da defesa da política de reconhecimento feita por Taylor.[6] Para esse autor, o grande problema da visão procedural de democracia é sua rigidez quanto às regras existentes sobre direitos individuais. Não há espaço, na visão liberal, para a aplicação diferenciada das regras entre grupos distintos, em contextos culturais diferentes, porque os direitos das coletividades não estão previstos pelo arcabouço legal defendido pela perspectiva liberal. Apenas os fins privados individuais são considerados pela justiça liberal e todos os esforços são voltados para a garantia desses fins, desde que eles não interfiram nos direitos dos demais.

Taylor, por sua vez, aponta para a possibilidade de existência de fins – objetivos, coletivos. As comunidades podem-se organizar por um bem coletivo sem depreciar os cidadãos que não pertencem ao grupo. Há a possibilidade de aplicação diferenciada dos direitos em contextos culturais distintos sem, com isso, afetar os direitos individuais fundamentais, universalmente válidos, ou seja, a democracia não precisa de ter fins neutros – ela pode, e deve, ter, como objetivo, o bem comum, a boa vida do maior número. Para isso, é necessário que ela não tenha a rigidez procedural defendida pelos liberais, principalmente em ambientes marcados pela convivência entre coletividades com fins conflitantes. Em uma situação como tal, o reconhecimento das diferenças entre os grupos e a formulação de políticas que melhorem

[6] TAYLOR, C. "The politics of recognition" *In* GUTMAN, Amy. *Multiculturalism: examining the politics of recognition.* New Jersey: Princeton University Press, 1994.

a vida desses grupos é dever do regime democrático, mesmo que para isso seja necessário gerar tratamento legal diferenciado.

Em contrapartida, uma defesa consistente do pensamento político liberal é feita por Will Kymlicka.[7] Segundo esse autor, os projetos e objetivos pessoais, os fins individuais, constituem a principal preocupação do liberalismo político. Mas não se trata de um indivíduo isolado e atomizado. O indivíduo, na visão liberal, sempre está interagindo com outros e sempre está sendo influenciado pelo contexto em que está inserido. Não se trata de um indivíduo sem laços sociais, vivendo apenas de acordo com seus desejos. Sempre que há convivência com outros, há sociedade, regras e interação.

As regras, por sua vez, são apenas garantias da possibilidade de consecução dos fins individuais. As leis são meios e, não, fins, na visão liberal. Nesse ponto, Kymlicka combate diretamente a crítica comunitarista ao liberalismo. São as relações sociais e os compromissos com os demais que dão caráter ao indivíduo e, não, os meios de garantia de liberdade de escolha, ou seja, na visão liberal, não apenas os desejos, mas também as oportunidades propiciadas pelo contexto, definem a ação individual.[8]

Um exemplo evidente da importância da comunidade na perspectiva liberal é a ênfase dada aos movimentos associativos da sociedade civil – tradicionalmente defendidos por pensadores como Locke e Tocqueville – para a sobrevivência da democracia.[9] A sociedade civil mobilizada por meio de grupos formados por membros com interesses comuns é uma forma de limitação do poder estatal, assim como de pressão no sentido de obter respostas a demandas específicas. O envolvimento em grupos

[7] Kymlicka, Will. *Liberalism, community and culture*. New York: Oxford University Press, 1989.

[8] Para uma discussão sobre os incentivos e os limites à ação social, coletiva e individual, veja: Elster, Jon. *Peças e engrenagens das ciências sociais*. Rio de Janeiro: Relume-Dumará, 1993.

[9] Para uma aproximação entre os conceitos de comunidade e associação da sociedade civil, ver: Joas, Hans. "Comunitarismo: uma perspectiva alemã".

organizados não é apenas uma maneira de garantir a liberdade individual, mas também de definição de valores e objetivos comuns. Fica claro, no entanto, que, na visão liberal, são as motivações individuais que levam à formação de associações. Na visão comunitarista, o bem comum parece existir por si só, independentemente das vontades individuais. Deixa de ser um objetivo individual compartilhado por várias pessoas com características e interesses comuns para ser imposto de fora. A crítica feita por Schumpeter aos defensores de uma interpretação da democracia baseada no bem comum é válida para os comunitaristas, ou seja, não fica claro como e por quem é definido o bem comum.[10]

Dessa forma, o liberalismo não é uma política de preocupações, fins neutros; é uma política que visa ao bem comum, se este for entendido como um conjunto de preferências individuais. Ao cabo, portanto, a grande diferença entre pensamento liberal e comunitarista é a percepção sobre o que é bem comum.

Um Estado liberal pode ser visto como defensor do bem comum se suas políticas estão voltadas para a promoção dos interesses dos membros da comunidade. O bem comum, nessa visão, é resultado da combinação de preferências individuais eqüitativamente contadas. O bem comum é o padrão de preferências acerca do bem, sustentado por indivíduos. O bem comum surge das opções individuais, que são influenciadas pelo contexto.

Na perspectiva comunitarista, segundo Kymlicka, o bem comum tem precedência sobre os objetivos individuais. O bem comum é base para elencar as preferências individuais de acordo com suas contribuições para a realização do próprio bem comum. O estilo de vida de um grupo define o bem e, não, a escolha individual. É como se fosse imposto ao indivíduo de fora para dentro.

As conseqüências práticas dessas visões para a definição do papel político do cidadão são decorrentes das percepções sobre bem comum.

---

[10] Veja SCHUMPETER, Joseph. *Capitalism, socialism and Democracy*. London: Allen & Unwin, 1943.

No liberalismo, o resultado é a tentativa de igualar os cidadãos na sua possibilidade de livremente escolher o bem. A ênfase é exclusivamente homogeneizadora, sem, com isso, deixar de responder a demandas específicas de grupos organizados e mobilizados. Em um Estado liberal, o governo atua, também, no sentido de melhorar a vida de seus cidadãos sem criar regras especiais para determinadas coletividades. O problema é, basicamente, de distribuição da renda e dos lucros, de políticas sociais voltadas para a melhoria de vida dos menos privilegiados.

No comunitarismo, a ênfase é oposta. Já que as regras liberais ainda sustentam grande desigualdade entre os diversos grupos, torna-se necessária a elaboração de remédios que subvertam a ordem desigual. É, também, uma busca por igualdade, mas que se dá pelo reforço das diferenças. As coletividades historicamente marginalizadas devem receber incentivos legais para minimizar as disparidades de tratamento. O problema, então, é de reconhecimento das desvantagens de certos grupos e de remediar tais desvantagens, por meio de tratamento legal diferenciado. Não é uma questão de ação do governo, mas de elaboração de leis que distinguem cidadãos com base em características adscritas. É uma mudança nas regras do jogo e, não, das opções de políticas do governo.

Fica claro que uma das questões centrais do debate entre liberalismo e comunitarismo é a identificação do indivíduo com uma comunidade específica. Portanto, as sociedades de massa, atomizadas, seriam incompatíveis com a formação de elos associativos. Dessa forma, o declínio das comunidades, cuja característica é o contato contínuo entre cidadãos com interesses comuns, contato esse que gera comunhão de valores, representa um obstáculo à adoção de políticas do tipo proposto pelos comunitaristas.[11]

Hans Joas, estudando o caso alemão, argumenta que, para comprovar a relevância de políticas que se referem a bens

[11] Para uma discussão sobre comunidades e associações, veja o artigo de Hans Joas, "Comunitarismo: uma perspectiva alemã". Ainda neste artigo, no início da segunda seção, são resumidas as diferenças e semelhanças entre esses conceitos.

comuns de coletividades específicas, é necessário constatar se há, de fato, um ímpeto comunitário, ou de relações sociais próximas, em uma sociedade ou se esses elos estão presentes apenas de forma superficial. O problema é definir quão justificado é o diagnóstico do declínio da comunidade nas sociedades contemporâneas. Obviamente que não se trata mais de comunidades no sentido tradicional, mas de novos tipos de interação social que unem indivíduos em torno de objetivos comuns. Essas novas comunidades, que vão desde grupos de ajuda mútua, como Alcoólicos Anônimos, até partidos políticos e sindicatos, passando por comunidades eclesiais, contribuem na formação das identidades de seus membros. Isso significa que valores comuns são construídos nas interações. Além disso, alguns desses grupos, quando não as fazem diretamente, servem como passos iniciais para atividades cívicas.

Na Alemanha, usando indicadores de associativismo, Joas conclui que há uma contra tendência ao declínio das comunidades. As demandas de certas coletividades podem ser, portanto, tratadas de forma específica, adequando-se aos pressupostos da visão política comunitarista. O debate sobre remédios de reconhecimento de grupos sociais é pertinente para o caso alemão.

Resta, agora, ver se há um declínio, no Brasil, das interações sociais consistentes e permanentes ou se os elos entre os indivíduos entorno de fins comuns estão significativamente presentes. Para isso, serão analisados indicadores individuais acerca das percepções sobre envolvimento em atividades coletivas.

O estudo da cultura política, que engloba as percepções sobre o envolvimento em associações, pode contribuir para o debate entre comunitarismo e liberalismo e para a opção de políticas e leis decorrentes dessa discussão, porque permite identificar como muitos dos elementos básicos defendidos por essas perspectivas filosóficas, de fato, se dão na realidade. Vínculos de lealdade, elos associativos, confiança interpessoal e nas instituições e percepções sobre formas de interação social entre indivíduos possibilitam a formulação de inferências acerca da relação entre indivíduo e sociedade, o que, por sua vez, pode indicar as incoerências e os perigos da tentativa de apropriação indevida de categorias filosóficas para aplicação em certas realidades quando as categorias foram construídas visando a outras. A análise da cultura política é uma maneira de trazer o debate filosófico, de explicação das engrenagens da sociedade, para o estudo empírico, microfundamentado.

A teoria da cultura política é especialmente interessante quando empregada de forma correta, enfatizando a descrição e a análise dos valores que orientam a ação e a formação das preferências de certo grupo e, não, indicando o quanto ela se afasta ou se aproxima de um modelo desejável. Almond e Verba, em seu clássico *The civic culture*, cometeram o engano de contrastar a cultura de um país a um projeto ideal, desejável, ou seja, esses autores tentaram compreender por que certos países não conseguiam construir um arcabouço institucional segundo o modelo liberal-democrático norte-americano. Há, nessa abordagem, indiscutivelmente, um viés declarado em favor da democracia liberal dos Estados Unidos, redundando na avaliação de outras realidades como negatividades puras, caracterizadas pela ausência de atributos.

No entanto, a teoria da cultura política aprimorou-se com o tempo. Estudos recentes ressaltam que, quando estudada corretamente, sem o viés liberal-democrático, visando a identificar os traços valorativos autênticos de um grupo e ligando-os ao comportamento político concreto dos membros desse grupo, a identificação de padrões culturais contribui para a descrição da realidade, consubstanciando, até mesmo, a formulação de políticas públicas voltadas para essas coletividades.[12] É exatamente dessa forma que se pretende analisar a cultura política do brasileiro neste texto.

No Brasil, os índices de associativismo são extremamente baixos. O cidadão brasileiro apresenta limitado interesse na atuação conjunta acerca de interesses públicos.

---

[12] Exemplos de revisão da abordagem culturalista visando a superar os erros cometidos pelos estudos pioneiros de Almond e Verba são: LANE, Ruth. "Political culture: residual category or general theory". *Comparative Political Studies*, v. 25, n. 3, oct. 1992, p. 362–387, e WILDAVISKY, Aaron, "Choosing preferences by constructing institutions: a cultural theory of preference formation". *American Political Science Review*, v. 81, n. 1, march 1987, p. 3–23.

TABELA 1
Filiação à Atividade Associativa no Brasil em 1996 (%)

Entidade Associativa	
Filiado a Sindicato	16
Filiado a Órgão Comunitário	12
Filiado a Órgão de Classe	04
Filiado a Partido Político	03

Fonte: IBGE. Suplemento PME/Abril 1996.[13]

Uma forma de entender o porquê da ausência de vínculos associativos na população brasileira é o estudo dos valores, das crenças e das preferências que constituem o conjunto de orientações subjetivas dos cidadãos. Por meio do uso de dados coletados em nível individual, pode-se compreender quais são os incentivos e constrangimentos, os motivos para o envolvimento do cidadão em atividades interacionistas visando a interesses coletivos.

Será retomada, aqui, a hipótese da lógica da desconfiança predominante na cultura política do brasileiro. O ponto principal dessa perspectiva é que o cidadão, cultural e institucionalmente, não encontra incentivos seletivos para buscar solucionar seus conflitos diários na esfera pública. O ambiente cotidiano desestimula a busca de órgãos estatais para a resolução de problemas, assim como o envolvimento em coletividades com fins comuns, porque prevalece uma sensação generalizada de desconfiança quanto ao próximo, às leis e às organizações públicas. A essência da lógica da desconfiança é a imprevisibilidade dos comportamentos alheios. Tal componente leva ao abandono, por parte do cidadão, de locais onde a capacidade de compreensão e previsão da ação de outros é limitada. Na prática, isso significa o retorno aos locais de alta previsibilidade – o lar e o convívio com amigos

[13] A *Pesquisa Mensal de Emprego* é realizada em domicílios situados nas regiões metropolitanas de Recife, Salvador, Belo Horizonte, Rio de Janeiro, São Paulo e Porto Alegre.

próximos – e a fuga dos locais de alta imprevisibilidade – a rua e toda forma de interação com desconhecidos. Qualquer tentativa de formação de comunidades em ambientes marcados pela desconfiança é altamente improvável.

Vejamos alguns dados mais recentes acerca dos principais elementos que constituem a cultura da desconfiança.[14]

O requisito da previsibilidade do comportamento alheio é fundamental para o envolvimento em uma atividade com dinâmica interacionista, como é o caso da participação em movimentos e organizações sociais. As visões do cidadão sobre o comportamento dos demais cidadãos é, portanto, fator-chave no que concerne a níveis de associativismo, respeito às leis e níveis de confiança nas instituições. Sem a confiança mútua os contratos entre os cidadãos são incertos; até mesmo os acordos básicos de convivência civil são desrespeitados. A ausência de expectativas de previsibilidade do comportamento alheio é favorável à formação de uma cultura política baseada na desconfiança mútua.

No DF, o grau de confiança interpessoal é muito baixa. Apenas 23% da população acreditam que se pode confiar no concidadão (Tabela 2). Os baixos níveis de associativismo e envolvimento em movimentos coletivos são mais facilmente compreendidos à luz dessa constatação.

TABELA 2
Percepções sobre Confiança Interpessoal no DF em 1996 (%)

Valores	
Pessoas são confiáveis	23
Pessoas não são confiáveis	77
Total	100 (500)

Fonte: Pesquisa *Valores Políticos e Preconceito*, 1996.

[14] As pesquisas consultadas restringem-se ao caso do DF em 1995 e 1996, mas permitem suscitar questões acerca da população brasileira. A Pesquisa *Valores Políticos e Preconceito* de 1996 e *Cultura Política e Mídia* de 1995 têm margem de erro de 4,5% e nível de confiança de 95%. A amostra é domiciliar e aleatória. Gostaria de agradecer a Jessé Souza e Maria das Graças Rua, respectivos coordenadores das pesquisas, pela utilização dos dados.

Da mesma forma, os representantes máximos dos órgãos públicos – juízes, polícia, ministros do governo e parlamentares – todos atores-chave para a manutenção do regime democrático, contam com níveis muito baixos de confiança da população. Prevalece uma tendência acentuada de desconfiança em relação a todos os cidadãos. Principalmente no que se refere aos diretamente envolvidos com as relações interpessoais e a resolução dos problemas cotidianos do cidadão. Exemplarmente, os cientistas e professores, diferenciados pelo domínio sobre conhecimento especializado, além de lidar com assuntos estranhos às preocupações diárias dos cidadãos, são os únicos atores majoritariamente apontados como confiáveis. Na verdade, o cidadão do DF confia pouco na maioria dos atores públicos. A televisão e os parlamentares são os piores colocados na lista de confiança. Comparativamente, os juízes contam com grau de confiança bastante superior ao de ministros do governo e parlamentares. As instituições de representação política da população, cuja essência de seu compromisso é baseada na confiança dos representados, pelos menos no modelo teórico, na prática da realidade brasileira, estão muito distantes desse ideal.

TABELA 3
Confiança em atores político-sociais no DF em 1995 (%)

Atores/confiança	Muita	Pouca	Nenhuma	Total
Cientistas e professores	68	27	4	100 (599)
Igreja	39	45	14	100 (599)
Juízes	35	54	9	100 (599)
Sindicatos	18	53	27	100 (599)
Polícia	16	60	24	100 (599)
Televisão	11	61	27	100 (599)
Ministros	12	59	26	100 (599)
Parlamentares	7	54	38	100 (599)

Fonte: Pesquisa *Cultura Política e Mídia*, UnB.

O respeito às leis é essencial para a formação de um cenário em que prevalece a previsibilidade de comportamentos. As leis oferecem os parâmetros básicos de limitação da ação individual e coletiva em uma sociedade. Quando as leis são pouco respeitadas, a lógica que guia a ação passa a ser similar à do estado de natureza descrito por Hobbes. O medo do envolvimento em situações em que não há garantias de segurança e da possibilidade de obtenção de vantagens de qualquer tipo limita a atuação do indivíduo apenas aos locais onde há um mínimo de segurança. No DF, prevalece a percepção de que os indivíduos respeitam muito pouco as leis, indicando uma sensação de ausência de controle dos comportamentos por um órgão regulador externo.

TABELA 4
Respeito à lei no DF em 1996 (%)

Valores	
Pessoas respeitam a lei	13
Pessoas não respeitam a lei	87
Total	100 (500)

Fonte: Pesquisa *Valores Políticos e Preconceito*, 1996.

A avaliação sobre a capacidade das instituições públicas de prover regularidade, previsibilidade e segurança determina a confiança na atuação dessas instituições. A tendência a evitar as soluções propostas institucionalmente é um incentivo à busca de proteção privada, idéia central da hipótese de cultura da desconfiança. No cotidiano, o cidadão do DF enfrenta alguns conflitos, confia pouco nas pessoas e busca, limitadamente, soluções coletivas para suas dificuldades. Na opinião desses cidadãos, o Estado é capaz de oferecer alguma resposta a essa situação de marcante incerteza.

A Tabela 5 apresenta os dados sobre as posturas dos cidadãos, no que tange às melhores maneiras de solucionar problemas comuns. Não fazer nada, esquecer, brigar e resolver "no grito" e fazer acordo fora da Justiça ou da polícia são categorias que demonstram a tentativa de evitar a participação do Estado na resolução dos conflitos. No DF, essas três categorias somadas representam a opção de 75% da população. Os problemas são preferencialmente resolvidos extra-institucionalmente no DF. O Estado não interfere, ativamente, na resolução de conflitos cotidianos dos cidadãos.

TABELA 5
Formas de solucionar problemas no DF em 1996 (%)

Formas de Solução de Conflitos	
Soluções Institucionais	30
Soluções Extra-Institucionais	70
Total	100 (500)

Fonte: Pesquisa *Valores Políticos e Preconceito*, 1996.

A questão que está subjacente à discussão sobre as formas de solução de conflitos e as avaliações sobre o desempenho das instituições destinadas a esse fim é a credibilidade das próprias instituições democráticas e das normas legais. A legitimidade das instituições democráticas de representação dos interesses, que têm, como objetivo, zelar pelo bem-estar dos cidadãos, pode ser afetada pela sua ineficiência constatada acima. As implicações de uma baixa na credibilidade dessas instituições – refiro-me ao Legislativo, Executivo e Judiciário – para a sobrevivência do regime democrático e para o tipo de democracia que se pretende ter no Brasil são evidentes. Instituições desacreditadas e desrespeitadas são um indicativo da necessidade de reformas, a fim de torná-las mais eficientes, ou da possibilidade de revoluções.

No DF, fica evidente a existência de uma séria crise de representatividade. Todas as instituições cuja essência são vínculos de confiança contam com aceitação muito baixa da população (Tabela 6).

Algumas opiniões da população sobre a sociedade em geral confirmam essa postura de desconfiança generalizada que tem sido característica da cultura política do cidadão do DF.

Em primeiro lugar, deve-se destacar que a visão sobre a melhor sociedade está baseada em um valor hierárquico. O fato de cada um "saber o seu lugar" na sociedade é uma forma de ordenamento social distinta do ordenamento proposto pelo regime

TABELA 6
Percepção sobre o Agente de Representação de Interesses no DF em 1995 (%)

Opiniões	
Nenhum deles	41
Sindicatos	24
Presidente da República	13
Juízes dos Tribunais	10
Parlamentares	9
Políticos do Governo	3
Total	100 (599)

Fonte: Pesquisa *Cultura Política e Mídia*, UnB.

democrático, com base na igualdade política (Tabela 7). A hierarquia, como aponta DaMatta, contribui para enfraquecer os princípios democráticos institucionais e apresenta-se como um substituto aos remédios propostos pelas instituições. A solução dos problemas, em casos extremos, dá-se pela fuga da norma legal e pela imposição do poder pessoal (DaMatta, 1990). Uma idéia central da hipótese da cultura política da desconfiança é justamente esta: pela falta do Estado, o cidadão vê-se obrigado a solucionar seus problemas isoladamente. A saída passa a ser semelhante à idéia da solução extra-institucional do "**você sabe com quem está falando**" de DaMatta. O problema é a escassez do poder impositivo pessoal e a assimetria das relações de poder da maior parte da população. Essas são, aparentemente, conseqüências do princípio da hierarquia social em uma sociedade de mercado, marcada pelo individualismo e pela ausência das obrigações de honra à moda estamental. O resultado é uma situação de ruptura dos laços de solidariedade social e sua substituição pela percepção de um ambiente de ameaça por parte dos que "podem mais": a opressão potencial existente no estado de natureza hobbesiano, em que vale tudo, já que o poder existe mas as regras não vigoram.

Somando à visão da sociedade hierarquizada, 39% da população consideram válida a opção de passar por cima das leis e dar um "jeitinho" para alcançar seus objetivos. A busca de soluções extra-institucionais é a tônica dessa atitude que, embora não seja majoritária, conta com um apoio significativo da população. As leis devem ser respeitadas apenas quando não interferem nas oportunidades e interesses do cidadão. Caso contrário, passam a valer as estratégias de desrespeito aos procedimentos preestabelecidos. Fica evidente que, em uma sociedade em que a lei regula muito pouco, tornando a imprevisibilidade de comportamentos em regra geral, tais atitudes são apenas reações naturais a essa situação

A principal forma de sobreviver em uma sociedade maculada pela competição regulada institucionalmente de forma frágil é buscar maximizar os esforços individuais empreendidos. Confirmando a tendência de avaliação negativa da população e das práticas sociais dos cidadãos, 88% concordam que o brasileiro quer levar vantagem em tudo. Nada mais natural, portanto, do que tentar, pelos meios que forem possíveis, melhorar o próprio bem-estar, que só depende do esforço individual e conta com pouco controle institucional.

TABELA 7
Opiniões sobre Valores Sociais no DF em 1995 (%)

Opinião	
A melhor sociedade é aquela em que cada um conhece o seu devido lugar	85
Quando as pessoas lutam com muita dificuldade, merecem que se dê um "jeitinho", mesmo passando por cima da lei	39
O problema do País é que todos querem levar vantagem em tudo	88

Fonte: Pesquisa *Cultura Política e Mídia*, UnB.

Para avaliar a difusão dessa lógica pela sociedade, é necessário analisar como os diversos grupos sociais a encaram. Verificou-se, no estudo previamente citado, que a lógica da desconfiança é difundida pelos diversos grupos sociais e econômicos da sociedade.[15] Com a avaliação da influência de diferenças nas

[15] Ver Rennó Jr., Lúcio R. *Cultura política da desconfiança e racionalidade cultural: o estudo do Distrito Federal em 1995*. Brasília: Universidade de Brasília/Departamento de Ciência Política, 1997, Dissertação de Mestrado.

características sociodemográficas e econômicas dos cidadãos e sua relação com a cultura da desconfiança, ficou claro que essa cultura perpassa todos os grupos sociais, sendo até mais acentuada em alguns casos.

No presente texto serão analisadas, apenas, a relação entre duas variáveis independentes – gênero e raça – muito importantes para a discussão sobre comunitarismo e as principais variáveis descritivas da lógica da desconfiança – confiança interpessoal e nas leis e formas de "solucionar" conflitos.

Gênero e "raça" são variáveis tidas como duas causas de tratamento desigual e discriminatório. São as motivações paradigmáticas de opressão de grupos específicos que deveriam ser remediados pela intervenção direta do Estado. O tratamento injusto dispensado a mulheres e negros, por homens e brancos, é visto como um caso clássico da necessidade de reconhecimento da especificidade dos grupos discriminados e da oferta de remédios apropriados.

Vale, portanto, averiguar como a lógica da desconfiança está presente nessas coletividades e como a sua presença pode dificultar a organização desses grupos em torno de objetivos comuns.

Quanto à raça, dividida entre brancos e negros, já que, tradicionalmente, é entre essas duas coletividades que se trava a disputa por justiça, fica claro que ambos não se diferem em relação à lógica da desconfiança. Os negros tendem a perceber a existência de um maior desrespeito à lei, fortalecendo, na verdade, a preponderância da cultura da desconfiança.

TABELA 8
Indicadores de Desconfiança Interpessoal, nas Leis, e Formas de Solução de Conflitos por "Raça" no DF em 1996 (%)

Valores/Raça	Brancos	Negros
Confiança Interpessoal	24	22*
Respeito às leis	19	10**
Soluções Extra-Institucionais	70	70***

*χ^2= 0,146 sign.= 0,702
**χ^2= 6,475 sign.= 0,01 Cramer's V= 0,11 Tau assimétrico = 1%
**χ^2= 0,011 sign.= 0,916
Fonte: Pesquisa *Valores Políticos e Preconceito*, 1996.

No caso do gênero, também há um domínio da cultura da desconfiança em ambos os grupos, sendo que as mulheres se mostram mais imbuídas de percepções de falta de previsibilidade do comportamento alheio. As mulheres são bem mais desconfiadas quanto aos demais cidadãos que os homens e acreditam que as formas extra-institucionais de resolução de conflitos são as mais apropriadas.

TABELA 9

Indicadores de Confiança Interpessoal, Respeito às Leis e Formas de Solução de Conflitos por Gênero no DF em 1996 (%)

Valores/Gênero	Masculino	Feminino
Confiança Interpessoal	30	18*
Respeito às leis	15	12**
Soluções Extra-Institucionais	64	74***

*χ^2= 9,765 sign.= 0,001 Cramer's V= 0,14 Tau assimétrico = 2%
**χ^2= 1,516 sign.= 0,218
**χ^2= 5,948 sign.= 0,01 Cramer's V= 0,10 Tau assimétrico = 1%
Fonte: Pesquisa *Valores Políticos e Preconceito*, 1996.

Tal situação indica que a cultura da desconfiança é preponderante também quanto a coletividades diferenciadas por gênero e raça, indicando possível dificuldade desses grupos no envolvimento em organizações da sociedade civil voltadas para interesses comuns dos membros desses grupos. Mulheres e negros teriam extrema dificuldade para se mobilizarem, haja vista sua preponderante percepção de que os demais cidadãos não são confiáveis.

Conclusão

O debate entre comunitarismo e liberalismo, muito complexo, extenso e em voga no cenário acadêmico e político internacional começa a dar seus primeiros passos no Brasil. Um dos principais momentos de introdução dessa discussão no País foi o *Seminário Internacional Multiculturalismo e Racismo: uma Comparação*

Brasil/Estados Unidos e a publicação da coletânea de artigos, com mesmo nome, que resultaram do Seminário, ambos idealizados e coordenados por Jessé Souza.[16] Outro momento de fortalecimento dessa discussão ocorreu no *Encontro Anual da Anpocs* de 1997. O seminário temático *Liberalismo e Comunitarismo: o que esse debate tem a ver com o Brasil?*, novamente coordenado por Jésse Souza, contou com a presença de grande número de intelectuais brasileiros reconhecidos por sua dedicação ao debate contemporâneo sobre democracia. Além dessas atividades, todas de produção rica, alguns importantes periódicos nacionais de ciências sociais começam a abrir espaço para o tema.[17] Portanto, fica claro que já há um debate nacional acerca da propriedade das visões liberais e comunitaristas com respeito à democracia no Brasil.

A fim de contribuir para a discussão dessa problemática, o presente texto, por meio de dados estatísticos, buscou identificar entraves culturais e institucionais aos argumentos teóricos de ambas as correntes. Testou-se a hipótese de que a cultura da desconfiança dificulta a formação de elos associativos entre os cidadãos, impondo limites à aplicação dos pressupostos teóricos do liberalismo e do comunitarismo.

A análise dos dados sobre o DF demonstrou que tal hipótese descritiva da cultura política brasileira é bastante consistente. Percebe-se que seus aspectos centrais se encontram de forma marcante no conjunto de valores e orientações subjetivas do cidadão brasileiro. Além disso, a lógica da desconfiança está amplamente difundida pelos diversos grupos sociais, incluindo negros e mulheres, dificultando a formação de vínculos estáveis e permanentes entre esses cidadãos. A desconfiança mútua, nas leis, nas organizações estatais e nas formas institucionais de resolução de conflitos, ao lado de uma herança cultural que vê o cidadão

[16] Souza, Jessé (org.). *Multiculturalismo e racismo: uma comparação Brasil/ Estados Unidos*. Brasília: Paralelo 15, 1997.

[17] Veja o artigo de Sérgio Costa e Denilson Werle na revista *Novos Estudo Cebrap*, citado na nota 1.

como esperto, oportunista e aproveitador, gera uma ambiente marcado por baixa previsibilidade do comportamento alheio e insegurança generalizada no âmbito da esfera pública. O resultado prático é o recuo para o ambiente mais seguro e previsível da vida privada, do lar, e o abandono de formas coletivas de ação e de envolvimento com assuntos públicos.

O cenário dominado pela lógica da desconfiança é pouco adequado à adoção completa dos pressupostos liberais e comunitaristas. Em especial, a perspectiva comunitarista encontra obstáculos empíricos evidentes. Um primeiro fator que enfraquece a argumentação comunitarista é relativo à construção do bem comum. Em uma sociedade regulada pelo desinteresse por temas coletivos e pela ausência de envolvimento em ações comunitárias, é muito difícil se falar em bem comum. No Brasil, e a cultura de desconfiança deixa claro, prevalece a busca por bens de interesse individual e imediato. Um segundo fator que impõe barreiras aos argumentos comunitaristas é a limitada participação da população em associações da sociedade civil. Para os comunitaristas, as associações da sociedade civil desempenham papel central na formação de valores e no direcionamento do comportamento do cidadão. Segundo essa perspectiva, as interações coletivas geram demandas próprias que não são consideradas pelo arcabouço legal liberal, em que há espaço apenas para o indivíduo. Onde não há comunidade, ou onde estas são pouco atuantes, as percepções de reconhecimento de identidades entre os cidadãos também são mais fluidas e frágeis. A fraca identificação com outros cidadãos diminui as chances de envolvimento deles com assuntos de natureza coletiva. No caso brasileiro, a necessidade de criação de leis específicas para determinados grupos é questionável, pois há uma frágil identificação declarada dos cidadãos, incluindo mulheres e negros, com coletividades específicas.

Fica claro que esses entraves, apesar de contradizerem, principalmente, os argumentos comunitaristas, também questionam os pressupostos teóricos liberais. Para os liberais, as associações da sociedade civil jogam papel central na formação dos valores que orientam a conduta do indivíduo e na definição dos limites da intervenção estatal. Sem as associações, a participação política do cidadão e o controle sobre a atuação do Estado são praticamente inexistentes.

Em sociedades em que as identidades das coletividades sociais são mais nitidamente demarcadas, em que as associações e os grupos organizados da sociedade civil são mais mobilizados, o embate entre comunitaristas e liberais é também mais evidente. Onde há, de fato, a demanda por reconhecimento e por tratamento legal diferenciado, a questão passa a ser de escolha entre qual das duas visões é a mais apropriada.

No Brasil, esse quadro é diferente. Não é apenas uma questão acerca da opção mais viável, mas de definição do tipo de problema que se enfrenta. Não há, no nosso caso, adesão significativa a movimentos sociais e coletividades específicas. Os elos com grupos de demandas específicas e identidades diferentes são muito tênues. O conjunto de valores que guiam nosso comportamento é ambíguo[18] e permite a convivência de preconceitos com a negação declarada deles. De forma similar, a cultura da desconfiança incentiva o imediatismo e a busca individualizada para a solução de conflitos. A maioria dos brasileiros ressente-se da incapacidade estatal de prover ordem e de solucionar os conflitos diários do cidadão; esse é o problema principal. Em um cenário como esse, soluções que visam a fortalecer as identidades específicas de certos grupos são pouco condizentes com nossa realidade e podem resultar em efeitos perversos não- antecipados. Cabe perguntar, então, quais são os elementos que permitem o florescimento de interações sociais no Brasil, já que os vínculos entre indivíduos são tão tênues, ou seja, como se estabelece ordem no Brasil, a fim de permitir a existência da sociedade?

Para isso, impõe-se a necessidade de retomar a discussão filosófica que inspirou a elaboração deste texto. A pergunta que se coloca – tendo em mente a fragilidade dos elos de interação entre indivíduos, constatada empiricamente – é: por que há, então,

[18] Sobre a ambigüidade cultural brasileira, veja: SOUZA, Jessé, "Liberalismo e comunitarismo: o que esse debate tem a ver com o Brasil". *In* SOUZA, Jessé (org.). *Multiculturalismo e racismo: uma comparação Brasil/Estados Unidos*. Brasília: Paralelo 15, 1997.

sociedade no Brasil? Evidentemente, essa não é uma pergunta de resposta simples. Vários autores já se debruçaram sobre o tema, escrevendo verdadeiros tratados sobre a cultura e a sociedade brasileira. Vale resgatar, no entanto, uma das correntes de pensamento social brasileiro que tenta explicar o funcionamento da nossa sociedade, perspectiva essa da qual a hipótese da cultura da desconfiança é tributária.

Um primeiro ente da genealogia da visão que diferencia a tradição brasileira de interação social dos indivíduos é Sérgio Buarque de Holanda, com seu *Raízes do Brasil*.[19] O ponto central dessa interpretação é que a cultura brasileira é fortemente carregada de um individualismo amoral, "incapaz de superar o imediatismo emocional que caracteriza as relações sociais dos grupos primários como a família".[20] A conseqüência da incapacidade de lealdade a grupos mais amplos que a família e de envolvimento com assuntos de interesse público é o desestímulo à mobilização em associações com fins coletivos e de longo prazo. A autonomia da personalidade gera, também, uma sociedade em que os indivíduos se tentam sobrepor aos demais, "demonstrando independência, prestígio e superioridade".[21] Uma sociedade hierárquica, que recusa a igualdade entre indivíduos, além de dificultar a formação de elos associativos horizontais, demanda a necessidade de uma instituição que estabeleça a ordem: o Estado.

Com base na idéia de diferenças entre o poder pessoal de imposição da vontade, um segundo membro dessa genealogia consagrada aprofunda a idéia dos perigos contemporâneos, frutos da sobrevivência da hierarquia social, para a democracia no Brasil. Roberto DaMatta argumenta que a herança cultural da hierarquização contínua das posições sociais, evidenciadas pela

[19] HOLANDA, Sérgio B. *Raízes do Brasil*. 26 ed. São Paulo: Companhia das Letras, 1995.

[20] SOUZA, Jessé. "O malandro e o protestante", 1998.

[21] ESTEVES, Paulo Luiz M. L. "Cordialidade e familismo amoral: os dilemas da modernização". *Revista Brasileira de Ciências Sociais*, v. 13, n. 36, fev. 1998, p. 95–108.

expressão popular do "você sabe com quem está falando", apresenta entraves para a efetuação, de fato, do princípio igualitário democrático.

Ainda mais recentemente, alguns autores, inspirados por essa tradição, utilizam conceitos como hobbesianismo social e familismo amoral para descrever a realidade brasileira.[22] Nesses estudos, destaca-se o papel central da família e do lar como locais apropriados para a existência de previsibilidade de comportamentos. A falta de segurança no âmbito da esfera pública, devido à inexistência de elos de lealdade entre os cidadãos e à diferença entre os poderes pessoais de cada um, é exacerbada pela fragilidade da intervenção do órgão regulador externo: o Estado. Todos os incentivos ao indivíduo, portanto, são de ligação a interações na vida privada, abandonando qualquer envolvimento que acarrete maiores custos e riscos. **O princípio motivador das relações sociais no Brasil, segundo essa corrente, é de tornar o estranho em familiar**. A partir do momento em que a convivência faz que estranhos se tornem mais confiáveis, fortalecem-se os elos de ligação entre cidadãos. O problema é que o ambiente social de inserção do indivíduo, no Brasil, o incentiva apenas a participar de pequenos grupos de afinidade íntima, ou seja, os princípios de familismo e da hierarquia social podem ser considerados como elementos constituidores da sociedade brasileira, diferenciando-a de outras sociedade cujos princípios básicos são, por exemplo, igualdade e liberdade. As fortes relações no âmbito da esfera privada permitem a formação de pilares de sustentação para as demais relações sociais. Pode-se dizer que a especificidade da sociedade brasileira é a convivência entre um ambiente público de instabilidade, que produz um Estado inchado e ineficiente, com um ambiente privado acolhedor, que oferece segurança e previsibilidade.

[22] Sobre hobbesianismo social, ver Santos, Wanderley G. "O híbrido institucional brasileiro". *In* Santos, W. G. *Razões da desordem*. Rio de Janeiro: Rocco, 1993; sobre familismo amoral, ver Reis, Elisa, "Desigualdade e solidariedade – uma releitura do 'familismo amoral' de Banfield". *Revista Brasileira de Ciências Sociais*, ano 10, n. 29, out. 1995, p. 35–48.

Obviamente, este texto não esgota as possibilidades de levantamento de dados referentes ao caso brasileiro a respeito do tema. Os dados aqui apresentados nem mesmo permitem afirmar, de forma definitiva, que as propostas liberais e comunitaristas para a solução de injustiças no Brasil sejam totalmente inapropriadas ou indesejáveis. O que se pode afirmar, com base nos dados aqui apresentados, é que há entraves culturais para a adoção das propostas liberais e, principalmente, comunitaristas de correção das injustiças, presentes no Brasil em vários tipos e momentos. Cabe, portanto, indicar alguns objetos de estudo para futuras análises que podem contribuir para aprofundar o conhecimento existente sobre as diversas formas de injustiças. Um primeiro estudo pode ser sobre a auto-identificação de membros de grupos específicos cuja remuneração salarial, constatada empiricamente, seja afetada por discriminação de algum tipo.[23] A pergunta a ser respondida é: os negros identificam-se como um grupo distinto dos demais brasileiros? Caso haja o auto-reconhecimento declarado da diferença, políticas compensatórias podem ser solução para essa injustiça. Outro estudo de conseqüências políticas férteis é sobre o reconhecimento, por parte do brasileiro, da existência de discriminação no País. Caso haja tal percepção, políticas de ação afirmativa tornam-se mais palatáveis. Caso contrário, o efeito concreto pode ser inverso ao desejado. Em vez de diminuir a distinção entre raças, acirraria disputas e conflitos sociais que são indesejáveis.

Apesar de todos os esforços já empreendidos na discussão sobre essas opções teóricas e práticas, ainda nos faltam diagnósticos apropriados para a elaboração de remédios eficientes para as injustiças existentes no Brasil. Este texto parte de achados científicos anteriores que constatam a existência de tratamento diferenciado a certos grupos, principalmente no que concerne à remuneração. Portanto, o ponto aqui não é discutir se há ou não discriminação – constata-se que há; a questão passa a ser identificar

[23] Sobre a questão racial, veja: SILVA, Nelson do Valle, HASENBALG, Carlos A. *Relações raciais no Brasil contemporâneo.* Rio de Janeiro: Rio Fundo, 1992.

como as formas e os tipos de injustiças existentes são percebidos pelo cidadão. Pois, dessa forma, o diagnóstico sobre a adequação de políticas públicas e de elaboração de leis torna-se mais preciso. A natureza teórico-filosófica do debate entre comunitarismo e liberalismo deve-se voltar para a empiria e para a coleta de dados sobre a realidade brasileira. Só assim, longe do debate ideológico inflamado, com base em dados, resultados pragmáticos que visem à melhoria da qualidade de vida do cidadão brasileiro poderão ser obtidos.

Igualdade, Solidariedade e Cidadania: Elementos sobre a Concepção Contemporânea de Cidadania a partir dos Debates Parlamentares na Comissão Especial União Civil Livre

Marcelo Álvares de Sousa

Neste texto, pretendemos explorar um tema caro às discussões contemporâneas sobre cidadania, particularmente presente na célebre celeuma entre liberais e comunitaristas: a importância do elemento **solidário** junto aos processos contemporâneos de cidadania. Minorias sociais ver-se-iam inseridas em contextos em que uma igualdade formal seria insuficiente para que fossem, em suas perspectivas, factualmente tratadas com a devida consideração e respeito. Em tais contextos, deparar-se-iam com representações inferiorizadoras de si, agudizadas pelo fato de que essas mesmas representações seriam internalizadas pelos próprios grupos ofendidos. Estruturar-se-iam identidades fragilizadas, moldadas por preconceitos e estigmas, que, mesmo envoltas por uma rede de regulamentações assentada na igualdade de todos ante todos, se experimentariam, valorativamente, desiguais e deficitárias.

Pleitos oriundos de tais minorias – étnicas, sexuais, religiosas – introduziriam, no debate político, a reivindicação por igualdade e solidariedade. Nosso interesse é justamente identificar momentos em que o elemento solidário se apresenta constitutivo de processos de pleno pertencimento, de modo a que a noção de cidadania surja inextrincavelmente articulada a discussões identitárias.

A fim de que possamos fazê-lo, instituiremos um ponto de apoio empírico: os debates registrados na Comissão Especial

União Civil Livre, os quais gravitaram em torno do projeto de lei que trata da **união civil entre pessoas do mesmo sexo**. Esse recurso permitirá identificarmos uma situação empírica em que pleitos de cidadania estão sendo veiculados e debatidos, para, então, extrairmos elementos indicativos da presença, ou da ausência, de relações relevantes entre cidadania e solidariedade.

A Crítica Comunitarista à Alegada Indiferença Liberal à Diferença: em Busca da Solidariedade Perdida

Em uma sociedade liberal, o **contrato social** é realizado em torno da priorização dos direitos individuais, confeccionando-se, nas suas diretrizes normativas fundamentais, o imperativo de que todos se devem relacionar como iguais, a despeito de suas concepções particulares de bem. A premissa do igual respeito e consideração dá ensejo a uma moralidade pública que funda a justiça de atos e decisões não na vontade majoritária, mas em procedimentos, o que permitiria, em última instância, proteger a autonomia moral inerente a todo ser humano (conforme querem crer os modernos). A razão de a comunidade política não pactuar quanto a concepção substantiva específica alguma residiria em buscar dispensar tratamento isonômico aos cidadãos, evitando distingui-los entre aqueles que se veiculam a dada comunidade de valores e aqueles que aderem a outras (Dworkin, 1985: 199–200).

Por conseguinte, pode a concepção liberal de cidadania ser compreendida por meio da noção de **igualdade de direitos** – iguais liberdades a todos os cidadãos. Entendendo-se cidadania como o **pleno** pertencimento de dado ator a uma sociedade nacional, percebe-se que tal noção, em um contexto liberal, significa o direito a ser tratado com igual respeito e consideração, o que envolveria o direito ao exercício de suas liberdades individuais, de participar do sistema político como eleitor ou candidato elegível e de desfrutar de acesso minimamente satisfatório aos bens culturais e materiais socialmente produzidos (Marshall, 1967: 64, 75). Todo tratamento diferenciado fundado em alguma específica concepção de virtude denotará uma má inserção em meio à sociedade nacional, visto questionar, diretamente, a igualdade formal estruturadora de relações adequadas. A satisfatória inserção social de cada ator decorrerá, portanto, na perspectiva liberal, do reconhecimento de sua condição de igual portador de direitos civis, políticos e sociais.

Não obstante, surgem, nas últimas décadas, críticas ao que seria o privilégio excessivo atribuído pelo discurso liberal à noção de direitos individuais, reivindicando-se ênfase sobre um elemento outro necessário à integração social: **solidariedade**. As vertentes políticas defensoras da incorporação do elemento solidário ao adequado ordenamento da vida social fazem-no a partir de uma concepção **dialógica** do processo de constituição identitária (Taylor, 1994: 32). Toda identidade seria estruturada na relação com o outro, em que os atores travariam negociações explícitas ou tácitas, objetivando a efetivação do sistema dominante de crenças, regras e valores. Tal negociação seria fundamental na medida em que, por seu meio, se definiria o ideal societário dominante e, conseqüentemente, o ideal de pertencimento a partir do qual as distintas identidades seriam classificadas, valoradas e hierarquizadas.

Seguindo esse raciocínio, à medida que a perspectiva dominante valora depreciativamente dado grupo minoritário, a internalização, pelo último, da inferioridade dominantemente atribuída torna possível a formação de uma auto-definição depreciativa, em que o ator alimenta sua própria inferiorização, visto estruturar sua perspectiva de si também a partir da definição dominante. Desse modo, as perspectivas valorativas dos grupos outros com que um dado ator se relaciona fazem-se momentos cruciais para a constituição de sua própria identidade, refletindo-se sobre os processos de pleno pertencimento à sociedade nacional.

Apoiados em tal compreensão, autores comunitaristas criticam o que seria um tratamento insuficiente dispensado pela perspectiva liberal ao elemento solidário. O reconhecimento do outro como um igual deveria implicar a estruturação de uma definição de membro capaz de valorar positivamente identidades não-contempladas pelo sistema cultural dominante, ou, ao menos, criar condições para uma inserção mais positiva na estrutura social. Contudo, na ótica comunitarista, a ênfase liberal na primazia do direito, explicitada em sua concepção de ator moral (o *unencumbered self*), conduzi-los-ia a subestimar a importância da solidariedade para o pleno pertencimento a uma sociedade nacional (Sandel, 1984: 82–83).

Como inicialmente afirmado, o liberal qualifica justa não a sociedade que promove valores particulares, mas, antes, aquela que enfatiza a necessidade e a desiderabilidade de todos os cidadãos serem livres para escolher seus próprios e específicos objetivos, assegurando-lhes similar liberdade. A opção por uma específica concepção de bem como fundamento para os critérios de justiça implicaria negar, para aqueles que não a compartilham, autonomia para escolherem seus próprios modos de vida. Nesse sentido, justiça designaria não um valor como outro qualquer, mas uma estrutura que capacitasse os membros de dada sociedade a realizar suas próprias escolhas em meio a valores e fins concorrentes.

Far-se-ia necessário, conseqüentemente, uma fundamentação distinta para a noção de justiça, diferenciada dos argumentos utilizados para justificar valores específicos. O elemento capaz de fundamentá-la, desagrilhoando-a de qualquer fim ou propósito, seria localizado pelo liberalismo em um **sujeito dotado de vontade autônoma**, despido de condicionamentos naturais, sociais ou psicológicos. Apenas o ator independente dos "caprichos da circunstância" seria verdadeiramente livre, possuidor de efetiva capacidade de escolha.

Tal sujeito moralmente autônomo não designaria agentes particulares. Quando se age apenas na condição de ator empírico, não se é livre, na medida em que a vontade se encontra condicionada por objetivos particulares. Em tais circunstâncias, a vontade não possuiria precedência sobre um específico propósito, sendo, antes, um instrumento para sua consecução. A possibilidade de liberdade, em tal ângulo, somente poderia ser concebida a partir de um agente independente de quaisquer fins ou propósitos, encontrando-se, no direito, a estrutura adequada para viabilizar sua autonomia (Sandel, p. 84–85).[1] Desse modo, pressuposta à argumentação liberal, encontrar-se-ia a noção de um ator moral anterior a toda experiência, para quem a justiça é a primeira e essencial virtude, cuja identidade não é definida por seus próprios valores – o *unencumbered self*.

O aspecto essencial para a constituição identitária do *unencumbered self* seria sua capacidade para, autonomamente, escolher suas comunidades de valor. Sua auto-definição seria dada não por pertencimentos particulares, mas pela identidade abstrata de um eu anterior à experiência e capaz de realizar escolhas, o que implica uma modalidade específica de vínculos sociais. O *unencumbered self* encontrar-se-ia fadado a estruturar apenas associações voluntárias, comunidades **cooperativas**, em que sua identidade não seria determinada por seus pertencimentos, dado deles independer. O *unencumbered self* estaria, conseqüentemente, alijado de comunidades **constitutivas**, em que o pertencimento implicasse fins e valores antecedentes à escolha, pois vínculos seriam, por definição, intrínsecos, algo incompatível com um eu assentado na independência ante o outro (Sandel, p. 87, 90–91). O primado da justiça demandaria, assim, uma autocompreensão de tal modo independente de constrangimentos sociais que, apenas desvencilhada de comunidades de valor dadas à revelia de sua vontade, se perceberia capaz de realizar escolhas autônomas, em que seu valor não residiria nelas próprias, mas no fato de terem sido geradas por um agente soberano, desembaraçado.[2]

---

[1] O direito seria a fórmula mais adequada porque balizado, fundamentalmente, pela noção de liberdades individuais, as quais, em momento algum, se deveriam ancorar em concepções valorativas particulares nem ser simplesmente sacrificadas em benefício de vontades majoritárias. Apoiada na noção de direito, a justiça poderia, enfim, afirmar-se como um sistema de princípios e estruturas formais capaz de proporcionar, aos agentes, a possibilidade de definir, rever e instituir seus específicos modos de vida.

[2] Uma crítica liberal estendida a Sandel (p. 91) é tida digna de atenção. Uma coisa seria a afirmação do pertencimento a concepções particulares de bem quando seu âmbito de atuação é a vida privada. Nesta esfera, encontrar-se-iam comunidades de valor definindo identidades e lealdades e atenuando os efeitos da lógica do *unencumbered self*. Outra coisa muito diferente, no

No entanto, na ótica comunitarista, a tradição liberal encontrar-se-ia parasiticamente dependente da noção de comunidades de valor. Um dos próprios fundamentos do Estado de Bem-Estar – a dimensão **social** do conceito marshalliano de cidadania – remeteria a elementos solidários. Tratar-se-ia de estender, ao outro, o direito ao desfrute de, ao menos, um padrão mínimo de bem-estar no interior da sociedade nacional, o que pode vir a incluir desde o acesso a serviços públicos até o direito à renda mínima. Isso pressupõe um consenso entre os cidadãos de que a igualdade formal, expressa pela dimensão civil e pela dimensão política, por si só não garantiria. Faz-se necessário um elemento inclusivo, capaz de tornar justificável o compromisso redistributivo: justamente o componente solidário, que pactua o acesso mínimo a bens materiais e culturais como um critério relevante para a boa integração à vida social.

Nessa medida, a representação de um eu desprendido de comunidades de valor não seria capaz de justificar a necessidade de compromissos recíprocos, visto originar agentes auto-compreendidos como portadores de direitos e descomprometidos com fins anteriores ao direito, implicados em uma rede de dependências e arranjos estranhos a suas vontades particulares. Assim, em vez de autonomia, experenciar-se-ia impotência ante elos constrangedores (Sandel, p. 87, 94–95). Tais vínculos, a fim de se tornarem justificáveis e toleráveis, deveriam ser mediados pela noção de uma **comunidade liberal**, uma modalidade específica de regulação das relações entre eus socialmente constituídos, fundada, antes que na representação em um eu associal, sobre a

---

entanto, seria pensar a definição de valores particulares organizando a vida pública. Correr-se-ia o risco da instituição de políticas obscurantistas, abertas aos perigos e aos caprichos das maiorias, fato que o primado do direito, apesar de todas as críticas, permitiria ainda contornar. Etzioni (1996: 158) argumenta, em oposição a tal *charge*, que os comunitaristas (ao menos os mais esclarecidos) defendem novas modalidades de vida comunitária, pautadas por um balanço entre diversidade e unidade, em que os distintos grupos participassem de um livre diálogo, despido da imposição arbitrária de valores. Tratar-se-ia, justamente, de comunidades abertas a dissensões, em que grupos desfavorecidos teriam a possibilidade de desenvolverem suas identidades próprias e se integrarem à comunidade mais ampla.

representação de um eu capaz de refletir criticamente acerca dos valores que estruturaram sua socialização e apto ao estabelecimento de vínculos passíveis de revisão e eventual desligamento (Walzer, 1990: 14–15, 21).

Donde concluir-se-ia que a inserção em uma sociedade nacional e, conseqüentemente, a **integração** de uma sociedade não se limitariam apenas a elementos relativos à igualdade formal. Seria crucial o elemento **solidário**, o compartilhamento de sistemas comuns de crenças, regras e valores, responsáveis pela socialização dos agentes e pela instituição de consensos básicos – assertiva essa válida também para as modalidades liberais de vida em comum.[3]

Polêmicas na Comissão Especial União Civil Livre

O projeto de lei nº 1.151/95 versa sobre a regulamentação da **união civil entre pessoas do mesmo sexo.**[4] Tal como propõe, pessoas do mesmo sexo (solteiras, divorciadas ou viúvas) poderiam estabelecer, em cartório, contrato de união civil em que se disciplinariam direitos relativos a herança, sucessão, benefícios previdenciários, seguro-saúde conjunto, declaração conjunta de imposto de renda, direito à nacionalidade (em caso de estrangeiros cujo parceiro(a) seja cidadão ou cidadã brasileiro(a)) e declaração conjunta de renda para aquisição de imóvel.[5]

---

[3] Com relação à discussão relativa à capacidade de o liberalismo, devidamente, acolher pleitos identitários, cf., particularmente, Taylor (1994) e Habermas (1994).

[4] A versão do projeto aprovada na Comissão Especial contém, em sua redação final, a alteração da terminologia **união civil entre pessoas do mesmo sexo** por **parceria civil registrada entre pessoas do mesmo sexo**, em virtude de a relatoria entender ser a última mais adequada para se enfatizar o aspecto patrimonial-previdenciário que se pretendia atribuir ao projeto de lei. Manteremos, contudo, o termo **união civil entre pessoas do mesmo sexo**, tão-somente a fim de mantermos a coerência terminológica com os debates a que, a seguir, faremos referência, visto que se realizaram antes da citada alteração.

[5] Podemos antecipar que o parecer final da relatoria, favorável ao projeto, foi aprovado no âmbito da Comissão Especial à razão de 11 votos favoráveis e 5 contrários (não computadas as ausências), encontrando-se, atualmente, à espera de votação pelo plenário da Câmara dos Deputados.

Um de seus objetivos expressos é o reconhecimento das relações entre pessoas do mesmo sexo (Projeto de Lei nº 1.151/95, 1995: 4). Intenciona o reconhecimento do direito de cada qual ao exercício de sua orientação sexual (heterossexual, bissexual ou homossexual), entendendo que os "direitos inerentes à pessoa humana", o "direito à busca da felicidade" e a "dignidade da pessoa humana" devam incluir a possibilidade do estabelecimento legítimo de laços afetivos com atores do mesmo sexo. Em tal perspectiva, a sexualidade humana abrangeria não só a heterossexualidade, mas igualmente a homossexualidade, sustentando-se haver um vazio jurídico no que tange à regulamentação de relações homossexuais, especificamente quanto aos seus direitos previdenciário-patrimoniais. Por meio do recurso legal da união civil, gerar-se-ia condições para a superação do ocultamento da orientação homossexual, incentivando a assunção, por parte de casais homossexuais, de suas relações, fato que, segundo afirmam, estimularia maior cuidado com questões relativas à sua saúde (tendo-se em vista particularmente a questão da AIDS), doando-se, ainda, ao homossexual, como cidadão, maior respaldo legal e social ante o preconceito e a discriminação.

O projeto de lei diferencia união civil entre pessoas do mesmo sexo de união estável e casamento. A união civil não se igualaria à união estável e ao casamento, visto que não se propõe a constituição de família (asseverando-se inclusive que o matrimônio seria dotado de "implicações ideológicas e religiosas" próprias e distintivas) (Projeto de Lei nº 1.151/95, p. 6–7). Não obstante, as uniões civis entre pessoas do mesmo sexo teriam os mesmos direitos patrimoniais e previdenciários usufruídos pelos casais heterossexuais. Em última instância, o projeto de lei consistiria na reparação de injustiças e no reconhecimento de direitos de cidadania dos homossexuais.

O tom polêmico foi a marca registrada dos debates realizados em torno da união civil. A fim de analisá-lo, recorreremos a um documento central, as *Notas da Comissão Especial União Civil Livre* (1995). Trata-se das cópias taquigrafadas e posteriormente digitadas das reuniões internas e audiências públicas da Comissão Especial, disponibilizadas ao público por meio da

Coordenação de Comissões Temporárias/Serviço de Comissões Especiais, situada na Câmara dos Deputados (Congresso Nacional/Brasília–DF).[6]

A Comissão Especial que analisou o projeto de lei realizou um total de treze audiências, sendo nove audiências públicas, uma para instalação da Comissão, uma para elaboração do roteiro de trabalho, uma para apresentação do parecer do relator e uma para apreciação do parecer do relator. O universo de agentes que a compôs é variado. Além dos parlamentares constituintes da Comissão (dezesseis titulares e quatorze suplentes), contou-se, na condição de expositores convidados para subsidiar o processo de tomada de decisão dos componentes da Comissão Especial, com duas lideranças do movimento homossexual; dois psicanalistas; um jurista; um psicólogo; o presidente da Anistia Internacional do Brasil; um padre representante da Igreja Católica; a coordenadora de Direitos Humanos da Ordem dos Advogados do Brasil (OAB);[7] um parlamentar brasileiro convidado a participar de mesa-redonda sobre longa-metragem de temática homossexual; e uma deputada sueca (coordenadora dos trabalhos legislativos que resultaram na homologação de semelhante projeto de lei na Suécia, em 1994).[8] No interior deste leque amplo, podem-se identificar

---

[6] Servimo-nos da técnica de pesquisa **análise de conteúdo**, a qual pode ser definida como o conjunto de técnicas voltado para a sistematização rigorosa e objetiva do conteúdo manifesto da comunicação, segundo procedimentos dados, a fim de propiciar elementos fidedignos para a realização de inferências (Bardin, 1977: 42; Berelson, 1971:18; Holsti, 1969: 14). Em nosso estudo, recorremos à modalidade de análise **categorial temática** (enunciados relativos à união civil entre pessoas do mesmo sexo e/ou homossexualidade, divididos em quatro distintas modalidades, conforme à frente desenvolveremos) (cf. Sousa, 1999).

[7] Lamentavelmente, esta exposição não foi, em nosso trabalho, contemplada, por se encontrar, à época da coleta dos dados, indisponível por motivos técnicos.

[8] Que, por sinal, teve suas intervenções por nós excluídas de nossa pesquisa, pois, sendo sueca, por mais interessante que fosse sua fala, nada teria a acrescentar quanto a modalidades **brasileiras** de inserção da homossexualidade. Sua experiência é escandinava, em um momento em que nos interessa a experiência nacional, ao contrário de dois parlamentares brasileiros que, mesmo não pertencendo à Comissão, participaram de uma audiência pública e realizaram intervenções. Nesse caso, coletamos seus enunciados, por consistirem aquilo que nos interessa: posicionamentos acerca da união civil e/ou homossexualidade radicados na experiência brasileira.

grupos específicos, marcados por identidades próprias, em função das quais foram geradas as alianças que marcaram as discussões. Isolamos três grupos: (i) os **homossexuais**; (ii) os **pró** (agentes favoráveis à aprovação do projeto de união civil); e (iii) os **contra** (agentes contrários à aprovação da união civil).

O grupo dos homossexuais é definido pelos atores que publicamente assumiram sua orientação sexual. O que implica ressaltar que não realizamos trabalho algum de especulação quanto a quem é homossexual mas não "saiu da gaveta". Interessa-nos identificar os grupos a partir da perspectiva com que os atores se posicionaram em meio aos debates. E foi, sobretudo, na condição de homossexuais que os dois representantes do movimento homossexual interviram nos trabalhos da Comissão.

O mesmo vale para a definição dos atores favoráveis e contrários à aprovação do projeto de lei. O conteúdo de suas intervenções permitiu singularizar os agentes em torno de grupos respectivos, formando-se agrupamentos por afinidade. Há razões várias para se apoiar ou se rejeitar o projeto de lei e há interpretações particulares quanto ao significado da união civil, mas o elemento fundamental para a consolidação dos grupos é o posicionamento efetivo que cada ator assumiu ante a união civil. Mesmo que haja discordâncias no interior de cada grupo quanto aos motivos pelos quais a união civil seria justa ou inadequada, verificou-se uma concordância quanto aos dois pólos básicos de condução das polêmicas: aqueles cujos enunciados efetivamente apoiavam a aprovação da união civil e aqueles cujos enunciados eram efetivamente contrários ao projeto de lei.[9]

[9] Aqui cabe uma observação. A exposição do religioso representante da Igreja Católica singularizou-se por fornecer, à Comissão, argumentos que justificassem tanto a aprovação do projeto de lei quanto sua reprovação. Sua intenção básica teria sido subsidiar uma tomada de decisão justa. Mesmo que tenha assim procedido, situamos sua intervenção no âmbito dos **contra**, em função do posicionamento oficial da Confederação Nacional dos Bispos do Brasil (CNBB) contrário à união civil. Desse modo, mesmo que faça recurso também de argumentos que justificariam a aceitação da união civil no Brasil, optamos, em virtude de sua filiação institucional, por conduzi-lo às barricadas contrárias ao projeto de lei.

Assim, temos três grupos atuando na Comissão: se podemos assim intitulá-los, os homossexuais, os pró e os contra. Pudemos identificar (participando com ao menos uma intervenção relativa a união civil e/ou homossexualidade) nenhum parlamentar homossexual e dois expositores homossexuais; treze parlamentares e cinco expositores favoráveis à união civil;[10] e cinco parlamentares e dois expositores contrários.[11] Como pode ser verificado, na Tabela 1, a seguir, houve escalonamento profundo entre os grupos quando comparamos os números freqüenciais brutos e relativos das intervenções de cada qual.

TABELA 1
Freqüência das intervenções dos três grupos
(números brutos e relativos)

Grupos	Pró	Homossexual	Contra	Total Geral
TOTAIS	483	85	296	864
PERCENTAGENS	55,9%	9,8%	34,3%	100%

Captamos um total de 864 enunciados relativos a união civil e/ou homossexualidade. Desse montante, a grande maioria das intervenções (55,9%) foi emitida por pró, seguindo-se pelos contra (34,3%) e pelos homossexuais (9,8%). Impõe-se, de início, o seguinte traço: a desproporcional presença que possui o grupo pró ante os demais, tanto freqüencialmente quanto pela composição do grupo. A fração correspondente aos pró é francamente superior à própria soma das intervenções dos outros dois grupos (55,9% ante a 44,1%), assim como temos identificados dezoito agentes pró ante

[10] Desconsiderando-se a deputada sueca, por sinal favorável ao projeto de lei.

[11] É interessante notar que, dos treze parlamentares que intervêem a favor da união civil, no mínimo dez deles têm participação atuante e bastante proporcional. Quanto aos cinco parlamentares contrários ao projeto de lei, dois têm participação episódica, consistindo a linha de frente anti-união civil em um legítimo "trio de ferro" – apenas três deputados respondendo pelo coro contrário ao projeto de lei.

dois homossexuais e sete contra. Conseqüentemente, tem-se uma gritante prevalência numérica das intervenções favoráveis à união civil, quando somamos os pró e os homossexuais, aliada à vantagem numérica dos grupos voltados para a legalização da união civil (dezoito pró + dois homossexuais): vinte atores responsáveis por 65,7% do total de enunciados coletados. Desenha-se, assim, indiscutível superioridade freqüencial e numérica da frente favorável à união civil. Os enunciados relativos a união civil e/ou homossexualidade são dominantemente favoráveis à sua aprovação, caracterizando-se como minoria o posicionamento contrário ao projeto de lei.

Não obstante, percebe-se que os homossexuais compõem a real minoria dentro dos debates: apenas dois representantes, responsáveis por 9,8% das intervenções. Isso significa uma participação correspondente a 28,7% da *performance* dos contra e a 17,6% do realizado pelos pró. Os homossexuais ocupam um espaço menor que o preenchido pelos contra, os quais constituem a "segunda força" numérica e freqüencial em meio às polêmicas: sete agentes respondendo por 34,3% do total de enunciados.

Conclui-se que o agrupamento que doa sustentação efetiva à união civil se constitui, fundamentalmente, não de homossexuais, mas dos pró. A defesa da união civil é decisivamente alavancada por atores que se identificam como simpatizantes do projeto, mas não como homossexuais. Ainda, mesmo limitados a 35% do número de membros da frente favorável à união civil, os contra ocupam um espaço freqüencial extremamente relevante.

Remetendo-nos ao conteúdo dos debates, identificamos, ao longo das leituras, o que seriam os quatro temas fundamentais em torno dos quais gravitam os enunciados relativos a união civil e/ou homossexualidade: **o *status* da união civil entre pessoas do mesmo sexo** (Tema 1); **costumes e orientação sexual** (Tema 2); **o homossexual como portador de direitos** (Tema 3); e **conseqüências possíveis da união civil para a vida em comum** (Tema 4).

Os temas podem ser, operacionalmente, definidos do seguinte modo:

Tema 1 – intervenções relativas à natureza do projeto de união civil entre pessoas do mesmo sexo, pondo-se em jogo seu significado como casamento homossexual ou contrato previdenciário-patrimonial;

Tema 2 – intervenções relativas à gênese da homossexualidade, liberdade de orientação sexual e normalidade/patologia da homossexualidade, dispondo-se a discussão relativa à união civil e à homossexualidade especificamente na esfera dos costumes;

Tema 3 – intervenções relativas à condição do homossexual como um agente portador de direitos, de modo a polêmica adentrar a esfera da igualdade formal; e

Tema 4 – intervenções relativas ao modo como a união civil poderia, eventualmente, vir a afetar a socialização de crianças, estimular a homossexualidade e influir na qualidade do vínculo social (distinguindo-se do Tema 2 por aquele abordar o tempo presente e este, decorrências possíveis da instituição da união civil).

Os **pró**[12] concebem a união civil como um contrato estritamente focado na regulamentação dos efeitos patrimoniais envoltos em relacionamentos homossexuais estáveis, necessário para solucionar adequadamente os direitos de casais homossexuais disporem de seu patrimônio comum (ante a inapropriação dos instrumentos jurídicos existentes). A sua distinção com relação ao casamento é seguidamente salientada, enfatizando-se, ainda, que casamento pressuporia constituição de família e a relação entre um homem e uma mulher.

A origem da homossexualidade é percebida pelos pró de modo heterogêneo, seja predisposição genética, seja modo de agir socialmente gerado ou combinação de ambos. De todo modo, a inserção da homossexualidade nos costumes seria percebida prejudicada por conta de generalizado preconceito existente, sendo que os pró, tendencialmente, compreenderiam a homossexualidade como uma manifestação normal da sexualidade humana, um modo de vida como outro qualquer, diferenciado dos demais apenas em virtude de sua escolha afetivo-sexual.

[12] Cumpre salientar que, neste momento, nos limitaremos a apenas **reproduzir** o discurso dos grupos, tal como por eles formulado em suas ponderações, críticas e idiossincrasias. Desse modo, tão-somente apresentaremos o conteúdo dos argumentos de pró, homossexuais e contra, omitindo-nos de valorações.

Nesse sentido, a união civil pertenceria à esfera da liberdade individual, não admitindo interferência de grupos quaisquer (Estado, Igreja, maiorias), devendo ser entendida e respeitada como o fruto da vontade de agentes livres e iguais, capazes de realizar escolhas e dignos de igual respeito e consideração – em uma palavra, cidadãos.

A aprovação da união civil, em termos gerais, tenderia a ocasionar efeitos positivos, essencialmente pela instituição de uma sociedade mais justa, solidária e tolerante, menos preconceituosa e capaz de bem integrar o homossexual. Mas com ressalvas, por parte de alguns, quanto a um eventual estímulo à homossexualidade e à possibilidade da adoção de crianças (em virtude de possíveis seqüelas psicológicas e de potencial indução à homossexualidade), preocupações essas negadas por outros (não estimularia a homossexualidade nem abalaria a identidade heterossexual; a adoção por homossexuais já existiria e não originaria traumas diferentes daqueles de filhos de pais heterossexuais, à diferença de o elo não se constituir propriamente paternal ou maternal, mas de outro tipo).

Os **homossexuais** concebem a união civil como um instituto juridicamente definidor de garantias patrimoniais e previdenciárias, mais adequado para abordar situações patrimoniais que alternativas como o testamento ou a doação, dado estes não se constituírem presentes no cotidiano brasileiro.

Percebem vigorar, no Brasil, o preconceito por orientação sexual, conduzindo a identidade homossexual a somente poder-se realizar anonimamente.

A cidadania dos homossexuais seria solapada em virtude de discriminação por orientação sexual, seja nos pequenos preconceitos cotidianos, seja em virtude da própria legislação, que trataria de modo diferenciado heterossexuais e homossexuais ao não reconhecer juridicamente o relacionamento homossexual estável. Sendo os homossexuais cidadãos, exige-se igualdade de direitos, até mesmo quanto à explicitação do afeto e à integração social.

A aprovação da união civil carrearia conseqüências positivas, possibilitando a quebra de preconceitos e estigmas e maior integração do homossexual na vida em comum, incluindo a possibilidade de uma desobstruída assunção de sua identidade sexual. Ainda, a união civil não abalaria a família heterossexualmente concebida (visto que dotada de sólidas raízes históricas e culturais), não estimularia a homossexualidade (pois não teria isso ocorrido onde a prática homossexual era permitida) e, mesmo em casos de eventual adoção, não desestruturaria sexual ou psicologicamente as crianças, as quais desenvolver-se-iam *tale quale* os filhos de heterossexuais, conforme indicariam pesquisas.

Os **contra** não crêem nas intenções de a união civil pretender-se apenas um contrato patrimonial. Apenas se fosse possível distinguir com total clareza a união civil do casamento seria aceitável tal projeto, o que, para os contra, não seria o caso. Além disso, não seria necessário um instrumento jurídico diretamente voltado para os homossexuais, bastando, para equalizar a questão patrimonial, voltar-se para o testamento e a herança, no máximo readequando-os à presente demanda patrimonial. O casamento seria definido como a união entre o homem e a mulher, constituindo-se a família a partir desse núcleo. Assim, a união civil nunca poderia ser um casamento, dado envolver dois ou duas homossexuais. Não obstante, a aprovação da união civil concorreria para transformá-la em casamento, algo condenado por pretender equiparar o relacionamento homossexual a uma família, inclusive em vista de conseqüências possíveis, como a adoção.

A homossexualidade é predominantemente vista como uma predisposição genética. Sobretudo, não se pretenderia discriminar o homossexual, argumentando-se não ser a homossexualidade índice do caráter do ator, tratando-se inclusive de uma questão privada, pessoal, devendo cada qual ser responsável por suas atitudes. Seria o homossexual, antes de tudo, "filho de Deus" e, daí, a necessidade de tratá-lo com compaixão e, não, com preconceito. Não obstante, julga-se a homossexualidade prática imoral, promíscua, antinatural, anomalia.

Segundo os contra, o homossexual não seria discriminado no Brasil, pois a prática homoerótica não seria um crime e todo cidadão, incluindo o homossexual, seria livre para agir conforme sua vontade. No entanto, a aprovação da união civil significaria a imposição de uma valoração positiva ou neutra da homossexualidade àqueles que a consideram indecente e um agravo. O fato de a homossexualidade existir desde há muito não implicaria, para o raciocínio dos contra, a necessidade de legitimá-la. A união civil viria a conferir direitos à homossexualidade e doar-lhe reconhecimento público, consistindo, ainda, em uma proposta contrária ao princípio isonômico, por tratar diferenciadamente homossexuais e heterossexuais, voltando-se unicamente para os primeiros, o que denotaria, sob tal ótica, discriminação.

As conseqüências de uma possível aprovação da união civil seriam negativas, pois, uma vez possibilitando a adoção, essa possibilidade desestruturaria psicológica e sexualmente as crianças adotadas em virtude da descoberta da homossexualidade como um desvio, pela ausência da figura paterna e da materna e pela indução à homossexualidade. A união civil, ainda, estimularia a homossexualidade, por torná-la prática neutra, ou positivamente valorada, e contribuiria para a decadência moral e familiar da sociedade brasileira, ao fazer a população indiferente ou favorável à homossexualidade e ao desresponsabilizar o homossexual por sua orientação sexual, eliminando um "salutar sentimento de culpa" que conduziria o homossexual a controlar seu desejo ou mesmo eliminá-lo.

Em síntese, são estes os argumentos desenvolvidos pelos três grupos para justificar a aprovação ou o arquivamento do projeto de lei no âmbito da Comissão Especial. Conforme veremos abaixo na Tabela 2, os diversos temas avançados recebem pesos diferenciados, tanto em relação uns aos outros como no próprio interior das intervenções dos três grupos. Explicitando-se as freqüências **temáticas** por grupo, as freqüências **subtemáticas** por grupo e as freqüências temáticas **gerais**, torna-se possível desvelar alguns indicativos interessantes relativos à estrutura dos debates e à contribuição de cada grupo para a sua constituição.

Dirigindo-nos, primeiramente, ao nível das *performances* **temáticas** de cada um dos grupos, veremos que:

- Os pró priorizam, respectivamente, o Tema 3 (34,6%), o Tema 1 (30,6%), o Tema 2 (19,9%) e o Tema 4 (14,9%). Mantêm-se concentrados sobretudo nos Temas 3 e 1 (65,2% de seus enunciados), focalizando, com maior intensidade, o homossexual como portador de direitos, ainda que apenas ligeiramente mais

TABELA 2
Sumário Freqüêncial por Grupo, Tema e Subtema

Temas/Grupos	pró	homo	contra	SUBTOTAIS
União civil e contrato patrimonial-previdenciário	73 (8,4%)	5 (0,6%)	42 (4,9%)	120 (13,9%)
União civil e casamento homossexual	75 (8,7%)	8 (0,9%)	80 (9,3%)	163 (18,9%)
SUBTOTAL TEMA 1	148 (17,1%)	13 (1,5%)	122 (14,1%)	283 (32,8%)
Gênese da homossexualidade	17 (2,0%)	2 (0,2%)	5 (0,6%)	24 (2,8%)
Liberdade de orientação sexual	56 (6,5%)	7 (0,8%)	56 (6,5%)	119 (13,8%)
Normalidade/ Patologia da homossexualidade	23 (2,7%)	12 (1,4%)	23 (2,7%)	58 (6,7%)
SUBTOTAL TEMA 2	96 (11,1%)	21 (2,4%)	84 (9,7%)	201 (23,3%)
O homossexual como portador de direitos	167 (19,3%)	33 (3,8%)	49 (5,7%)	249 (28,8%)
SUBTOTAL TEMA 3	167 (19,0%)	33 (4,0%)	49 (6,0%)	249 (28,8%)
Socialização das crianças	12 (1,4%)	2 (0,2%)	13 (1,5%)	27 (3,1%)
Estímulo à homossexualidade	18 (2,1%)	3 (0,3%)	11 (1,3%)	32 (3,7%)
Qualidade do vínculo social	42 (4,9%)	13 (1,5%)	17 (2,0%)	72 (8,3%)
SUBTOTAL TEMA 4	72 (8,3%)	18 (2,1%)	41 (4,7%)	131 (15,2%)
TOTAL GERAL	483 (55,9%)	85 (9,8%)	296 (34,3%)	**864 (100,0%)**

do que o *status* da união civil. De todo modo, reforçam a importância central destes dois temas para a definição dos rumos do projeto de lei em meio à Comissão Especial.

- Os homossexuais distribuem seus enunciados entre o Tema 3 (38,8%), o Tema 2 (24,7%), o Tema 4 (21,2%) e o Tema 1

(15,3%). Há aqui uma organização significativamente distinta. O Tema 3 encontra-se no topo da distribuição freqüencial, extensamente distanciado dos demais temas, que, se tomados isoladamente, se apresentam bastante próximos uns dos outros, à exceção do Tema 1, isolado na última preferência. Sinaliza-se uma atenção diferenciada deste grupo para a questão do homossexual como portador de direitos, algo evidenciado pelo destaque que confere a este tema e ao tratamento relativamente homogêneo que dispensa às demais temáticas, em um segundo plano.

- Os contra, por fim, distribuem seus enunciados, respectivamente no Tema 1 (41,2%), Tema 2 (28,4%), Tema 3 (16,6%) e Tema 4 (13,8%). Há, também, aqui, uma concentração freqüencial significativa em torno de um único tema. O Tema 1 aglutina praticamente a metade dos enunciados emitidos pelos contra, possuindo como segundo foco de atenção o Tema 2 e mantendo, a uma distância considerável, os Temas 3 e 4. Torna-se visível como os contra decisivamente voltam seus esforços para discutir o *status* da união civil, enfatizando, a uma boa distância percentual, as relações costumes/orientação sexual e, ainda com menor freqüência, a questão do homossexual como portador de direitos e as conseqüências possíveis da união civil.

Assim, em termos da importância freqüencial **temática** por grupo, percebemos os pró introduzirem os Temas 3 (igualdade de direitos) e 1 (*status* da união civil) como eixos dos debates (ambos com frações bastante próximas, compondo 65,2% de seus enunciados), os homossexuais, o Tema 3 (igualdade de direitos – 38,8% de seus enunciados, a uma significativa distância dos demais) e os contra, o Tema 1 (*status* da união civil – 41,2% de suas intervenções, expressivamente destacado dos demais temas). Há uma recorrência bastante saliente dos Temas 1 e 3, o que nos indica a emergência de uma configuração sintomática de interesses.

Caso nos dirijamos ainda mais longe, remetendo-nos ao nível **subtemático** por grupo, veremos novamente esboçada a estrutura básica identificada nas freqüências temáticas segundo grupo. Destacaremos, para tanto, os três subtemas mais freqüentes no interior de cada agrupamento. Vejamos:

- Os pró centralizam seus enunciados nos subtemas "O homossexual como portador de direitos" (34,6%), "União civil e casamento homossexual" (15,5%) e "União civil e contrato patrimonial-previdenciário" (15,1%). Reunidos, compõem 65,2% do total de enunciados. Tais subtemas permitem aos Temas 3 e 1, respectivamente, *status* da união civil e os direitos dos homossexuais, ocupar, pois, substancial fração do universo pró.
- Os homossexuais dividem-se entre "O homossexual como portador de direitos" (38,8%), "Qualidade do vínculo social" (15,3%) e "Normalidade/patologia da homossexualidade" (14,1%), os quais somam 68,2% de seus enunciados. O Tema 3, o Tema 4 e o Tema 2 surgem subtematicamente, estando, o primeiro subtema, a uma distância considerável dos demais, apontando para o interesse com relação à questão do homossexual igual portador de direitos.
- Quanto aos contra, vemos as maiores freqüências nos subtemas "União civil como casamento homossexual" (27,0%), "Liberdade de orientação sexual" (18,9%) e "O homossexual como portador de direitos" (16,6%), perfazendo 62,5% do total de seus enunciados. Os três pertencem, respectivamente, ao Tema 1, ao Tema 2 e ao Tema 3, ressaltando-se a vantagem freqüencial do primeiro subtema ante os demais e, por conseqüência, a importância que atribuem à discussão do *status* da união civil.

Finalmente, a observação das freqüências temáticas **gerais** permitirá corroborarmos essa identificação inicial da estrutura dos debates. O Tema 1 (*status* da união civil entre pessoas do mesmo sexo) concentra a maior parte do total de enunciados relativos a união civil e/ou homossexualidade (32,7%), seguido do Tema 3 (homossexual como portador de direitos – 29,0%), do Tema 2 (orientação homossexual e costumes – 23,2%) e do Tema 4 (conseqüências possíveis – 15,1%). Pode-se observar como as polêmicas se centram, sobretudo, no Tema 1 e no Tema 3, os quais, uma vez reunidos, ocupam 61,7% das intervenções coletadas.

Tais dados permitem-nos identificar como pró e homossexuais inserem, decisivamente, a questão dos direitos do homossexual no interior dos debates, pois os enunciados relativos a esse tema, reunindo ambos os grupos, perfazem 35,2% da soma de seus enunciados, 80,3% do total de intervenções relativas a esse tema e 23,1% de todos os enunciados coletados no interior da Comissão Especial. Insistem, portanto, em associar o entendimento da união civil à ótica essencial das liberdades individuais.

Por outro lado, os contra são fundamentais para que o *status* da união civil se torne uma questão-chave. Esse é o tema com maior peso freqüencial em seus enunciados, ocupando 41,2% de suas intervenções relativas a união civil e/ou homossexualidade. Elemento sintomático da importância que tal temática assume para os contra é o fato de serem sozinhos responsáveis por 43,1% de todos os enunciados relativos ao *status* da união civil e 14,1% de todos os enunciados coletados no interior da Comissão. Este fato possibilitou, decisivamente, ao Tema 1, constituir-se no motor central das discussões.[13]

Explicita-se, desse modo, a preocupação dos atores quanto à definição do *status* da união civil e das relações entre o homossexual e a igualdade de direitos. As temáticas "costumes e orientação sexual" e "conseqüências possíveis da união civil" apontam para elementos importantes no interior do debate, mas a estrutura das polêmicas é determinada por modos de agir, sentir e pensar relativos ao *status* da união civil e ao homossexual como portador de direitos. Estas duas são as questões-chave desenvolvidas ao longo das discussões.

Podem-se identificar, em meio a tais argumentos, três distintas abordagens quanto à união civil: o que chamaremos (i) abordagem **inclusiva**; (ii) abordagem **patrimonial**; e (iii) abordagem **refratária**. Estas três abordagens conduzem, em seus respectivos interiores, proposições relativas à inserção do homossexual na sociedade brasileira. Tal é a questão de fundo das polêmicas parlamentares relativas à união civil. Note-se que as abordagens são, essencialmente, linhas argumentativas, o que implica dizer

[13] Deve-se notar, ainda, a participação dos pró na definição do *status* da união civil como o mais importante tema em discussão, visto figurar como o segundo grande foco de suas atenções (30,6% do total de suas intervenções, o que representa 17,1% de todos os enunciados relativos a união civil e/ou homossexualidade veiculados na Comissão Especial).

que mais de um grupo pode participar de uma mesma abordagem (veja-se abaixo a participação dos homossexuais na abordagem **inclusiva** e na **patrimonial**). Explicitando-as, intentaremos relacioná-las à nossa discussão referencial, qual seja, das relações entre pleno pertencimento e solidariedade.

(i) Abordagem **inclusiva**. Os homossexuais enunciam, em alguns momentos, juízos que ultrapassam o caráter individualista[14] e doam um valor positivo à orientação homossexual. Em tais situações, mais que direitos patrimoniais, intenciona-se atingir uma integração positiva da homossexualidade em meio à vida em comum, por meio da fratura de preconceitos e da superação de juízos que a valoram negativamente. Pretende-se uma abordagem **inclusiva** do homossexual e de sua orientação sexual, o que é explicitado nas críticas à invisibilidade a que é destinado o afeto homoerótico, assim como na polêmica discussão sobre a adoção por casais homossexuais.

Critica-se o preconceito homofóbico, prega-se a tolerância, a normalidade da orientação homossexual e a legitimidade de o afeto homossexual vir a público, conformando-se uma defesa da inserção positiva da identidade homossexual na vida em comum. Não obstante, tais argumentos são secundarizados pela ênfase nos direitos patrimoniais e previdenciários. Tal lei, uma vez instituída, poderia tornar-se um instrumento para a revisão gradativa de padrões valorativos condenatórios da homossexualidade, ao se reconhecer juridicamente direitos oriundos de relacionamentos homossexuais. O componente solidário é essencial e mesmo inspirador do projeto de lei (Projeto de Lei 1.151/95: 5–7), mas assume, nos debates, o *status* de conseqüência desejável decorrente da aprovação da união civil.

(ii) Abordagem **patrimonial**. A afinidade entre intervenções pró e homossexual pode ser verificada na tendência predominante de desubstancializarem a homossexualidade e a definirem como uma escolha ou prática **a princípio** igual às demais, cuja valoração

[14] Quanto à discussão relativa a individualismo e hierarquia, cf. Dumont (1985, 1992) e DaMatta (1983, 1985, 1994).

deve ser realizada privadamente. A homossexualidade é avaliada sob a ótica da capacidade de realizar escolhas, isto é, em função dos atos decorrerem de uma vontade autônoma. Havendo autonomia na escolha do objeto erótico, o relacionamento homossexual tornar-se-ia opção legítima. Insere-se, assim, uma igualdade de fundo entre heterossexuais e homossexuais, que implica, tão-somente, o acordo quanto à união civil ser efetivamente uma questão de direitos patrimoniais, dispensando-se um consenso normativo sobre o valor da homossexualidade.

O cerne da argumentação reside em doar, à união civil, uma feição patrimonial-previdenciária. O homossexual, na condição de cidadão, tem direito à propriedade de um patrimônio construído em comum com seu parceiro. Trata-se de direitos que devem ser estendidos a cidadãos, de modo que a proposta de integração do homossexual personificada na união civil habite, essencialmente, a esfera dos direitos individuais. Nessa modalidade de argumentação, a orientação sexual seria secundária, não cabendo valorá-la negativa ou positivamente. Tal questão é deixada em aberto, remetida à esfera privada.[15]

(iii) Abordagem **refratária**. As ponderações dos contra explicitam, ao máximo, o englobamento da homossexualidade pela heterossexualidade. Tratar-se-ia, a orientação homossexual, de um valor negativo, um pecado moralmente desintegrador e contrário a uma natureza humana heterossexual. A identidade homossexual é a tal ponto condenada que alguns, categoricamente, consideram problemática a criação de direitos especificamente voltados para os homossexuais (ainda que não os dispam por completo de direitos). Sob tal ótica, a união civil significaria o risco de se reconhecer, publicamente, a homossexualidade como prática aceita, o que levaria, em seus juízos, à elevação do número de

[15] Do grupo pró, vez por outra, afluem juízos isolados restritivos à homossexualidade – ainda assim favoráveis à união civil –, avaliando não se dever considerá-la um valor positivo, assim como reagindo negativamente a um eventual *status* de família que o casal homossexual pudesse vir a adquirir, tendo-se em vista, particularmente, a questão da adoção e possíveis seqüelas psicológicas e sexuais em crianças adotadas.

homossexuais, à possibilidade de falência da família e à adoção de crianças por casais homossexuais. Trata-se de modos de agir, sentir e pensar relativos à homossexualidade que não comportam relativismos individualistas. Tem-se uma definição substantiva de orientação sexual que explicitamente hierarquiza a orientação heterossexual e a homossexual, englobando o valor homossexualidade em favor do valor heterossexualidade.

Concepções de Cidadania do Homossexual na Comissão Especial União Civil Livre

O cerne dos ataques da abordagem **inclusiva** ao preconceito reside no prejuízo que este acarretaria à constituição identitária dos homossexuais. As seqüelas sociopsicológicas decorrentes da veiculação de estereótipos e da coerção anti-homossexual perversamente tornar-se-iam constitutivas da própria identidade homossexual (estereótipos, anonimato, repressão sexual, acentuada vulnerabilidade social, promiscuidade). Somente pelo solapamento de modos de agir, sentir e pensar depreciativos da homossexualidade que *gays* e lésbicas poderiam, decisivamente, vir a ter a possibilidade de **existirem** afetivo-sexualmente, expondo, sem traumas, sua orientação sexual.

Tal argumentação, nesses momentos, sobrepõe-se à dinâmica patrimonial que conduz dominantemente as polêmicas, debatendo, de modo explícito, o valor positivo da orientação sexual e introduzindo, por conta disso, uma abordagem **inclusiva** da homossexualidade. Percebe-se, assim, mesmo subordinada aos meandros da argumentação de pró e homossexuais, a afirmação de solidariedade e igualdade formal como essenciais para a inserção plena do homossexual em meio à sociedade brasileira. Os direitos patrimoniais são necessários mas, não, suficientes; urge que a identidade homossexual, sob a forma de sua existência afetivo-sexual, possua condições para se realizar em meio à vida cotidiana.

Desse modo, temos, na abordagem **inclusiva**, o que poderíamos identificar como um pleito contemporâneo de cidadania, visto que o pleno pertencimento é concebido não apenas na esfera dos direitos, reivindicando-se tratamento isonômico, como igualmente pela via dos costumes, demandando-se (ainda que com menor intensidade) a necessidade de uma satisfatória constituição identitária homossexual.

Contudo, a abordagem **inclusiva** é apenas periférica, secundária. O cerne das polêmicas não pode ser aí encontrado. A disputa central é travada entre os jogadores com chances reais de se imporem dominantemente em meio aos debates: a abordagem **patrimonial** e a **refratária**. Há especificidades, nuanças delicadas, as quais devem ser observadas, a fim de que a análise se possa aproximar da originalidade dos debates. Existe uma identidade nuclear vinculando os enunciados de homossexuais e pró, quando compõem a abordagem **patrimonial**, e os enunciados dos contra (expressos na abordagem **refratária**), identidade que é explicitada pelos próprios contra.

Por mais misterioso que possa parecer, a condenação do projeto de união civil não significa uma eventual defesa da absoluta privação dos homossexuais de seus direitos. Os contra não se opõem aberta e francamente a todo e qualquer direito civil, político ou social usufruído pelos homossexuais. A recusa à homossexualidade como valor é realizada de modo mais sutil. Alguns desvinculam o caráter do agente de sua homossexualidade, sendo um consenso que a orientação sexual em questão não deve ser criminalizada. Se a homossexualidade, na ótica dos contra, não possui nem virá a possuir o valor de que dispõe a heterossexualidade, os enunciados dirigem-se, terminantemente, no entanto, contra a equiparação do casal homossexual ao casal heterossexual/família e contra a generalização de um juízo ético neutro ou favorável à homossexualidade. Nesse sentido, afirmam, alguns, ser razoável o reconhecimento de direitos patrimoniais oriundos de um relacionamento homossexual estável mas inadmissível a união civil, sob a argumentação de que o projeto de lei avançaria para além do aspecto patrimonial, possibilitando a instituição do casamento homossexual. Não à toa a insistência dos contra na substituição do instituto da união civil por algum outro instrumento jurídico que não fosse diretamente voltado para o público homossexual. Em tal alternativa, os direitos patrimoniais seriam obtidos, mas, não, ao custo do reconhecimento público de direitos intrínsecos a relacionamentos homossexuais.

Essa situação, em que os contra afirmam que os homossexuais possuem direitos de cidadania e, concomitantemente, lhes negam uma proposta de direitos previdenciários e patrimoniais, apenas é possível por conta de uma **diferenciação entre o homossexual e sua homossexualidade**. Esse movimento torna possível negar a união civil sem, ao mesmo tempo, excluir os homossexuais da totalidade de seus direitos. É ao afeto homossexual que se nega visibilidade pública e, não, à "humanidade que habita o homossexual".

Sob tal raciocínio, ter-se-ia um ser humano marcado por uma nódoa. Mesmo manchado, ainda seria humano; e, mesmo humano, ainda estaria marcado, o que poderia ser relevado caso a nódoa não fosse vista ou exibida. Separando-se o homossexual de sua orientação sexual, distinguir-se-ia o ser humano de um traço rejeitável. Restaria o cidadão, ser abstrato, despido de sexualidade, portador de direitos. A orientação homossexual, se mantida sob controle (diga-se, às escondidas), não impediria a integração social do agente. O homossexual poderia inserir-se socialmente, desde que tornada invisível sua homossexualidade. Talvez fosse classificado como alguém mais "sensível" ou qualificativos congêneres, mas participaria da vida em comum. Contudo, a exposição de sua sexualidade implicaria a fratura do acordo tácito e a explicitação imediata de juízos hierarquizadores.

A ojeriza dos contra à homossexualidade é absolutamente aberta, assim como sua decisão de rejeitar o projeto de lei. A orientação homossexual seria antibíblica, antinatural, anti-social e contrária a tudo o mais que considerem ser um projeto adequado de vida em comum. Ainda assim, não pregam o banimento sumário do homossexual ou a destituição de seus direitos em função de sua identidade sexual. Talvez alguns, privadamente, sussurrem tais aspirações. Apesar disso, na Comissão Especial, não se questiona a premissa de serem os homossexuais cidadãos e, logo, portadores legítimos de direitos. Isso é um dado, mesmo para os contra. Ainda que desgostosos da existência da homossexualidade, reconhecem possuírem, os homossexuais, direitos e não haver como negá-los. Afirma-se a própria justiça de homossexuais poderem usufruir de direitos sobre um patrimônio construído em comum, na condição de companheiros ou companheiras. Quanto a como se operacionalizarem juridicamente tais questões, há de se discutir; mas o fato é: os homossexuais são iguais portadores de direitos. Há, pois, identificável, um discreto senso comum individualista, contribuindo para a estruturação de seus enunciados.

Por sua vez, quando a abordagem **patrimonial** propõe, com toda propriedade, o *status* patrimonial-previdenciário do projeto de lei, isso não ocorre despido de conseqüências. Há, subentendida em sua argumentação, uma hierarquia entre o casal heterossexual estável (casamento/família) e o casal homossexual estável (união civil). Quando os pró e homossexuais insistem exaustivamente na diferença entre união civil e casamento – em que o primeiro envolve direitos relativos a cidadãos que erigem um patrimônio comum e o último a constituição de família pelo relacionamento heterossexual e em que, ainda, se excluem do projeto dispositivos relativos à adoção de crianças por casais homossexuais –, instituem uma diferenciação de valor entre o relacionamento homossexual e heterossexual. Ao primeiro, é negado o mesmo *status* de que dispõe o segundo, pois não são iguais (como pretenderia um raciocínio individualista clássico, fundado na autonomia), mas fundamentalmente diferentes, dotados de relações distintas com a totalidade "família". E tal proposição hierárquica é veladamente desenvolvida tanto por pró quanto por homossexuais.[16]

Portanto, não se propõe simplesmente o casamento homossexual, assim como não se nega, ao homossexual, simplesmente, todo e qualquer direito. Por um lado, luta-se por separar união civil e casamento, pretendendo-se tão-somente direitos patrimoniais;

[16] Não que todos (pró e homossexuais) creiam, necessariamente, nisso, mas que, em termos práticos, se serviram de tal proposição hierárquica para fundamentarem suas argumentações, viabilizarem seus interesses e intentarem a aprovação do projeto de lei.

por outro, realiza-se um esforço hercúleo de argumentação para se afirmar que não se pretende discriminar o homossexual, ao mesmo tempo em que se lhes negam os direitos patrimoniais reivindicados. Há concessões de ambas as partes, abstendo-se os grupos, mutuamente, de conduzirem seus argumentos às últimas conseqüências: a reivindicação pura e simples do casamento homossexual e a negação clara e irrestrita de quaisquer direitos patrimoniais aos homossexuais.

Tanto a abordagem **patrimonial** quanto a abordagem **refratária** servem-se da distinção entre o homossexual e a homossexualidade para tornar seus posicionamentos convincentes. Todos concordam que o homossexual é um cidadão e que, portanto, possui direitos. Contudo, a atribuição de visibilidade à homossexualidade persiste sendo algo extremamente delicado, que leva homossexuais e pró a proporem a limitação da união civil a questões patrimoniais e os contra a defenderem sua negação. Percebe-se, assim, proposta de inserção social do homossexual sendo efetivamente sugerida pela diferenciação sutil entre homossexual–cidadão e homossexualidade–escolha privada (para os patrimoniais)/homossexualidade–valor negativo (para os refratários).

Nos debates, a perspectiva **patrimonial** e a **refratária** não se encontram estanques: os grupos instituem nuanças e escalas intermediárias em suas abordagens da união civil, de modo a permitir, em suas proposições, a convivência de elementos individualistas e relacionais. Há diálogo entre o posicionamento **patrimonial** e o **refratário**, identificável nas concessões que realizam ao diferenciarem, cada um à sua maneira, o homossexual da homossexualidade. Os agentes, em termos práticos, reconhecem situações específicas (o plano dos direitos e o plano da família) que requerem a atualização de lógicas próprias de organização.

Desse modo, a ótica individualista **patrimonial** apreende elementos hierárquicos, ao ordenar, tacitamente, relacionamentos heterossexuais e homossexuais, casamento e união civil. Como se depreende da argumentação dos pró e homossexuais, se, no plano dos **direitos**, a identidade genérica deve englobar as identidades particulares, no plano da **família** a identidade homossexual continuará a ser subordinada à heterossexual.

A ótica hierárquica **refratária** o faz na mesma medida, ao reconhecer que dado cidadão, mesmo sendo homossexual, possui direitos, tal como todos os demais. Desse modo, ainda que sendo a homossexualidade um valor negativo e englobado no âmbito da **família**, uma vez no plano geral dos direitos, prevalece a identidade de **cidadão**. A orientação homossexual não se mostra argumento suficientemente forte para invalidar, em sua totalidade, a igualdade abstrata de homossexuais e heterossexuais como cidadãos.

Desse modo, encontramos, na diferenciação homossexual/homossexualidade, a estrutura básica do debate. O problema não estaria no homossexual – ser humano, dotado de direitos e privacidade –, mas na **homossexualidade** – valor sujeito a hierarquização. A inserção social do homossexual torna-se peculiar, pois possível como cidadão (identidade genérica), mas, não, como orientação sexual (identidade particular). Em virtude disso, a definição de união civil percebe-se (ainda que não sem dificuldades) limitada à formulação "direitos patrimoniais" (que remete a direitos de cidadania) e impossibilitada sob a formulação "casamento" (que implica discutir o específico valor da homossexualidade).

Emerge, das discussões, uma proposição de inserção social do homossexual que aproxima **patrimoniais** e **refratários**: uma integração nuançada, intermediária, que o habilita a ser apreendido sob uma identidade genérica (ser humano, cidadão) ou sob uma identidade particular (orientação sexual), a depender da específica **situação** em que se encontre. Se se trata de abordá-lo na perspectiva dos direitos formais, torna-se um cidadão; contudo, se se passa ao nível das concepções de família e casamento, o homossexual torna-se, indisfarçavelmente, sua própria homossexualidade.

Considerações Finais: Cidadania como Equilíbrio entre Individualismo e Solidariedade

O importância do componente solidário para a discussão do pleno pertencimento é explicitada quando o homossexual é definido como uma identidade juridicamente inviável no âmbito da família/casamento: ele é o não-heterossexual; o caráter inclusivo é extensível apenas à identidade heterossexual. A igualdade formal, naquele âmbito, é englobada pela questão identitária, que se eleva, nesse momento, à condição de parâmetro norteador do pleno pertencimento a uma sociedade nacional. Mesmo que, como já indicado, não se trate de uma grita pelo banimento sumário da homossexualidade. Propõe-se a possibilidade da homossexualidade, desde que na **rua** e **invisível** e, não, na **casa** – a homossexualidade é possível apenas na esfera do direito em geral. A abordagem **patrimonial** e a **refratária** aproximam-se ao fundarem seus argumentos sobre a premissa de que a identidade homossexual (queira-se ou não) está inabilitada a invadir o âmbito da família/casamento. Desse modo, o pleno pertencimento só é possível no momento em que a identidade homossexual é retirada de discussão, donde se pode derivar que seu pertencimento já não mais é pleno...

O direito à igual consideração e respeito surge-nos, nas discussões políticas, como absolutamente claro: todo ator possui o direito a realizar escolhas, embasando-se nas liberdades individuais estruturadoras do cerne procedimental do liberalismo contemporâneo. A reivindicação pelo elemento solidário como componente da cidadania, por seu turno, pode-se tornar mais transparente na medida em que enfatizamos a noção de cidadania como pleno pertencimento a uma sociedade nacional, o que significa tematizar processos de **integração social**. Revela-se, aí, a dependência dos processos de pleno pertencimento ante o elemento solidário: quando a posse de uma outra identidade que não a englobante torna-se um problema para a integração de dado agente, pois os atores não possuem, em seus respectivos sistemas de crenças, regras e valores, recursos capazes de tornar as diferenças comunicáveis, a fim de se constituir um consenso **inclusivo**.

Ponderações de linha comunitarista buscam dar conta do fato de que o acordo procedimental por si só não seria competente para manter os vínculos sociais suficientemente estreitos. A fim de que se alcançasse uma vida em comum minimamente estruturada, far-se-iam necessários, ao lado de estruturas formais da justiça, laços outros cujo *locus* é encontrado na esfera dos costumes. Isso significa dizer que os agentes, na contemporaneidade, são, a princípio, conduzidos a desempenhar papéis relativos a uma identidade abstrata (na condição de cidadãos) e papéis relativos a identidades particulares (como portadores de tradições culturais específicas), sendo, ambos os momentos, cruciais para a constituição de suas respectivas inserções sociais. Nesse sentido, pode-se afirmar que, segundo os pleitos contemporâneos de cidadania, os atores pretendem-se perceber membros de comunidades de valor inclusivas e, concomitantemente, regular suas relações pela reivindicação da igualdade de direitos.

Tais dados sugerem o pleno pertencimento não ser concebido tão-somente pela dimensão estritamente formal e abstrata, mas abarcar, também, o reconhecimento do outro como alguém passível de ser tratado como membro de uma comunidade de valores minimamente solidária. Os próprios pleitos comunitaristas podem ser lidos como uma tentativa de reequilibrar um déficit excessivamente favorável às disposições individualistas, em busca do reforço de elementos solidários e identitários necessários para a consolidação de uma vida em comum, para alguns mais satisfatória que a supremacia do *self-interested man* (Etzioni, 1996: 158).

Percebe-se, assim, ponderações concernentes à cidadania ocupando-se do que se poderia intitular princípio **igualitário** (que institui a igualdade de todos perante a lei) e princípio **solidário** (que reivindica o adequado tratamento para as singularidades identitárias do ator). Tal composição do conceito de cidadania sublinha o fato de que a **integração social** envolveria o reconhecimento da igualdade formal dos atores (direitos) e a tematização dos núcleos de valores em que os atores se inscrevem sob a forma de suas identidades individuais (costumes). Conseqüentemente, a satisfatória afirmação dos direitos de cidadania implicaria o **equilíbrio** entre o respeito às liberdades individuais e a devida consideração a especificidades socioculturais. Problemas na balança destes dois princípios (individualismo e solidariedade), pendendo, desproporcionalmente, seja para uma formalização excessiva das relações, seja para um tratamento estritamente discriminatório e particularista, poderiam implicar até mesmo déficits de cidadania (Cardoso de Oliveira, 1995: 3, 6). Igualdade e solidariedade, pois, na raiz de processos contemporâneos de pleno pertencimento social.

Bibliografia

BARDIN, Laurence. *Análise de conteúdo*. Lisboa: Edições 70, 1977.

BERELSON, Bernard. *Content analysis in communication research*. New York: Hafner Publishing Co., 1971.

CARDOSO DE OLIVEIRA, Luís Roberto. "Entre o justo e o solidário: os dilemas dos direitos de cidadania no Brasil e nos EUA". *Série Antropologia*, n. 185. Brasília, Universidade de Brasília, Departamento de Antropologia, 1995.

DAMATTA, Roberto. "Você sabe com quem está falando? Um ensaio sobre a distinção entre indivíduo e pessoa no Brasil". *Carnavais, malandros e heróis: para uma sociologia do dilema brasileiro*. 4. ed., Rio de Janeiro: Zahar, 1983.

______________. "Cidadania: a questão da cidadania num universo relacional". *A casa e a rua: espaço, cidadania, mulher e morte no Brasil*. São Paulo: Brasiliense, 1985.

______________. "Para uma antropologia da tradição brasileira (ou: a virtude está no meio)". *Conta de mentiroso: sete ensaios de antropologia brasileira*. Rio de Janeiro: Rocco, 1994.

DUMONT, Louis. *O individualismo: uma perspectiva antropológica da ideologia moderna*. Rio de Janeiro: Rocco, 1985.

__________. *Homo hierarchicus: o sistema das castas e suas implicações*. São Paulo: Edusp, 1992.

DWORKIN, Ronald. "Liberalism". *A matter of principle*. Cambridge: Harvard University Press, 1985.

ETZIONI, Amitai. "A moderate communitarian proposal". *Political theory*, v. 24, n. 2, may 1996, p. 155–71.

HABERMAS, Jürgen. "Struggles for recognition in the democratic constitucional state". *In* TAYLOR, Charles *et alii*. *Multiculturalism: examining the politics of recognition*. Princeton: Princeton University Press, 1994.

HOLSTI, Ole R. *Content analysis for the social sciences and humanities*. Massachusetts: Addison-Esley Publishing Company, 1969.

MARSHALL, Thomas Humphrey. *Cidadania, classe social e status*. Rio de Janeiro: Zahar, 1967.

NOTAS DA COMISSÃO ESPECIAL UNIÃO CIVIL LIVRE. Brasília: Coordenação de Comissões Temporárias/Serviço de Comissões Especiais, Câmara dos Deputados, Congresso Nacional, 1995.

PROJETO DE LEI 1.151/95. Brasília: Câmara dos Deputados, Congresso Nacional, 1995.

SOUSA, Marcelo Alvares de. *Cidadania, igualdade e solidariedade: e o Brasil com isso? (elementos sobre a pertinência da querela liberalismo versus comunitarismo para estudos brasileiros a partir dos debates parlamentares realizados na Comissão Especial União Civil Livre)*. Brasília: Universidade de Brasília/Departamento de Sociologia, 1999, Dissertação de Mestrado.

SANDEL, Michael J. "The procedural republic and the unencumbered self". *Political theory*, v. 12, n. 1, february 1984, p. 81–95.

TAYLOR, Charles *et alii*. *Multiculturalism: examining the politics of recognition*. Princeton/New Jersey: Princeton University Press, 1994.

WALZER, Michael. "The communitarian critique of liberalism". *Political theory*, v. 18, n. 1, february 1990, p. 6–23.

Ação Afirmativa no Brasil: a Construção de uma Identidade Negra?

Joaze Bernardino

O cenário político contemporâneo, sobretudo o norte-americano, tem sido marcado por demandas não somente pela correta redistribuição de bens socioeconômicos, mas também por demandas pelo correto reconhecimento da diferença (Cf. Young, 1990; Fraser, 1997). Exemplos destes acontecimentos são os movimentos sociais da nova esquerda americana: negros, hispânicos, feministas, asiáticos, *gays* e lésbicas. As reivindicações erigidas por tais grupos desafiam a noção de justiça social, até hoje, tomada como inconteste, assim como dinamizam as discussões sobre cidadania e democracia.

Justiça social tem sido entendida como a equânime distribuição de direitos, oportunidades, auto-respeito, riscos e deveres entre os membros de uma sociedade (Cf. Young, 1990: 24–30). Neste sentido, as discussões sobre justiça têm-se limitado ao escopo da correta alocação de bens materiais e de posições sociais no Mercado de trabalho, por exemplo, sendo deixado de lado questionamentos sobre o contexto institucional que propicia tais distribuições.

Os movimentos sociais da nova esquerda americana deslocam a discussão sobre justiça social de um parâmetro estritamente distributivo (*Idem*, *ibidem*, 3–38) para outro que incorpore, também, o contexto institucional e relações sociais que fundamentam a referida distribuição. Passa-se a inquirir se certas pessoas estão submetidas à opressão e à dominação. Opressão e dominação – que se incorporam às reflexões sobre justiça social e tornam-se parâmetros para caracterizar contexto de injustiça social – são entendidas, respectivamente, como (1) impossibilidade de alguém desenvolver e exercer sua capacidade e de expressar sua experiência; e (2) impossibilidade de alguém determinar a sua própria ação e as condições desta. Deste modo, um contexto social marcado pela opressão e pela dominação, portanto, concebido como injusto, não é somente um contexto em que se tem alocação desequilibrada de recursos materiais, senão um contexto em que as pessoas não estão aptas ao autodesenvolvimento e à autodeterminação. Em outras palavras, opressão, ou a incapacidade de autodesenvolvimento, consiste em processo institucional que impede algumas pessoas de aprenderem, usarem satisfatoriamente e expandirem suas habilidades e de expressarem seus pontos de vista e sentimento; enquanto dominação, ou a incapacidade de autodeterminação, consiste no constrangimento institucional que impede que as pessoas participem dos assuntos que, direta ou indiretamente, as atingem (*Ibidem*, 38).

No mundo político contemporâneo, a opressão, por um lado, assume a forma da exploração, marginalização, impotência, imperialismo cultural e violência (*Ibidem*, 39–65). A dominação, por outro lado, assume a forma de constrangimentos à participação política dos membros da sociedade, uma vez que o controle burocrático do *Welfare Capitalism* exige *experts*. Assim, as deliberações encontram-se longe do alcance do simples cidadão.

Os novos movimentos, aos quais já nos referimos, buscam, às vezes, menos serviços (portanto, distribuição de bens e recursos) do que o direito de poder deliberar sobre assuntos públicos e, principalmente, demandam a politização da cultura, a saber, a reflexão de como a linguagem, os símbolos, as normas, os hábitos inconscientes, os desejos, os gestos contribuem para a opressão e os definem como desviantes em relação a algum padrão. Esta última dimensão das reivindicações dos novos movimentos sociais associa-se à demanda de correto reconhecimento, a saber, correta apreciação da diferença, enquanto a primeira liga-se ao pressuposto de que o correto reconhecimento não é presente do Estado benfeitor, mas o resultado de uma luta política a ser travada pelos próprios sujeitos envolvidos.

Politizar a cultura resulta na incorporação do correto reconhecimento, categoria central ao debate político contemporâneo

(Cf. Taylor, 1994). Por outro lado, demandar acesso às instâncias políticas deliberativas significa supor que o papel de cidadão não se reduz ao papel de cliente-consumidor (Cf. Habermas, 1997), nem significa que a democracia se limita a periódicas legitimações do exercício do poder do Estado, como supõe o modelo normativo de democracia do liberalismo político (Cf. Honneth, 1998). Ao contrário, cidadania exige papel ativo, enquanto democracia exige permanente participação na esfera pública, a qual dever ser considerada a fonte de todos os processos de tomada de decisões políticas.

O propósito deste artigo é perceber as repercussões dos movimentos sociais da nova esquerda americana e todas formulações e discussão teórica daí derivadas sobre nós, brasileiros. Daremos especial atenção à categoria de reconhecimento e às noções de cidadania e democracia. Para tanto, analisaremos as propostas de ação afirmativa para a população negra que tramitam, atualmente, no cenário político brasileiro.[1] Ao longo da discussão, tentaremos ressaltar a diferença de expectativa entre a adoção das ações afirmativas no contexto norte-americano e no contexto brasileiro.

Ação Afirmativa e Reconhecimento

Ações afirmativas são medidas que pretendem corrigir desigualdades socioeconômicas procedentes de discriminação, atual ou histórica, sofrida por algum grupo de pessoas. Para tanto, as ações afirmativas concederiam, por um lado, privilégios a grupos que se encontram em comprovada situação de inferioridade para que, em futuro estipulado, esta situação fosse revertida e, por outro lado, buscariam redefinir a imagem do grupo em questão. A concessão de privilégios significa, basicamente, a adoção do sistema de cotas no sistema de ensino superior e no Mercado de

[1] Toda a discussão que vem a seguir pode ser encontrada de forma mais detalhada em Bernardino, Joaze (1999).

trabalho,[2] enquanto a tentativa de redefinir a imagem do grupo significa submeter à reflexão crítica os símbolos culturais, sobretudo a publicidade, novelas, programas de TV.

Conforme justificativa oficial,[3] adotar-se-iam as políticas afirmativas com o propósito de realizar irrestrita igualdade de oportunidade entre todos os cidadãos do País. Torna-se, portanto, evidente que se espera que as ações afirmativas, caso sejam adotadas, sejam suspensas após algum período de vigência. Ainda sob o ponto de vista oficial, não está embutida nas propostas de ação afirmativa consideração alguma por eventual diferença cultural entre a população de cor preta e parda e a população de cor branca, estando em pauta, somente, a desigualdade de cunho econômico.

As propostas de ação afirmativa, mesmo que se encontrem fundamentos legais para a sua adoção, estão longe de serem consensuais no Brasil. Elas tornam-se polêmicas quando se tenta alcançar a igualdade de oportunidade pela via da concessão de privilégios a pessoas provenientes de grupos minoritários em setores prestigiados e/ou em setores que possuem ofertas limitadas de vaga, por exemplo, em universidades. Portanto, mesmo encontrando legalidade, as ações afirmativas careceriam de legitimidade.

As propostas de ação afirmativa estão longe de encontrar consenso na sociedade como um todo. No caso brasileiro, elas

---

2 Proposta emblemática sobre a concessão de privilégios a setores minoritários da sociedade brasileira é o Projeto de Lei, do Senado, nº 75, de 1997, de autoria do Ex-Senador Abdias do Nascimento (PDT/RJ), que dispõe sobre medidas de ação compensatória para implementação do princípio da isonomia social do negro. Este projeto de lei propõe basicamente que todos os órgãos da administração direta e indireta, empresas públicas, sociedades de economia mista, empresas privadas tenham, em seus quadros, 20% de homens negros e 20% de mulheres negras. Outros artigos do projeto de lei sugerem que se dê preferência ao candidato negro, sempre que ele demonstrar idênticas qualificações profissionais às de candidatos brancos; sugerem ainda que serão concedidas 40% (quarenta por cento) das bolsas de estudo concedidas em todos os níveis de ensino à população negra.

3 Brasil, Gênero e Raça (1997); GTI/População Negra (1996); Programa Nacional de Direitos Humanos/Fernando Henrique Cardoso (1996).

precisam tornar-se convincentes para certos setores da sociedade, que estarão, caso entrem em vigência, direta ou indiretamente afetados por elas. Ante as dificuldades de encontrar legitimidade, por que não optar por tipos de políticas que não provocariam tanta polêmica?

Dados do IBGE indicam que a maioria da população pobre do País é de pessoas de cor preta e parda; conseqüentemente, qualquer política pública direcionada ao público pobre traria benefícios para a população "de cor". Deste modo, torna-se coerente pensarmos que se se aumentassem a quantidade e a qualidade de escolas, hospitais (políticas redistributivo-universalistas), em conseqüência, aumentar-se-iam as chances de as pessoas "de cor" conquistarem os escassos cargos ou posições de prestígio, uma vez que elas teriam formação semelhante à das pessoas oriundas de outros segmentos da população (classe alta e média, notadamente).

Por que o movimento negro brasileiro, por meio de sua liderança, considera de bom-tom propostas que enfrentam grandes dificuldades quanto à sua aceitação pela sociedade como um todo, como é o caso das ações afirmativas? O que se pretende com as ações afirmativas?

Acredito que o que está em jogo, ao se falar em ações afirmativas, é a constituição de uma identidade negra no Brasil. Neste sentido, as ações afirmativas seriam instrumentos para este desiderato. Mais ainda, seriam instrumento para a transformação ou a substituição do sistema classificatório racial múltiplo brasileiro, visto como negativo, por sistema classificatório racial binário, apreciado como positivo, que encontramos, por exemplo, nos Estados Unidos.

Ao se falar em 'construir uma identidade negra no Brasil', a suposição que faço é a de que não existe identidade negra compartilhada. Evidências desta suposição foram as 135 maneiras pelas quais as pessoas tentaram se classificar quando foram inquiridas acerca de sua cor.[4] O fato de as pessoas não terem

[4] Cf. PNAD–76, *apud* Folha de São Paulo/Data Folha (1995).

referido a si mesmas como negras evidencia a inexistência de uma identidade negra.

Considero que não podemos falar de uma identidade negra – como encontramos nos Estados Unidos, por exemplo –, porque o que é decisivo para asseverarmos a existência de uma identidade é a maneira pela qual pessoa ou grupo são reconhecidos pelos outros e, também, a maneira pela qual a pessoa e o grupo se definem. Identidade remete à noção de grupo social (Cf. Young, 1990: 42–48), entendido como coletividade de pessoas diferenciada de pelo menos outro grupo, devido a formas culturais, práticas e modos de vida particulares. Os membros de cada grupo possuem afinidade uns com os outros devido a uma experiência de vida similar. A existência de grupos sociais é expressão de relações sociais: um grupo social somente existe em relação a algum outro grupo. Falar em grupo social não significa reduzir uma coletividade de pessoas unidas por experiências, formas culturais e modo de vida particulares a uma agregação de pessoas nem significa reduzi-las a uma associação de indivíduos. Agregação de pessoas sugere a classificação de pessoas de acordo com um atributo qualquer: altura, peso, cor do cabelo, enquanto associação de indivíduos quer dizer que algumas pessoas resolveram se reunir e, desta reunião, emergiu instituição formalmente organizada: partidos políticos, clubes, associações de moradores.[5] Diferentemente de um agregado de pessoas, um grupo não resulta da combinação de características dos seus integrantes, senão do senso de identidade: certa posição social e, sobretudo, história comum. Diferentemente, também, da noção de associação de indivíduos, o grupo social é que constitui o indivíduo e, não, o inverso. Mesmo supondo a existência de certas semelhanças e afinidades entre os integrantes de um grupo, isto não significa que não haja diferenças entre eles, nem que, aos indivíduos, estão vedadas escolhas e planos de vida dissonantes ao modo de vida do grupo.

[5] O associativismo teria, como fundamento teórico, o atomismo. Para maiores informações sobre o atomismo, cf. Taylor, Charles (1996).

A expectativa da liderança negra brasileira quanto às ações afirmativas não se restringe simplesmente a ganhos materiais (cidadania social), senão a construção da identidade negra, que corresponde à construção, ao sentimento de pertencimento e ao reconhecimento da existência de grupos sociais.

Marshall, no seu trabalho clássico, equaciona o conceito de cidadania por meio da noção de direitos civis, políticos e sociais (Cf. Marshall, 1967). Ser considerado cidadão eqüivale a ter *status*. O termo cidadania referir-se-ia à condição em que encontramos todas as pessoas de uma nação, compartilhando os seus ganhos, em termos de direitos. Entretanto, nem todos desfrutam desta condição igualmente, uma vez que existe desigualdades dentro de qualquer nação. As pessoas que não estão plenamente integradas ao nível de desenvolvimento de uma nação compõem os cidadãos de segunda classe, terminologia esta derivada da bibliografia secundária sobre Marshall.

A população de cor preta e parda no Brasil seria composta de cidadãos de segunda classe, uma vez que seus membros não teriam plenos direitos sociais, entendidos como direito a bem-estar.

A função integradora da cidadania, conforme verificamos em Marshall, encontra limites quando o que está em jogo não é a integração de iguais, mas a integração de pessoas ou grupos que se definem como diferentes. Assim, por exemplo, esta teoria integraria perfeitamente pessoas de classes sociais diferentes, porém teria dificuldades em lidar com grupos sociais que se definem como diferentes, como: imigrantes, minorias nacionais, homossexuais, grupos religiosos, minorias raciais, feministas: no caso destes diversos grupos, o que se reivindica não é somente a participação na riqueza da nação, mas também o reconhecimento, ou a correta consideração, da diferença cultural.

É aqui que poderíamos localizar as demandas da liderança negra brasileira: ela não reivindica apenas o acesso a bens sociais mínimos, mas reivindica a correta consideração da diferença.

As ações afirmativas no contexto anglo-saxão são políticas caracterizadas como estando estritamente dentro de foco igualitário[6] – consonantes, portanto, com a noção de cidadania que aparece em Marshall – uma vez que seus proponentes anunciam que o fim visado por elas é a constituição de sociedade cega às cores: logo, sociedade cega às diferenças supostamente existente entre os diversos grupos sociais e inapta para lidar com um contexto multicultural. Por esta razão, as ações afirmativas sofrem inúmeras críticas de autores inspirados pelos movimentos sociais da nova esquerda americana, que defendem uma redefinição da diferença cultural (Cf. Fraser, 1997: 30–31; Young, 1990: 199).

Todavia, no Brasil, as ações afirmativas atuariam como meio tanto para proporcionar à população de cor preta e parda acesso às condições mínimas de vida, quanto atuariam como meio para a constituição da diferença desta mesma população em relação à população de cor branca. A população de cor preta e parda no Brasil, para usarmos uma expressão de Fraser (Cf. Fraser, 1997: 17–28), compõe uma coletividade bivalente: ao mesmo tempo em que demanda a redistribuição de bens socioeconômicos, reivindica, também, correto reconhecimento da diferença. Estes dois tipos de demandas seriam atendidos pelas ações afirmativas, conforme expectativa da liderança negra brasileira.

É em virtude da exclusão socioeconômica da população brasileira de cor preta e parda que se justificaria, em um primeiro momento, a adoção de medidas afirmativas. Com elas, superar-se-ia a ausência de igualdade de oportunidade e de bens materiais entre a população de cor preta e parda e a população branca. Em outros termos, mediante as ações afirmativas, estar-se-ia abrindo a possibilidade para a passagem da situação de cidadãos de segunda classe para a de cidadãos de primeira. Para tanto, os elementos mobilizados seriam propriamente econômicos, como a garantia de acesso da população de cor preta e parda às universidades, às ocupações prestigiosas. Entretanto, as ações afirmativas podem gerar, ou tendem a gerar, senso de solidariedade entre

[6] Apreciação favorável à adoção das ações afirmativas, devido a interpretação igualitária, portanto, devido ao reconhecimento da igualdade das pessoas, pode ser encontrada em Dworkin, Ronald (1996)

os seus beneficiários, assim como tendem a criar a consciência de que eles fazem parte de um grupo definido, que se opõe a algum outro. A história peculiar dos indivíduos e do grupo que têm sofrido discriminações não seria abandonada. Segundo a expectativa da liderança negra, as ações afirmativas, no contexto brasileiro, não levariam a uma "cegueira de cor", mas à superação do estigma da inferioridade em ser negro, levando, conseqüentemente, à constituição de uma identidade negra a ser compartilhada pelos 44% da população brasileira denominadas de cor preta e parda.[7] Assim, diferentemente do contexto americano, as ações afirmativas no Brasil podem, segundo expectativa da liderança negra, ir além de fatores estritamente distributivos, podendo reestruturar a maneira pela qual a população de cor preta e parda é enxergada, assim como a maneira pela qual esta enxerga a si própria.

É neste sentido que se aposta nas políticas afirmativas – apesar dos problemas quanto a sua legitimidade – e, não, simplesmente, nas políticas econômicas com caráter redistributivo-universalista, pois o que está em jogo não é somente um *status* econômico, mas a maneira como a população negra é enxergada e se enxerga; logo, o significado da diferença.

Fundamental nesta discussão é a reivindicação pelo correto reconhecimento.

O reconhecimento é tematizado, sobretudo, por Charles Taylor (Cf. Taylor, 1994). Para este autor, reconhecimento é central à política moderna porque está ligado às questões que dizem respeito tanto à identidade quanto à auto-estima. É isso que os movimentos de negros, feministas, *gays*, lésbicas, deficientes físicos, estão reivindicando.

A tese de Taylor é a de que a identidade, o entendimento que a pessoa tem de si própria acerca de quem ela é, é formada pelo reconhecimento. Este pode ser distorcido, correto e, até mesmo, pode inexistir. O dado aqui é que, se a pessoa receber um correto

---

7 Conforme o IBGE/PNAD-1996, "a distribuição da população brasileira por cor ou raça" é: branca, 55,2%; preta, 6,0%; parda, 38,2%; amarela 0,4%; indígena, 0,2%.

reconhecimento, ela terá sua auto-estima intacta. Porém, se houver um reconhecimento distorcido ou a ausência deste, esta pessoa terá sua auto-estima afetada, o que eqüivaleria a condenar alguém a um modo de vida reduzido. É nesses termos que se considera que um correto reconhecimento não é uma cortesia, senão uma necessidade humana vital (*Idem, ibidem* 25).

A noção de reconhecimento dá origem a dois tipos de políticas, ambas fundamentadas na idéia de respeito: uma da igualdade e outra da diferença.

A primeira, a política do reconhecimento da igualdade, relaciona-se à mudança da honra para a dignidade (*ibidem*, 26–27), supõe que todos cidadãos possuem uma igual dignidade e, portanto, possuem os mesmos direitos. Neste caso, o que se busca é a eliminação de qualquer classificação como cidadãos de primeira classe e cidadãos de segunda classe. A política do reconhecimento da igualdade é o que sustenta as várias demandas por redistribuição de bens socioeconômicos, incluindo as ações afirmativas no contexto norte-americano.

Por outro lado, a política do reconhecimento da diferença, ligada ao desenvolvimento da moderna noção de autenticidade (*ibidem*, 28–33), supõe que todos devem ter suas identidades particulares reconhecidas. É claro que, neste caso, há um princípio universal sustentando esta política, a saber, todos têm o direito de ser respeitados.

A suposição por trás das demandas por reconhecimento da diferença é que não apenas a carência de aspectos propriamente socioeconômicos gera minorias, mas a carência de correto reconhecimento. Reconhecimento distorcido, conseqüentemente identidade mal formada, pode dar origem a grupos com déficits de cidadania. O déficit de cidadania não se restringiria ao quesito socioeconômico, mas abrangeria um quesito cultural, a saber, se as pessoas são, ou não, devidamente consideradas em suas diferenças.

As ações afirmativas, sobretudo no contexto americano, significam um reconhecimento da igualdade entre os cidadãos, são medidas sob a chancela de políticas da igualdade. Acredita-se que elas utilizem a diferenciação entre as pessoas somente de forma temporária, visto que seu objetivo é eliminar qualquer desigualdade de cunho socioeconômico. Portanto, vale a pena enfatizar isto: o fundamento para a decisão em utilizar as medidas afirmativas, assim como para avaliar o seu tempo de duração, é socioeconômico. Dito isso, fica claro o distanciamento entre as ações afirmativas e uma política da diferença no contexto americano, uma vez que elas não supõem a diferença cultural entre os membros da sociedade e, conseqüentemente, não visam, em momento algum, ao reconhecimento da diferença do grupo beneficiado. Nesse sentido, as ações afirmativas são medidas voltadas à superação do *status* de cidadãos de segunda classe, cidadãos que se encontram excluídos de uma cidadania social, conforme expressão de Marshall.

No contexto brasileiro, as ações afirmativas propostas para a população de cor, conforme a intenção da liderança negra brasileira, não se reduziriam aos aspectos propriamente socioeconômicos, envolvendo, também, razões ou fundamentos ligados à identidade. Não seriam somente políticas redistributivas fundamentadas na igual dignidade das pessoas, mas políticas do reconhecimento da identidade. Nesse sentido, haveria, ao invés de um distanciamento, uma aproximação entre ações afirmativas e política da diferença.

É preciso deixar claro que elas envolveriam aspectos de políticas da igualdade, no que tange a fatores estritamente socioeconômicos. Mesmo que as ações afirmativas sejam temporárias, o que se está objetivando com elas, segundo a liderança negra, é a constituição de diferenças permanentes entre a população de cor preta e parda – que passaria a ser chamada e a se chamar de negra – e a população branca. Em outros termos, estar-se-ia se objetivando a criação de um sistema classificatório racial binário, em que os integrantes da população brasileira passariam a se conceber ou como brancos ou como negros.

Portanto, as ações afirmativas, no contexto brasileiro, envolveriam não somente a demanda por redistribuição de bens econômicos, mas envolveriam a demanda por reconhecimento da identidade negra ou da construção desta. Desse modo, elas seriam peculiares em relação ao mesmo tipo de políticas adotadas nos Estados Unidos, por exemplo. Contudo, para que a construção de uma identidade negra ocorra, é necessário, segundo expectativa da liderança negra brasileira, uma revalorização da identidade negra, a qual ocorreria no momento em que a imagem negativa da população de cor preta e parda fosse contraposta a uma imagem positiva. As propostas de ação afirmativa, portanto, são encaradas, pela liderança negra brasileira, como de suma importância para a atribuição de novo significado a um signo já existente. Criar-se-ia não só um *status* positivo, mas a possibilidade de a pessoa de cor se definir por meio deste *status*, algo igualmente inédito.

Em que consistiria a diferença entre a população de cor preta e parda e a população branca?

Segundo a liderança negra, a diferença da população de cor preta e parda em relação à população branca residiria em um passado histórico caracterizado pela desvantagem no mercado de trabalho juntamente com a discriminação e o racismo experienciado. Este passado seria suficiente para munir a população de cor preta e parda com um sistema de avaliação diferente do sistema de avaliação dos demais brasileiros

A construção da identidade negra é um fenômeno inteiramente social, não emana da natureza nem ocorre monologicamente (Taylor, 1994: 32–34). Somente em diálogo com os outros é que apreendemos quem somos nós, donde viemos e quem poderemos ser. Neste diálogo, muitas vezes lutamos contra a imagem que os outros querem reconhecer em nós. Nesse episódio das ações afirmativas, é isto que a liderança negra visualiza, a saber: a possibilidade de negar as características que foram secularmente impostas sobre a população de cor e sobre ela, inclusive. Contudo, a construção de uma identidade não se faz isoladamente; é necessário que a pessoa encontre referenciais positivos na sociedade, assim como é necessário que o outro-diferente não a reconheça de forma negativa.

A constituição da identidade negra no Brasil, a partir da revalorização do *status* de cor, levaria, também, à constituição de um sistema classificatório racial binário semelhante ao existente nos Estados Unidos, que depende da substituição do sistema classificatório racial múltiplo brasileiro, concebido como negativo.

Ação Afirmativa: Cidadania e Democracia

A discussão sobre ação afirmativa pode ser iluminada pela contemporânea discussão sobre cidadania e democracia.

Habermas expõe aquilo que ele considera ser democracia e cidadania, opondo sua concepção a duas outras, a liberal e a republicana (Habermas, 1996). Exporei, portanto, primeiro, o modelo de democracia e cidadania liberal e republicano para depois expor o modelo da teoria discursiva (chamado de procedimental).

O modelo liberal concebe a sociedade como um "mercado" estruturado a partir dos interesses divergentes e despolitizados dos cidadãos privados. O governo, por outro lado, é concebido como um aparato institucional voltado a atender às demandas da sociedade. Nesses termos, a política será entendida como o processo de formação de interesses, os quais deverão ser atendidos pelo Governo (*Idem*, *ibidem* 21–23).

De acordo com este modelo, o *status* de cidadão será determinado por um leque de direitos negativos ante o Estado e ante outros cidadãos (direitos que permitem, a cada cidadão, proteger-se do Governo), tais como: direito de voto, direito de livre expressão, conseqüentemente, direito de formação de um parlamento representativo dos interesses dos cidadãos (*ibidem*, 22). E a democracia, por sua vez, será entendida como o processo de competição dos atores individuais agregados, que possuem interesses divergentes e que programarão o Governo para atender às suas demandas. Os interesses destes atores serão mensurados por meio de votos – expressão maior da preferência do cidadão consumidor (*ibidem*, 22–23; Honneth, 1998: 763–764).

Já para o modelo republicano, a política é entendida como o meio pelo qual os membros de uma comunidade se tornam conscientes das suas mútuas dependências e origem comum. Assim, a política é encarada como um processo de descoberta de uma origem comum "perdida" ou como o reforço de tradição que, por algum motivo, esteja débil.

O modelo republicano está sobrecarregado de justificativas éticas ao ponto de privar os cidadãos do direito de dizer sim ou não. Existe um tipo de vida considerado elevado que não pode ser negado pelos atores e que, portanto, deve ser protegido (Taylor, 1994: 52–56).

O Estado, no modelo republicano, emerge do processo de mútuo reconhecimento dos cidadãos, isto é, emerge após os cidadãos tornarem-se conscientes das suas mútuas dependências. O motivo para a existência do Estado não é a proteção dos direitos privados individuais nem a efetivação de interesses de "atores individuais agregados" (como no modelo liberal), senão a garantia da formação da opinião e da vontade, que, em última instância, nos dirá quem somos nós e quem gostaríamos de ser.

Nesses termos, a democracia sempre estará referida a uma comunidade ética integrada, logo, ao descobrimento de uma identidade, visto que os atores descobrem que compartilham uma mesma tradição. Assim, a democracia possuiria um fim dado *a priori*, um componente não construído pela atividade política, mas preexistente a qualquer processo de entendimento mútuo. Por outro lado, o *status* de cidadão não é determinado pelos direitos negativos, senão pela participação em comunidade ética.

O modelo normativo de democracia da teoria do discurso, chamado de "procedimental", em direta oposição ao modelo republicano, centra-se na noção de entendimento, a partir do qual o homem se determina, pois não supõe a existência de um fim *a priori*. A decisão acerca do tipo de sociedade em que os atores querem viver está em aberto

Fica clara a divergência entre estes dois modelos de política, quando pensamos que, para o modelo republicano, o acordo a ser alcançado pelos participantes do processo de mútuo-entendimento já garantido por uma unanimidade ética dos atores, enquanto para o modelo de política derivado da teoria do discurso somente após um processo de negociação justa é que o acordo emergirá.

Para o modelo de democracia que emerge da teoria do discurso, somente após o alcance de um mútuo entendimento, que não os priva de concordar ou discordar, é que os atores poderão dizer quem eles são e quem eles gostariam de ser. Em momento algum, neste modelo normativo de democracia, há recurso a uma tradição considerada sagrada, a qual deveria ser poupada de qualquer discussão política.

O modelo de democracia da teoria do discurso atribui centralidade ao processo de formação racional da opinião e da vontade, sem considerar o direito como algo secundário. O sucesso da teoria do discurso envolve não só a ação coletiva de um grupo de pessoas, mas também a institucionalização de processos e condições de comunicação. O direito, portanto, corresponde à forma pela qual os acordos atingidos comunicativamente podem ser institucionalizados (Habermas, 1996: 27–29).

A formação da vontade e da opinião política, entretanto, está intrinsecamente ligada a uma rede de esferas públicas políticas que está, por sua vez, conectada à imagem de uma sociedade descentrada. Esta imagem de sociedade descentrada refere-se às arenas que detectariam, identificariam e interpretariam os problemas que afetam a sociedade como um todo. Estes problemas seriam mandados para o sistema administrativo que é o sistema especializado na ação (*Idem, ibidem* 29).

A suposição é, diferentemente do modelo republicano, que sociedade e Estado são instituições separadas, são esferas autônomas. O entendimento alcançado pelos vários atores da sociedade transforma-se em poder comunicativo que influencia a esfera do poder administrativo.

Cidadania, nos termos da teoria discursiva, é dada pelas noções de autonomia privada e pública, que devem ser tomadas conjuntamente. Autonomia privada – no sentido de que o indivíduo possui capacidade para perseguir aquilo que ele acredita que é certo ou bom – somente por meio desta capacidade é que o ator diz sim ou não às "questões-problema" que aparecem a ele. E autonomia pública, no sentido de que este indivíduo também tem a capacidade de participar de um processo democrático de formação da vontade e da opinião. Estas duas formas de autonomia culminariam na noção de que os cidadãos são autônomos somente se puderem ver a si mesmos como autores das leis às quais se encontram submetidos.

O que esta discussão sobre os modelos normativos de cidadania e de democracia tem a ver com as propostas de ação afirmativa para a população brasileira de cor?

O modelo liberal supõe, implicitamente, que a cidadania ou o *status* de cidadão deriva simplesmente da possibilidade de o indivíduo perseguir e realizar sua concepção de boa vida, como sujeito privado, a despeito da participação política. Daí a centralidade que este modelo de cidadania atribui à autonomia privada de cada sujeito, pelos direitos negativos.

Esse distanciamento do modelo liberal de democracia e cidadania das exigências colocadas por uma noção de autonomia pública fomenta dois tipos de paradigmas jurídicos e políticos (Habermas, 1997b: 123–190), um chamado de liberal e o outro chamado de bem-estar. Estes dois paradigmas seriam considerados como pertencentes ao modelo liberal de cidadania e de democracia, porque primam pela noção de autonomia privada, a despeito da autonomia pública, isto é, a participação política dos cidadãos.

Pensemos, primeiramente, na questão racial à luz deste modelo de cidadania e democracia.

O paradigma jurídico e político liberal do modelo liberal de cidadania aconselharia que o *status* racial deveria ser posto de lado em nome da garantia de iguais oportunidades de todos os cidadãos brasileiros para competir por empregos, posição social, educação e poder político independentemente do resultado. O que seria importante, segundo este paradigma, seria o esforço de cada pessoa, por si só, a despeito de traços particulares. Contudo, o que estaria sendo deixado de lado aqui é uma desvantagem acumulada da população brasileira de cor preta e parda. Este modelo de política liberal nem sequer consideraria a possibilidade de utilização das ações afirmativas, uma vez que estas violariam a igualdade formal dos cidadãos e, conseqüentemente, violariam a autonomia privada destes em nome de políticas sociais do Governo. Autonomia privada, neste sentido, envolveria não somente a escolha do que seria uma vida desejável pelo indivíduo isolado, mas também a possibilidade de ele se destacar no mercado político. O que vale, segundo este modelo, é a competição estratégica dos atores. Este modelo de política, segundo Habermas, quando foi utilizado para resolver os problemas relativos ao *status* de gênero (*Idem*, *ibidem* 147–170), gerou tratamento ainda mais desigual das mulheres. Parece-me que este é o tipo de política do Governo brasileiro no que concerne à questão racial. Este tipo de política nem sequer reconhece a diferença da população de cor no Brasil em relação à população branca; simplesmente o *status* de cor não se coloca como questão. O princípio estruturante deste paradigma jurídico e político é a igualdade formal dos cidadãos.

Todavia, como é claro, a igualdade formal não foi e não é suficiente para garantir a igualdade de fato. Em vista disto, houve reformulação (e, não, completa substituição) deste princípio liberal. O paradigma jurídico e político do bem-estar rejeita o modelo de sociedade calcado no mercado, percebendo que a liberdade formal dos sujeitos privados resultava, simplesmente, em maior diferenciação socioeconômica entre os sujeitos. Esta situação precisava de ser corrigida por intervenção governamental.

O paradigma do bem-estar, no trato da questão racial, configurar-se-ia como modelo paternalista. Aconselharia que a questão racial no Brasil fosse resolvida com a adoção de legislações trabalhistas, sociais, educacionais. Neste tipo de política, podemos visualizar a adoção de medidas temporárias, as ações afirmativas, para gerar equalização mínima entre os grupos em desvantagens e o resto da sociedade. Contudo, a adoção destas políticas seria encarada como uma intervenção temporária na autonomia privada dos cidadãos, visto que, por um lapso de tempo, eles não se estariam determinando por si só. Os riscos associados a esta prática poderiam ser, sob o ponto de vista simbólico-cultural, a associação do grupo que está sendo auxiliado como incompetente, incapaz, dependente. O risco de aumento do preconceito é eminente, a despeito da resolução da questão sob o ponto de vista econômico, visto que estas políticas acabam reforçando os estereótipos existentes.

Parece-me que, no contexto brasileiro, sob o ponto de vista oficial, as ações afirmativas tenderiam a assumir esse caráter, políticas do bem-estar do modelo liberal de cidadania e democracia. A diferença residiria no fato de que, no contexto anglo-saxão – penso exclusivamente na sociedade norte-americana –, elas terem partido de uma diferença racial já dada na sociedade,[8] enquanto aqui elas visariam à criação desta diferença mediante a construção da identidade negra a ser partilhada pela população de cor preta e parda, conforme procuramos demonstrar ao longo do texto.

O que se pretende dizer é que, mesmo se as políticas de bem-estar fossem bem-sucedidas, nada nos garantiria que a imagem da população de cor no Brasil se transformaria. A despeito do *status* econômico da pessoa de cor no Brasil, certos setores da sociedade brasileira poderiam continuar imaginando ou efetivamente destratando ou reconhecendo incorretamente a população de cor preta e parda. A existência deste risco não pode ser desprezada.

Se o modelo liberal falha em considerar a autonomia pública do *status* de cidadão, o modelo "republicano-comunistarista" falha em considerar a autonomia privada do *status* de cidadão.

A suposição do modelo "republicano-comunitarista" é a de que a formação da opinião e da vontade política é orientada para um entendimento ético-político dos cidadãos, a saber, a descoberta e o acordo sobre quem estes cidadãos são e quem eles gostariam de ser. Há desconsideração da autonomia privada do cidadão, a qual consistiria no direito de dizer sim ou não aos modelos de sociedade eventualmente surgidos.

No caso brasileiro, como suponho, as diferenças entre a população de cor e a branca não são, por enquanto, compartilhadas e reconhecidas. As propostas de ação afirmativa visariam, a gerar, ou a criar, o reconhecimento desta diferença na sociedade brasileira. Ora, como isso seria feito? Um grupo de cidadãos, a liderança negra, acredita poder criar esta cisão entre pessoas brancas e de cor preta e parda. Para tanto, conta com a adesão de toda a população de cor brasileira a esta comunidade fundamentada em uma identidade comum – que passaria a ser chamada de negra –, uma vez que um fundamento ético-cultural comum a todas as pessoas de cor seria encontrado. Este fundamento ético-cultural

[8] Decisiva, entre outras coisas, para se encontrar esta cisão na sociedade americana foi a existência da discriminação formal contra negros.

seria com base na descoberta de fatores políticos juntamente com a descoberta de fatores naturais: uma história de discriminação, uma identificação com esta história, cor da pele, tipo de cabelo, a consciência de ser descendente de alguma etnia africana. Há, neste caso, o risco de um apelo a uma noção de origem comum, ao qual o homem ficaria *ad infinitum* preso e ao qual ele não poderia dizer não. Um auto-entendimento da população de cor brasileira, que passaria a se chamar de negra, conforme estes termos, poderia gerar um clima de hostilidade entre pessoas e "raças" no Brasil. A categoria "raça" passaria a ser central à identificação e à autodefinição da pessoa no Brasil após a adoção das ações afirmativas. Ainda no caso do Brasil, a participação pública, ou o exercício da autonomia pública, seria limitada a uma pequena parcela da população, à liderança negra e a intelectuais, não sendo estendida a todo contingente da população de cor preta e parda.

Se o modelo de democracia liberal prioriza a autonomia privada ante a autonomia pública e se o modelo de democracia "republicano-comunitarista" prioriza a autonomia pública em detrimento da autonomia privada, o modelo de democracia derivado da teoria discursiva tratará o *status* de cidadão como aquele em que há a junção da autonomia privada e a autonomia pública. Em outras palavras, este *status* de cidadão se referir-se-á à situação em que o indivíduo por meio do poder comunicativo, que emerge das suas conversações com outros indivíduos, participa na elaboração do sistema de direito. Para a elaboração deste sistema de direito, é fundamental que os indivíduos não estejam privados de dizer sim ou não aos eventuais acordos surgidos nesse processo dialógico. Isso significa que não há, *a priori*, tradição sagrada alguma ou conjunto algum de valores ético-políticos considerado inviolável. Somente nessa situação de mútua dependência entre autonomia privada e autonomia pública é que emerge esta noção de um cidadão ativo (que participa reflexivamente das leis, às quais está submetido). Nessas condições, os indivíduos estão em condições de preservarem, aprimorarem e mudarem a forma de vida escolhida por eles.

Dito isso, fica evidente que o modelo de democracia procedimental sugere, como desejável, que a interpretação da identidade racial e as relações raciais devam ser submetidas à discussão pública, em que cada pessoa, usando as prerrogativas de ser racional e reflexivo de uma sociedade secularizada, concorde ou discorde com o modelo de interpretação racial e relações inter-raciais que eventualmente surjam. A definição acerca destas questões não pode ser monopolizada pela liderança negra brasileira, mas tem de contagiar todos aqueles que estão diretamente envolvidos com esta questão. Ao garantir as condições do procedimento democrático, a forma de integração social derivada deste modelo de democracia contaria com o assentimento de cada pessoa e poderia ser continuamente revisto, pois os atores não estão privados de dizer sim ou não. Abre-se, portanto, a oportunidade de correta definição das diferenças raciais e a oportunidade para a revisão ou, até mesmo, a superação dos estereótipos, que, até então, são encarados como dados. Em uma palavra, o modelo de democracia da teoria do discurso abre a possibilidade de um correto reconhecimento, livre do risco do agravamento do preconceito.

Nesse sentido, para concluir, encontraríamos as condições para efetivar os critérios de justiça levantados pelos novos movimentos sociais e pelas teorias sociais que os acompanham. Os atores sociais poderiam, por meio do jogo democrático, redefinir o reconhecimento, o qual é considerado errado, assim como poderiam, por meio da atuação na esfera pública, participar das deliberações políticas que os afetam. Encontrar-se-iam, portanto, condições para a autodeterminação e para o autodesenvolvimento, visto que a dominação e a opressão estariam em xeque.

Bibliografia

BERNARDINO, J. *Ação afirmativa no Brasil: a construção de uma identidade negra?*. Brasília: Universidade de Brasília/Departamento de Sociologia, 1999, Dissertação de Mestrado.

BRASIL, GÊNERO E RAÇA. Brasília: Ministério de Trabalho, 1997.

DWORKIN, R. *A matter of principle*. Oxford: Oxford University Press, 1996.

FRASER, N. *Justice interruptus*. New York/London: Routledge, 1997.

GTI/POPULAÇÃO NEGRA. Brasília: Ministério da Justiça/Secretaria de Direitos da Cidadania, 1996.

HABERMAS, J. "Struggles for recognition in the democratic constitutional state". *In* GUTMANN, A. (org.). *Multiculturalism*. Princeton: Princeton University Press, 1994.

______________. "Three normative models for Democracy". *In* BENHABIB, S. (org.). *Democracy and difference: contesting the boundaries of the political*. Princeton: Princeton University Press, 1996.

______________. *Direito e democracia: entre facticidade e validade*. v. 1. Rio de Janeiro: Tempo Brasileiro, 1997a.

______________. *Direito e democracia: entre facticidade e validade*. v. 2. Rio de Janeiro: Tempo Brasileiro, 1997b.

HONNETH, A. "Democracy as reflexive cooperation: John Dewey and the theory of democracy today". *Political Theory*, v. 26, n. 6, p. 763–783, 1998.

MARSHALL, T. H. *Cidadania, classe social e status*. Rio de Janeiro: Zahar, 1967.

PROGRAMA NACIONAL DE DIREITOS HUMANOS/Fernando Henrique Cardoso. Brasília: Presidência da República, Secretaria de Comunicação Social, Ministério da Justiça, 1996.

FOLHA DE SÃO PAULO/DATA FOLHA. *Racismo cordial*. São Paulo: Ática, 1995.

TAYLOR, C. "The politics of recognition". *In* Gutmann, A. (org.). *Multiculturalism*. Princeton: Princeton University Press, 1994.

______________. "Atomism". *In* AVINERI, S., DE-SHALIT, A. *Comunitarianim and individualism*. Oxford: Oxford University Press, 1996.

______________. *As fontes do self: a construção da identidade moderna*. São Paulo: Loyola, 1997.

YOUNG, I. M. *Justice and the politics of difference*. New Jersey: Princeton University Press, 1990.

Violência, Legitimidade, Justiça

Maria Stela Grossi Porto

Este texto[1] busca refletir relações possíveis entre violência, justiça e legitimidade, tendo, como suporte, pesquisa realizada na área urbana do Distrito Federal, sobre representações sociais da violência, buscadas em dois níveis distintos de análise: o do Estado e o da sociedade civil. Esses níveis diferenciados foram abordados por meio de dois instrumentos distintos de coleta de informações: entrevistas, realizadas no âmbito do Ministério da Justiça; e questionários voltados para setores da população. No que diz respeito ao Estado, considerou-se importante analisar as representações sociais de atores responsáveis por políticas públicas no âmbito daquele Ministério, visando a perceber se essas representações, em função do caráter institucional de que se

[1] Os dados que subsidiam este texto, cujos conteúdos foram objeto de trabalhos apresentados, em 1999, na Sociedade Brasileira de Sociologia (SBS), na Sociedade Brasileira para o Progresso da Ciência (SBPC) e na Associação Nacional de Pós-Graduação e Pesquisa em Ciências Sociais (ANPOCS), são resultantes de pesquisa realizada, no contexto de um Projeto Integrado que coordenei, com apoio do CNPQ e do PROIN, apoiado pela CAPES e coordenado, no âmbito do Departamento de Sociologia da UnB, pelo professor Eurico Cursino dos Santos.
A aplicação dos questionários para um total de 625 pessoas foi levada a efeito pela turma de "Sociologia da Dominação, do Conflito e da Violência" disciplina por mim ministrada em 1997, como parte das atividades desenvolvidas pelo PROIN. As demais etapas da pesquisa, sobretudo o tratamento dos dados por meio da utilização do SPSS, integram-se ao Projeto Integrado e contaram com a participação dos seguintes bolsistas: Simone de Paula Gomes, Raphael Ferreira de Paiva, Clodoaldo de Almeida Souza, Thais Moreira de Araújo, Viviane Matos de Aquino, Júlio César Batista da Silva, Carolina Codeço Velloso e Clarisse Drumond Martins Malhado, sem o concurso dos quais a pesquisa dificilmente se poderia ter desenvolvido.

revestem, se podem constituir em referência para a orientação de conduta para membros da sociedade civil. O interesse foi o de captar como determinados atores, responsáveis pela elaboração de políticas públicas no âmbito do Ministério da Justiça, representam a violência. Para tanto, os entrevistados foram submetidos a uma série de questões relativas a: definição de justiça, do direito e de suas funções, da punição, da pena e de suas finalidades. Foram, ainda, incluídas questões relativas a: a) análise da violência e de seus contextos e condicionantes a partir de características, valores e normas da sociedade brasileira; b) relações entre violência e regime político; c) violência e pobreza; d) violência e legitimidade; e e) violência e transformações sociais.

Do ponto de vista do questionário, pensado em função de setores da sociedade civil, os dois grandes recortes, em termos das variáveis a serem tratadas, foram sexo e idade. A representatividade da amostra foi buscada pela utilização de relação dos Códigos de Endereçamento Postal (CEPS), fornecidos pela Empresa Brasileira de Correios. A margem de erro com a qual se trabalhou foi de 4%, buscando garantir maior confiabilidade dos dados. O questionário utilizou perguntas fechadas e buscou, em muitas delas, apreender as representações sociais por meio de ditados, provérbios, ou crenças populares, tais como: **mulher de malandro gosta de apanhar**; **homem que é homem não leva desaforo pra casa**; **apanhar na cara e não reagir é sinal de covardia**; **polícia e bandido é tudo a mesma coisa, não pensam duas vezes antes de atirar**; **o brasileiro é cordial**; **homossexualismo é falta de vergonha**; **a justiça tarda mais não falha**; **as leis existem para serem desobedecidas**, entre outras. Os conteúdos das questões foram organizados em sete blocos relacionados a violência e instituições; violência e pobreza; violência e legitimidade; violência e direitos; violência e mídia; violência e justiça; e violência e cordialidade, iniciando por um bloco de identificação, o qual, além das categorias de sexo e idade, incluiu, também, as categorias sócio-profissionais; de renda; residência; estado civil; escolaridade; etnia e religião.

Apesar da diferença dos instrumentos, guardou-se um núcleo comum capaz de permitir análises comparativas ou que ressaltassem (ou não) indícios de interdependência de um nível para outro.

Realidade e Representação Social

Vários são os enfoques e as abordagens a partir dos quais se reflete a questão da violência. O que privilegia a análise das representações se fundamenta no reconhecimento da importância teórico-metodológica do conceito como estratégia de conhecimento do social. Conhecimento que poderia ser dito de segundo grau, na medida em que interroga a realidade por intermédio do que se pensa sobre ela.

Admite-se que as representações sociais expressam visões de mundo e objetivam explicar e dar sentido aos fenômenos dos quais se ocupam, ao mesmo tempo em que, pela condição de representação social, participam da constituição desses mesmos fenômenos.

A análise ressalta dois aspectos fundamentais, quais sejam: as relações entre a violência e suas representações; e a possibilidade de captar a racionalidade presente nas crenças coletivas e em suas significações, aí compreendidos ideologias, ditados, conhecimentos populares e senso comum, desde que submetidos à análise científica.

No tocante ao primeiro aspecto, admite-se que as representações sociais, embora resultado de experiências individuais, são condicionadas, pelas inserções sociais dos indivíduos que as produzem.

Essa perspectiva analítica permite considerar tanto a experiência dos atores (protagonistas ou vítimas de situação de violência) quanto o sistema (contexto, ambiente ou situação) no qual ações violentas são praticadas. Subjetividade e objetividade são assumidas como componentes fundamentais da definição do fenômeno.

Quanto ao segundo aspecto, tal enfoque aponta, também, a contribuição substantiva que crenças, ditados populares e ideologias, tomados em sua condição de representações sociais, aportam ao conhecimento, descartando, pois, sua definição como algo irracional, ausente de vínculos lógicos com o real.

Por sua vez, a definição mesma de violência não é indiferente ao campo social que a elabora: o fato de uma dada sociedade se pensar, ou não, em termos da categoria violência depende dos valores aí vigentes.

Nessa direção, em trabalho anterior (Porto, 1997), avançou-se a hipótese de que a análise do fenômeno da violência no Brasil deveria ser efetuada levando em conta transformações ocorridas na natureza da sociedade, as quais não são independentes de transformações processadas em âmbito mundial, por meio de um movimento único que comporta, ao mesmo tempo, processos de globalização e de fragmentação.

Essa inserção brasileira no contexto da modernidade globalizada aporta, à reflexão, dois aspectos da análise vinculados à questão da legitimidade, que merecem ser mais bem aprofundados. O primeiro diz respeito ao fato de que mudanças na sociedade levariam a mudanças nas formas e nas possibilidades de conceituação da violência, apontando para o fato de que, pensadas a longo prazo, as sociedades modernas se tornam mais civilizadas. O segundo concerne à perda de legitimidade da violência na contemporaneidade, quando comparada a algumas poucas décadas atrás.

Em relação ao primeiro aspecto e referidas ao contexto brasileiro, supõe-se ser pertinente afirmar que transformações ocorridas, ou em processo, na sociedade brasileira promoveram mudanças em sua natureza e em sua configuração, afetando valores, normas e comportamentos. Em decorrência, é igualmente possível supor que estaria ocorrendo, atualmente, uma ressignificação da violência, que agiria no sentido de nomear como violência processos e acontecimentos que passavam, anteriormente, por práticas costumeiras e corriqueiras de regulamentação das relações sociais e da estruturação das interações. Mudança que funcionaria no sentido de distinguir entre privilégio e direito, por um lado, e, por outro, no de constituir em sujeito de direito categorias sociais até então discriminadas e negadas em sua condição de cidadãs, tais como as de mulher, criança, homossexual, entre outras. Mas que, por outro lado, não é sinônimo de que se esteja em situação de homogenidades e unanimidades. Em vez disso, é o contrário que se apresenta como situação recorrente.

Assim, no que diz respeito a mudanças que se processam no âmbito interno à sociedade brasileira, essas são de caráter valorativo e apontam mais para ambigüidades, tensões e fragmentações da ordem valorativa do que para possíveis unanimidades.

Se, por um lado, se podem perceber reivindicações em direção à aceitação de valores mais universalistas, no plano da cidadania tanto quanto no das relações sociais, por outro, longe estão de desaparecerem manifestações sociais que apontam para a negação do outro, justamente por sua condição de alteridade, de diferença. O que, de fato, implica a reivindicação pela manutenção de procedimentos particularistas, cuja exacerbação é, no mais das vezes, passível de eclodir em manifestações de violência.

No primeiro aspecto, não seria sinônimo de um otimismo ingênuo apontar a recusa de práticas antigas e costumeiras de regulamentação das relações sociais, fundadas na rígida hierarquia e na desigualdade como um dado natural e como processo legítimo de estruturação do social. Na dimensão simbólica e identitária, tais processos de mudança inauguram a possibilidade de convivência e aceitação da diferença. No segundo, e em aparente paradoxo com a afirmação anterior, trata-se, justamente, da recusa a essas diferenças, em movimento de reafirmação da igualdade como forma de negação do outro. A questão da diferença, de suas manifestações, afirmações e recusas contribui, assim, para a produção de situações contraditórias, de tensões e/ou interações as quais conduzem ora a que a afirmação da diferença seja sinônimo da concretização de patamares mais universalistas de regulamentação social, ora a que manifestem a exacerbação de particularismos e fobias sociais marcados pela intolerância ante o outro. Contexto que apela para a imaginação sociológica do pesquisador no sentido de evitar tanto os riscos da negação antecipada da diferença quanto os de deixar enredar em suas ciladas, para usar a terminologia trabalhada por Pierucci (1999).

A constatação do deslocamento, ou da mudança, de significado da violência na sociedade brasileira permite a utilização das teses elaboradas por Elias (1990), para analisar o processo civilizatório, as quais afirmam a conquista, pelas sociedades, de novos patamares de civilidade. Patamares que tornam as sociedades intransigentes ante a violência.

E, aí, entra-se no segundo aspecto antes mencionado em relação à sociedade brasileira: simultaneamente ao aflorar dessa sensibilidade coletiva mais aguçada – por mais imprecisa que tal noção possa parecer –, afirma-se a recusa em aceitar a estruturação do social pela violência, ou seja, retira-se legitimidade ao fenômeno da violência.

É nesse contexto que importa pensar as relações entre legitimidade e violência.

Legitimidade e Violência

É difícil, senão impossível, falar em legitimidade e violência sem fazer referência às construções teóricas fundantes, que Weber trouxe ao tema. Utilizo-me, nesta parte do texto, de uma reflexão anterior sobre o assunto (Porto, 1999).

> A noção de legitimidade vem, em Weber, acompanhada da noção de monopólio, a qual, por sua vez, não se explica sem fazer intervir a idéia de administração da escassez. Ora, administrar o que é escasso é sinônimo de tensão, conflito, disputa, luta por hegemonia. De um modo geral, a noção de monopólio envolve uma idéia de restrição, no sentido de controle sobre bens – materiais ou simbólicos –, impedindo sua livre circulação. Quando está em questão a esfera política, a restrição efetuada tem sentido distinto, apresenta-se como requisito ou condição de possibilidade para a construção de uma sociedade mais democrática: ao impedir a livre circulação da violência, tal restrição criaria, em tese, as condições para inibir sua existência de forma difusa no conjunto da sociedade, excluindo-a das formas e das práticas quotidianas de interação social, no âmbito da sociedade civil. No âmbito do Estado esse movimento corresponderia ao estabelecimento do Estado moderno, racional-legal.
>
> Em aparente paradoxo, a noção de restrição nada teria de negativo, sendo, ao contrário, a condição de possibilidade (...) para o funcionamento de um Estado mais racional, para a desprivatização da violência concentrando-a e racionalizando-a no interior do aparelho do Estado (Porto, 1997a: 3).

A ausência desse monopólio configuraria, ao contrário, o arbítrio, a vigência de privilégios, a presença de uma violência difusa, disseminada no todo social, controlada por algum ordenamento social particularista, incompatível com as possibilidades de se falar em igualdade na cidadania, que exige procedimentos mais universalistas.

Qual a utilidade desse conceito para a análise do contexto brasileiro? A contribuição revela-se de caráter metodológico: é como instrumento metodológico que a noção de monopólio da violência como meio legítimo de ação do Estado tem validade: percorrendo os caminhos e as trilhas teóricas da análise e dos pressupostos da violência legítima, poder-se-á tomar contato e apreender situações empíricas de violência ilegítima.

Assim, à luz desses pressupostos, pode-se falar, no Brasil de hoje, da existência de contextos de violência ilegítima, cujas características envolvem:

- desconcentração do monopólio da violência, sinônimo de sua privatização, da qual não fica ausente a inserção de policiais, agentes públicos da ordem, na função de seguranças privados;
- violência policial que tende, cada vez mais, a se autonomizar ante o sentido que seria, originalmente, orientador de sua conduta vinculado à manutenção da ordem, em benefício de interesses pessoais, ou seja, privados; e
- retificação da violência, utilizada como meio, recurso, estratégia de ação, em proveito de motivos subjetivos dos agentes ou, o que é pior, constituída como uma violência despolitizada, sem objeto.

Essa distinção legitimidade/ilegitimidade, é, no entanto, bastante complexa e longe de ser unívoca, como evidencia a análise das representações sociais.

Representações Sociais da Violência

Representações sociais não são a explicação da realidade mas a matéria-prima do fazer sociológico. Em estado bruto, ou em primeira instância, dizem pouco. Nada tendo de conteúdo objetivo, devem ser interpretadas e é aí que toda a dificuldade se coloca.

As hipóteses acerca da conformidade do contexto brasileiro às teses de Norbert Elias permanecem válidas quando se analisam as representações sociais da violência?

A resposta parece poder ser positiva: em termos muito gerais, há recusa à violência. Comportando, no entanto, graus e nuanças, dependentes das diferenças entre tipos de violência e conteúdos e sentidos que os informam. Isso por um lado. Por outro, o fato de que se valer das teses de Elias não significa dizer que formas de preconceito, discriminação e desigualdades sociais tenham desaparecido da sociedade brasileira. Implica, tão-somente, o reconhecimento de que mudanças na natureza da sociedade, na direção apontada de novos patamares de sensibilidade coletiva, aliadas à recusa da violência e da impunidade que por vezes a acompanha, sinalizam algo novo.

Vejamos os dados um pouco mais em detalhe: pensados em sua generalidade e abrangência, os dados parecem estampar grande homogeneidade, questionando análises que privilegiam o caráter múltiplo, plural, da sociedade brasileira. A razão para isso é que, quando o desencadear de situações de violência envolve valores, as representações sociais tendem a ser transversais ao conjunto da sociedade, perpassando diferentes camadas socioeconômicas. Mobilizando sentimentos de medo, ódio, ressentimento, frustrações, afetos, vinganças, amor, amor-próprio, entre outros, em graus de intensidade e envolvimento que não se explicam se a análise se fixar apenas na dimensão econômica. Nesse nível do simbólico, a dimensão cultural interfere e "explica" muito mais do que o econômico, as diferenças nas representações sociais. Deixando a superfície dos dados para aprofundar a análise, percebe-se que a homogeneidade não era senão aparente. A dimensão cultural é o grande diferencial nessas representações e se expressa em níveis de acesso à educação. Não resta dúvida de que essa dimensão é ela mesma referida ao econômico na proporção em que este viabiliza o acesso aos bens culturais; a educação em primeiro lugar e, em seguida, os valores, gostos e estilos de vida possibilitados pelo capital simbólico. Este, mais que o capital propriamente dito, pode interferir, explicando as variações no conteúdo das representações sociais.

Detenhamo-nos em alguns dos resultados.

Com relação à afirmação "homem que é homem não leva desaforo para casa", é sintomático e significativo que, independentemente da condição socioeconômica, 39,8% admitam a necessidade de reagir a desaforos recebidos e 46,4% concordem que apanhar na "cara" e não reagir é sinônimo de covardia, sugerindo que as afirmações de virilidade, de força e até de uma demonstração de determinação de caráter sejam valores que parecem comuns a diferentes categorias socioeconômicas. Esses conteúdos valorativos são, parecem ser, critérios orientadores de conduta, na medida em que a concordância revela certo tom imperativo, no sentido de ser esse o comportamento que se espera de um homem.

A legítima defesa, a honra e o patrimônio desencadeiam representações diferenciadas quando estão em questão atos de violência, como, por exemplo, atirar em alguém. Também aqui a variável socioeconômica, tomada em geral, é insignificante como reveladora de distinções. Os valores, em pauta, na vigência de cada uma delas, no entanto, apontam diferenças. Se atirar em legítima defesa é apontado como comportamento válido para a maioria (68%) dos respondentes, tal validade é pouco significativa (17,7%) quando está em jogo a defesa do patrimônio e da honra (8,1%), voltando, em uma aparente contradição, a ter grande significação (48,3%) o número dos que afirmam nunca ser válido atirar. De fato, nesse último caso, a contradição é apenas aparente, pois a questão, envolvendo possibilidade de mais de uma resposta, aponta para prioridades no julgamento que é feito acerca da legitimidade de se atirar em alguém. São típicas situações em que as representações são ditadas por contextos apreendidos como de risco e insegurança. A proporção modifica-se um pouco quando a análise considera o critério de residência: os moradores das chamadas áreas nobres de Brasília, os Lagos sobretudo, são muito menos propensos a fazer da violência uma forma de se defender (apenas 32,4% concordam que seria válido atirar em alguém para se defender, contra 54,2% dos residentes nas periferias mais carentes). De novo, é nas periferias que os indivíduos se percebem menos protegidos.

Chama a atenção a mudança no valor atribuído à defesa da honra: conteúdo central no imaginário, sobretudo da população masculina no Brasil de há poucos anos atrás, parece hoje ter perdido importância, indicando, talvez, uma efetividade na atuação de movimentos da sociedade civil e também do Estado, levando a mudanças de comportamento que podem estar sugerindo uma representação mais igualitária dos sexos.

Essa atuação é captada, igualmente, nas representações captadas nas entrevistas com os atores do Ministério da Justiça que, aliás, creditam muito das mudanças à participação da sociedade civil.

Outra diferença em particular parece importante, na medida em que contribui para dissolver equívocos do mito das chamadas "classes perigosas": independentemente de condição socioeconômica, houve grande unanimidade entre os respondentes, em representar os ricos, defendendo seu patrimônio, como mais violentos do que os pobres, defendendo sua sobrevivência, embora se admita, no geral, que ambos podem ser violentos. As porcentagens correspondentes às respostas das camadas de renda média representam o dobro do encontrado para as camadas economicamente mais privilegiadas, ou seja, é quase o mito às avessas, sendo as camadas mais ricas representadas como mais perigosas quando se trata de defender suas posses.

Vai em direção um pouco distinta a forma como os representantes do Ministério pensam a questão: sem associar de modo claro violência e pobreza, estabelecem uma relação, admitindo a violência como expressão de um tipo de pobreza, material ou moral. Ainda que, na maior parte dos casos, se constate relação inversa entre pobreza e violência, isto é, representa-se os pobres como as maiores vítimas da violência.

Tendo como pano de fundo esses conteúdos que estamos analisando, é interessante apontar de que maneira responderam os representantes do Ministério à pergunta acerca do caráter violento (ou não) da sociedade brasileira.

Para alguns, a resposta será positiva, levando em conta que, durante muito tempo, a violência era aceita e justificada a partir de elementos de ordem cultural. Muitas atitudes, comportamentos e modos de ser, que foram justificados culturalmente, hoje não são mais aceitos. A razão, sempre segundo os respondentes, é que a sociedade brasileira não é mais tolerante com a violência. Uma violência que, afirmam, existe, sem dúvida, conforme atestam as estatísticas. Estatísticas que situam o País ao lado daqueles que estão no topo da lista de assassinatos. Para não falar da violência do trânsito, da violência policial, dos acidentes de trabalho e de um tipo de violência que não chega a ser muito bem medido, a violência doméstica. Para esses atores, no entanto, nada disso vem sendo mais aceito atualmente e a capacidade de indignação, mesmo que ainda insuficiente, aumenta.

Para outros, a sociedade brasileira, embora organizada de modo hierárquico, não é nem violenta nem autoritária. Mesmo a aludida hierarquia estaria, segundo esse enfoque, perdendo importância em benefício de pressupostos mais igualitários, os quais estão, entretanto, ainda longe de serem atingidos.

Voltando aos questionários, é sobretudo às ambigüidades que recobrem o objeto que se deve computar o fato de que, contrariamente à questão anterior, há forte incidência de respondentes (38%) admitindo ter mais pobres do que ricos presos porque os primeiros cometem mais crimes do que os últimos. Aqui não parece haver muita dúvida de que o imaginário popular pode estar sendo alimentado pelas cenas televisivas e as notícias da imprensa escrita nas quais a população carcerária mostrada induz a essa representação. Interessante que, para essa questão, a variável relativa à escolaridade muda o comportamento dos respondentes: ainda que no total as proporções se mantenham, os mais escolarizados (3º grau) são muito menos enfáticos no estabelecimento da relação.

Na verdade, essa questão parece ser também uma outra, entre as conclusões da pesquisa, que vem apontando para o fato de que as representações sociais da violência se têm mostrado mais dependentes da dimensão cultural do que da econômica. A explicação parece dever-se a esta particularidade das representações sociais da violência a saber: o fato de serem afetadas em sua formulação por dimensões subjetivas, como a afetividade, cujo peso até mesmo no nível cognitivo é maior do que o de variáveis como renda ou classe social.

Essa característica pode explicar o fato de que variações no nível de escolaridade sejam mais relevantes na explicação de determinados conteúdos das representações sociais sobre violência do que o diferencial de renda ou o pertencimento a tal classe social.

Representações Sociais da Justiça

Embora seja fundamental análise que discuta as questões de natureza filosófica e jurídica do conceito e da definição de justiça, a preocupação deste texto foi com as representações que são feitas acerca da justiça, no âmbito das ações e interações sociais, tal como aparecem nas respostas ao questionário. Buscou-se apreender representações acerca da credibilidade na atuação da justiça, perceber se essa credibilidade se poderia constituir em fator protetor contra a violência e, compará-las com as entrevistas elaboradas no âmbito do Ministério da Justiça.

Por outro lado, e de novo as ambigüidades do fenômeno ocupam toda a cena do palco, as questões ligadas à justiça apontam para um relativo descrédito quanto ao poder da Justiça em fazer justiça, valendo a afirmação também para as camadas mais instruídas, embora aqui existam nuanças.

Em questões como "**manda quem pode, obedece quem tem juízo**"; ou "**na falta de uma justiça competente vale a lei do mais forte**" e ainda "**Justiça é coisa pra privilegiado, pobre é tratado é na marra**", as respostas tendem a revelar concordância com o ditado popular. Parece haver, na imaginação dos respondentes, a idéia de que prevalecem os privilégios e a ausência de direitos; ainda em sua avaliação, permaneceria a vigência de critérios particularistas quando da definição dos direitos e a suspeita de que os responsáveis pela atribuição da justiça não garantem direitos. Na prática, seria a vigência de um "salve-se quem puder", em clara demonstração da vigência de processos de fragmentação social, potencializados pela presença de um individualismo que convive, por sua vez, com formas de sociabilidade, estruturadas na e pela violência.

Para os indivíduos que têm apenas o primeiro grau completo, é verdadeira a afirmação de que a "justiça tarda mais não falha" (54,3%), certeza que perde força (38,8%) quando os respondentes possuem nível superior. São, pois, os menos instruídos os que parecem mais acreditar no poder da justiça em fazer Justiça. Já os detentores de algum capital cultural parecem cépticos quanto a admitir que a ação da Justiça seja fator de proteção contra a violência, sinalizando para um aumento do que aqui se está considerando maior exigência ante a impunidade.

Parece haver inclinação ao politicamente correto a qual se revelou importante em questões como: a) o que fazer diante de uma lei considerada injusta – aqui, as respostas apontaram a necessidade de cumprir a lei mas fazer esforços para tentar mudá-la, situação que múltiplas evidências empíricas não confirmam; e b) as leis existem para serem desobedecidas. Nesta, a resposta foi pela negativa, situação que também não parece confirmada pela prática, para a qual não faltam exemplos de tentativas de burlar a lei, de apelar para o jeitinho brasileiro ou para outras soluções como a consagrada "você sabe com quem está falando", já tornada clássica pela análise de DaMatta (1980). Todas essas respostas sugerem a existência de representações particularistas da justiça e da forma particular de se relacionar com ela.

Não parecem ser desse tipo as representação que fazem alguns dos responsáveis por políticas públicas de combate à violência. Aliás, essas são representações particularmente sofisticadas, nas quais a justiça é definida como a antítese do domínio da impunidade. É consenso, para esses atores, que a recusa da violência é expressa pela exigência de punição, assim como acreditam que a sociedade brasileira cobra do Estado que puna os transgressores. Punir é sinônimo de fazer justiça. E o Estado vem agindo mais porque a sociedade o controla mais. Ainda segundo essa avaliação, esse controle é efetuado, por exemplo, por organismos não-governamentais, como as ONGs. Esse fato, ao lado de outros, evidenciaria participação crescente da sociedade civil na vida política, mesmo naqueles domínios restritos, deixados até então por conta do Estado. Fala-se no terceiro setor como de uma modalidade nova de participação da sociedade, funcionando como a alma do Governo, o qual tem boa vontade mas não tem sentimentos. Abordagem próxima da noção durkheimiana de Estado, pensado assim como a consciência da sociedade funcionado como uma espécie de vasos comunicantes que viabilizam a comunicação.

Além disso, afirmam, em conseqüência de demandas sociais, que o próprio Estado criou e coloca, à disposição da sociedade, mecanismos que permitem que esta tenha acesso ao Estado e a seus mecanismos promotores de justiça. Mesmo reconhecendo que tais mecanismos são insuficientes, dizem os entrevistados que eles permitem avançar e muito em termos de administração de justiça. O exemplo, mais de uma vez mencionado, é o da criação das Delegacias da Mulher, sinalizando o potencial de intervenção dos organismos governamentais.

A ênfase desses discursos aponta formas mais civilizadas de tratar as questões da violência, que acompanham o processo civilizador como um todo. A definição de violência compatível com essa mentalidade é a que privilegia o respeito aos direitos humanos e que, segundo os entrevistados, já mereceu críticas severas de setores da sociedade que julgam ser essa uma definição que propicia proteção a bandidos.

Do ponto de vista da sociedade civil, há nível menor de elaboração no que se refere à noção de violência, a qual tende a estar referida a agressões físicas. Se a sociedade estivesse realmente à frente do Estado, como dizem os entrevistados, seria de se esperar vê-la forçando a atuação do Estado em direção a ações e políticas mais igualitárias e universalistas. O que é parcialmente verdadeiro. É verdade que a maior institucionalização da vida social tornada possível pelo processo de democratização muda a forma como são representadas as relações Estado–Sociedade Civil. Aumentando o papel desta última como ator social, cujas reivindicações merecem ser analisadas, produzindo, assim, articulação dinâmica entre os setores. Por intermédio de alguns de seus setores, a sociedade civil interfere no Estado, conduzindo-a agir, por meio de movimentos, práticas e reivindicações. Em seguida, o Estado recebe igualmente demandas e, reelaborando-as, sistematizando-as e reorganizando-as em um todo coerente e articulado, devolve-as à sociedade, na forma de políticas e de princípios que orientam as práticas e assinalam novas condutas, ou seja, as representações tornam-se objeto da ação do Estado. Esse é, no entanto, um mecanismo do qual não estão excluídos os conflitos, bem ao contrário. Além disso, seria simplista imaginar que esse movimento engaja o conjunto da sociedade. Afinal, o que os atores estão chamando de sociedade civil corresponde apenas a alguns setores, sobretudo aqueles mais organizados em termos de movimentos sociais. Para os demais setores, o que ocorre é algo que caminha em direção oposta a essa articulação, configurando, como indicado a seguir, a existência de padrões orientadores de conduta sem referência alguma no coletivo.

São setores em nada dispostos, contrariamente ao que dizem as entrevistas, a se articular a conteúdos produzidos pelo Estado, mesmo que seja no sentido de negá-los. Para tais setores, essas normas não se constituem em referências orientadoras de conduta. Em outras palavras, determinadas representações dos agentes do Estado mitificam, superdimensionando, o efetivo montante de engajamento da sociedade, nem sempre atualizando o potencial de dinamismo com o qual é representado.

Legitimidade e suas Representações Sociais

Em termos da legitimidade, além da variação devida aos diferenciais culturais, há diferença decorrente do tipo de violência posta em questão.

Nas representações sociais, há violências consideradas legítimas e outras, ilegítimas. A violência cuja legitimidade parece pouco, ou nada, questionada tem a ver com a preservação da vida e o risco de perdê-la, seja por ameaça direta seja por ameaça que põe em risco o contexto social que a pode garantir. Nesse particular, as representações do Estado coincidem com as dos respondentes da sociedade civil: em primeiro lugar, a violência não é percebida como mecanismo normal de regulação social, quando o que está em jogo é a violência privada. Entretanto, a necessidade do uso da violência pelo aparato policial torna-se admissível se é para combater o crime, sobretudo o crime organizado. Nessas condições, dizem eles, ela é legítima. Aqui, assume-se um discurso muito afirmativo contra a impunidade e a necessidade de que seja punida como condição para controlar a violência, ou seja, sem que seja explicitado, está presente, aqui, o conceito weberiano de violência como monopólio legítimo do Estado, visto como condição de impedimento da violência difusa, disseminada no conjunto do tecido social e de sua manutenção no interior do aparato estatal. Ao mesmo tempo, esses atores têm clareza quanto à ameaça, tornada inúmeras vezes realidade na atualidade brasileira, de uma violência estatal não-legítima, explicada em função das condições de precariedade nas quais vive e trabalha o policial. Em termos sociais, ele encontra-se no limite da exclusão, à semelhança do bandido que ele deve combater. Em termos existenciais, é alguém que não consegue constituir-se como sujeito, portador de uma identidade socialmente respeitada e que, pelo contrário, vê sua imagem identificada, seguidamente à do bandido. Assim, afirmam os entrevistados, é como um comportamento de raiva e de vingança que a população representa o comportamento do policial violento, cuja violência é lida como um meio de descarregar suas neuroses, frustrações e mal-estar. Sem que tenham mencionado, pareceriam estar, aqui, referindo algo como o "retorno do recalcado".

Sob esse aspecto, aliás, pode-se afirmar que os entrevistados captam, com acuidade, as representações que faz a sociedade civil com relação aos agentes policiais: foi significativa a concordância de respondentes do questionário com a afirmação de que "polícia e bandido é tudo a mesma coisa, não pensam duas vezes antes de atirar".

A sociedade moderna traz consigo constantes sensações de medo, insegurança, risco. A violência que previne contra esse risco tende a ser tolerada. É o caso, por exemplo, da violência do Estado. Em situações em que se acredita estar correndo perigo, a violência pode ser admitida, já que é impossível, nesse caso, agir dentro das normas seguindo os procedimentos previstos pelo direito, conforme resposta ao questionário. Coerente com essa explicação para a tolerância ante a violência que protege a vida e as condições sociais de sua preservação é a intransigência contra quase todas as formas de manifestação da violência privada, seja por parte de indivíduos, seja por parte de grupos. Trata-se, como denomina Michaud, (1996: 68)

> da violência civil, artesanal, a que ocorre quotidianamente em sociedades civilizadas, organizadas, também controladas, nas quais a paz é o princípio. Essas violências civis vêm perturbar a paz, produzem angústia, perturbações ou escândalos (...) mesmo se os estragos que produzem não são tantos quanto parecem.

Uma explicação provável para essa reação intransigente é que se trata da violência que atenta contra vida, que põe os indivíduos em risco.

Manifestações de violência com esse caráter e essa natureza produzem representações que afirmam a ilegitimidade dessas práticas. Nos dados do questionário, configuram, de modo claro, contextos nos quais os indivíduos se sentem ameaçados.

É também nesse contexto que é pensada a violência policial, quando percebida como gratuita. Sua análise é, no entanto, um pouco mais complexa: produto de uma crise prolongada nos mecanismos de segurança, esse tipo de violência transita nos limites tornados frágeis entre a violência legítima (exercício do monopólio do Estado) cujo agente é a autoridade policial e a violência ilegítima, como desdobramento dessa mesma autoridade. Fragilidade expressa na precariedade das condições materiais do agente policial, com desdobramentos em termos de uma igualmente precária inserção social (Porto, 1997).

Valeria a pena discutir, ainda que de modo breve, a questão da ambigüidade das práticas e o sentido dessa afirmação.

A análise efetuada aponta, da parte dos distintos respondentes, para um duplo movimento que revela conteúdos de legitimação e deslegitimação da violência. Por um lado, ressignificação da violência trazendo mais intolerância ante a impunidade, compatível com a modernidade brasileira acima aludida. Aí são significativas as respostas que recusam legitimidade à violência como forma de resolver conflitos ou responder a situações de divergências as mais diversas. Por outro, a constatação de tolerância e legitimação ante formas de violência representadas como sinônimo de proteção à integridade individual e, com muito menos ênfase, à integridade dos bens, tomados no estrito senso dos bens materiais.

Contextos de grande precariedade material secundarizam a importância dos bens simbólicos cuja defesa parece perder importância. Nesse segundo aspecto, a legitimidade da violência parece decorrer do individualismo, característico da modernidade. Não o individualismo moral, definido pela sociologia durkheimiana como expressão do reconhecimento e do culto à personalidade individual mas, ao contrário, justamente aquele individualismo contra o qual Durkheim se batia, o individualismo egoísta, que prioriza interesses individuais e particularistas em detrimento do coletivo, do qual está ausente e ao qual, aliás, não pertence. É desse potencial de satisfação de interesses particularistas que decorre a legitimidade dessa forma de representação, próxima ao conceito desenvolvido por Castel (1998: 596) para dar conta de "formas de individualização que poderiam ser classificadas de **individualismo negativo**, que são obtidas por **subtração** em relação ao encastramento em coletivos". Em uma forma de individualização que, ainda segundo Castel, reúne a independência completa do indivíduo e sua completa ausência de consistência: "O vagabundo representa-lhe o paradigma (...) por ser o indivíduo completamente desengatado, desfiliado" (Castel, 1998: 597).

Uma escassa referência a valores coletivos leva os segmentos sociais que a vivenciam a redefinir sentidos orientadores de conduta, afirmando valores de cunho particularista. Nesse sentido, múltiplas lógicas de conduta, informadas, igualmente, por uma multiplicidade de valores, vão tecendo realidade fragmentada, que questiona a legitimidade dos valores vigentes. Realidade que parece organizar novas formas de sociabilidade nas quais as referências valorativas se distanciam dos padrões vigentes, autonomizando-se. Não se trata de uma clássica situação de anomia mas da coexistência (que não é sinônimo de harmonia) de distintos padrões de conduta, com pretensões de legitimidade.

Predominando tal situação, é válido falar-se em sociedade diferenciada, heterogênea. Tanto no nível material quanto simbólico no qual diferentes sistemas de valores convivem de forma mais ou menos autônoma, em uma espécie de "contigüidade", para usar uma expressão de Machado (1999: 16). O individualismo subjacente a esses contextos não se refere apenas a indivíduos: caracteriza, igualmente, particularismos coletivos, novamente invocando Durkheim (1983), nos quais os interesses, ainda que individuais, buscam se promover em grupos, ou bandos.

Sociedades nas quais prevalecem tais situações são passíveis de múltiplas lógicas de ação e organização do espaço social e de múltiplos recursos de atuação e socialização, entre os quais, a violência.

Em outras palavras, abre-se espaço para novas formas de sociabilidade, decorrência e expressão de vários processos de transformação em curso. Sociabilidades que tanto se estruturam em função da existência de solidariedades quanto de sua ausência. Nesse último caso, está-se falando de sociabilidades estruturadas na e pela violência, em uma resposta, em certo sentido, a carências, falhas, rupturas, aspectos que são, todos eles, fruto da explosão de múltiplas lógicas de ação, recurso disponível no rol dos existentes, vivenciadas como característica e condição da sociedade contemporânea, a qual envolve riscos, inseguranças, ameaças, medo, mas também garantias e certezas, conteúdos presentes, implícita ou explicitamente, nas representações sociais aqui referidas.

Bibliografia

ADORNO, S. "Conflitualidade e violência – reflexões sobre a anomia na contemporaneidade". *Revista Tempo Social*, v. 10, n. 1, São Paulo, maio 1998.

_________. "Violência e civilização". *In* TAVARES DOS SANTOS, J. V., GULIANO, A. A. (org.). *A sociologia para o século XXI*. Pelotas: EDUCAT, 1999.

BENJAMIN, W. "Para la critica de la violencia". *Ensaios Escogidos*. Buenos Aires: SUR, 1967.

BRAUD, P. (org.). *La violence politique dans les démocracies européennes occidentales*. Paris: L´Harmattan, 1993.

CARDIA, N. "O medo da polícia e as graves violações dos direitos humanos". *Revista Tempo Social*, v. 9, n. 1, São Paulo, maio 1997.

CASTEL, *R. As metamorfoses da questão social. Uma crônica do salário*. Petrópolis: [s. ed.], 1998.

DAMATTA, R. "Os discursos da violência no Brasil". *Conta de mentiroso: sete ensaios de antropologia brasileira*. Rio de Janeiro: Rocco, 1993.

_____________. *Carnavais, malandros e heróis: para uma sociologia do dilema brasileiro*. Rio de Janeiro: Zahar, 1980.

DURKHEIM, E. *A divisão do trabalho social*. Lisboa: Editorial Presença, 1984.

___________. *Lições de sociologia, a moral, o direto e o estado*. São Paulo: Edusp, 1983.

ELIAS, N. *O processo civilizador: uma história dos costumes*. Rio de Janeiro: Jorge Zahar, 1990.

DUBET, F. *Sociologie de l´expérience*. Paris: Seuil, 1978.

GIDDENS, A. *Para além da direita e da esquerda*. São Paulo: UNESP, 1996.

MACHADO, L. A. *Trabalhadores do Brasil: virem-se*. Rio de Janeiro: [s. ed.], 1999, mimeo.

_____________. "Criminalidade violenta e ordem pública: nota metodológica". *VIII Congresso da SBS*, Brasília, 1997.

MARTUCCELLI, D. "Reflexões sobre a violência". *Revista Tempo Social*, v. II, n. 1, São Paulo, maio 1999.

MICHAUD, Y. *Violence et politique*. Paris: Gallimard, 1988.

___________. *La violence apprivoisée*. Paris: Hachette, 1996.

MOSCOVICI, S. "Prefácio". *In* JOVCHELOVITCH, S., GUARESCHI, P. *Textos em representações sociais*. Petrópolis: Vozes, 1994.

OEA. *Relatório sobre a situação dos direitos humanos no Brasil*. Secretaria Geral, Washington, DC, 1997.

OLIVEIRA, L. A. "Justiça de Cingapura na Casa de Tobias. Opinião dos alunos de direito do Recife sobre a pena de açoite para pichadores". *RBCS*, v. 14, n. 40, São Paulo, jun. 1999.

PIERUCCI, A. F. *Ciladas da diferença*. São Paulo: 34, 1999. Curso de Pós-Graduação em Sociologia da Universidade de São Paulo.

PINHEIRO, P. S. "Violência, crimes e sistemas policiais". *Revista Tempo Social*, v. 9, n. 1, São Paulo, maio 1997.

PORTO, M. S. G. "Novas sociabilidades urbanas". *Seminário Projeto SOL*. Brasília: [s. ed.], 1999.

_____________. "Justice et représentations sociales de la violence". *XIV Congresso da ISA*, Montréal, 1998.

____________. "A violência entre a inclusão e a exclusão social". *VIII Congresso da SBS*, Brasília, 1997.

_____________. "Entre a política e a religião: caminhos da contribuição weberiana à análise da violência". *Sociologia*, n. especial sobre conflitualidade, Porto Alegre: Editora da Universidade, 1999.

_____________. (org.). *Sociedade e Estado*. Revista do Departamento de Sociologia, volume especial sobre Violência, v. X, n. 2, Brasília, 1995.

SOARES, L. E. *et alii*. *Violência política no Rio de Janeiro*. [s. l.]: ISER/Relume-Dumará, 1996.

TAVARES DOS SANTOS, J. V. "A arma e a flor". *Revista Tempo Social*, v. 9, n. 1. São Paulo, maio 1997.

ZAKIṆE, Ivan. *et alii* (direção). *La ville, peurs et espérances*. Paris: La Documentation Francaise, 1995.

WEBER, M. "A política como vocação". *In* GERTH, MILLS, W. *Max Weber – ensaios de sociologia*. Rio de Janeiro: Zahar, 1974.

WEBER, M. *Economia e sociedade – fundamentos da sociologia compreensiva*. Brasília: Editora Universidade de Brasília, 1991.

WIEVIORKA, M. "O novo paradigma da violência". *Revista Tempo Social*, v. 9, n. 1, maio 1997.

IMPRESSÃO

IMPRENSA OFICIAL
SERVIÇO PÚBLICO DE QUALIDADE

Rua da Mooca, 1921 São Paulo SP
Tel.: (11) 6099-9457/6099-9529
CNPJ 48.066.047/0001-84
http://www.imprensaoficial.com.br